O QUE ESTÃO FALANDO SOBRE

MARKETING DE
CONTEÚDO B2B

> " Uma análise aprofundada de como marcas B2B podem construir relacionamentos confiáveis no atual cenário de informações voláteis. Leitura obrigatória para profissionais da comunicação e do marketing do mundo todo, com muitas ideias valiosas dos principais *players* B2B do planeta."
>
> **ARUN SUDHAMAN,**
> CEO e editor-chefe do Holmes Report

> " Muitas marcas B2B de hoje publicam mais material em uma semana do que a revista *Time* publicava durante seu auge. No entanto, o caminho do jornalismo de marca está cheio de perigos e armadilhas. O que constitui uma boa história? Como um conteúdo atraente pode ser criado não apenas uma vez, mas de forma contínua e ilimitada? E como, na era das *fake news*, as marcas podem ganhar a confiança do público? Este livro informa como, a partir de orientações práticas e exemplos de resultados do mundo real. Obra fundamental para profissionais de marketing de conteúdo B2B."
>
> **REBECCA LIEB,**
> analista e autora de Content: The Atomic Particle of Marketing

> " Este livro é um apanhado abrangente sobre como marcas B2B podem construir o aspecto mais importante das vendas e do marketing de hoje: a confiança. A obra está repleta de exemplos reais e aplicáveis que podem ajudar profissionais do marketing a se tornarem uma fonte confiável."
>
> **ROBERT ROSE,**
> fundador da Content Advisory

"Este livro oferece um novo olhar no papel do jornalismo de marca para a construção de marcas bem-sucedidas. Rico em exemplos, estruturas e modelos, *Marketing de Conteúdo B2B* proporciona uma análise bastante prática, explorando o cuidadoso equilíbrio entre criar conteúdos digitais atraentes que engajem ativamente a audiência ao longo da jornada do cliente e um posicionamento de marca que seja autêntico. Ótima leitura para especialistas em marcas e também para líderes empresariais."

CHRISTINE DIAMENTE,
gerente de marcas da Nokia

"A única maneira de conseguir novos clientes hoje em dia é por meio de histórias que gerem confiança. Em *Marketing de Conteúdo B2B*, Gay Flashman nos mostra não somente por que, mas também como gerar a confiança que engendre novos relacionamentos com clientes e crescimento empresarial. Todo líder empresarial precisa de um exemplar deste livro hoje."

MICHAEL BRENNER,
CEO, palestrante e autor best-seller de
Mean People Suck e The Content Formula

"Um guia ricamente ilustrado sobre como as empresas podem criar suas próprias marcas de mídia."

MARK JONES,
gerente de conteúdo digital do Fórum Econômico Mundial

"Tive a sorte de trabalhar e aprender com Gay Flashman em uma redação no fim dos anos 1990. Desde então, o jornalismo e o marketing passaram por uma revolução, e Gay andou nessa montanha-russa o tempo todo – não há ninguém mais bem-situado para ajudar você a assumir as rédeas de sua narrativa empresarial, ser dono de sua história e usá-la para se conectar com seus clientes além do nível da mera transação."

JULIAN MARCH,
CEO da Made by Many

" Para muitas empresas do universo B2B, o primeiro ponto de interação com clientes, em uma jornada com vários pontos de contato, é por meio do conteúdo, seja digital ou tradicional (como um folheto ou uma revista). Para atrair clientes, uma marca deve apresentar uma narrativa constante com a qual seus segmentos-alvo se identifiquem. Este livro oferece ideias de especialistas em indústrias líderes e atua como um guia sobre a produção de conteúdo eficaz com propósito. Leitura obrigatória para profissionais do marketing B2B que visam criar conteúdo engajador que reflita a história de seus clientes."

GEORGIA HALSTON,
fundadora da Halston Marketing

" Neste manual abrangente, Gay Flashman explica por que o pensamento jornalístico, práticas de redação e valores editoriais fundamentam o jornalismo de marca bem-sucedido. Falar é fácil, fazer é difícil, mas eis alguém que percorreu algumas das redações mais agitadas do mundo e sabe algumas coisinhas sobre *storytelling* engajador, e também como entregá-los. Leia e aprenda."

GARY ROGERS,
editor-chefe do RADAR AI

" O *storytelling* ajuda marcas B2B a atrair atenção e auxilia a ganhar o coração e a mente dos compradores. Gay Flashman compartilha seus insights sobre como o *storytelling* movido por um propósito pode ajudar profissionais do marketing a se engajar com seu público e criar relacionamentos duradouros e significativos."

ASHISH BABU,
CMO (Europa e Reino Unido) da Tata Consultancy Services

" Se o conteúdo ainda impera, um *storytelling* de primeira linha é a maneira como devemos atrair a atenção para oferecer esse conteúdo. Mas, em si, isso não será suficiente para as empresas se sobressaírem neste mundo complexo. Gay Flashman nos informa que construir confiança e relacionamentos é algo essencial não apenas para conquistar, mas também para manter novos clientes. Um ótimo recurso para todo profissional de marketing B2B."

HOWARD KRAIS,
presidente da International Association of Business Communicators (IABC), Reino Unido e Irlanda

" Se você é uma marca em busca de criar práticas de conteúdo, *Marketing de Conteúdo B2B* oferece um roteiro detalhado para começar."

MELANIE DEZIEL,
fundadora da StoryFuel

" Toda empresa precisa ser engajadora e inspiradora se deseja continuar relevante e alcançar novos clientes. Este manual está cheio de conselhos a seguir e a evitar de líderes em jornalismo de marca que moldam o ofício. Eles explicam por que o *storytelling* autêntico é essencial para o sucesso empresarial e como proceder da maneira correta."

KEN KAPLAN,
diretor editorial da Nutanix

" Leitura obrigatória para qualquer pessoa que atue no setor B2B. Se você é líder empresarial, leia e se inspire. Se é especialista em comunicação, leia e descubra práticas de primeira linha para construir seu caso de negócio. Se é especialista ou novato em comunicação corporativa, leia e poupe uma bela dor de cabeça ao começar do zero. Histórias são a essência do mundo. Com este livro, Gay Flashman apresenta a arte e a ciência de se tornar uma empresa mestre em *storytelling*."

CASILDA MALAGON,
profissional de comunicações globais e cofundadora da Archetypical

" Nesta envolvente narrativa, Gay Flashman pratica o que prega: desperta nosso interesse, nos informa de maneira ampla e engajadora, e nos faz voltar à importância crucial de se construir e nutrir nossas histórias de marca. Leitura vital para diretores e executivos."

PIERS CUMBERLEGE,
presidente da Straightview International

MARKETING DE
CONTEÚDO
B2B

Copyright © 2020 Gay Flashman
Copyright desta edição © 2024 Autêntica Business

Tradução publicada mediante acordo com Kogan Page.

Título original: *Powerful B2B Content: Using Brand Journalism to Create Compelling and Authentic Storytelling*

Todos os direitos reservados pela Autêntica Editora Ltda.
Nenhuma parte desta publicação poderá ser reproduzida,
seja por meios mecânicos, eletrônicos, seja via cópia xerográfica,
sem autorização prévia da Editora.

EDITOR
Marcelo Amaral de Moraes

PREPARAÇÃO DE TEXTO
Marcelo Barbão

REVISÃO TÉCNICA
Marcelo Amaral de Moraes

REVISÃO
Rafael Rodrigues

CAPA
Diogo Droschi

PROJETO GRÁFICO
Diogo Droschi
Christiane S. Costa

DIAGRAMAÇÃO
Christiane S. Costa

**Dados Internacionais de Catalogação na Publicação (CIP)
(Câmara Brasileira do Livro, SP, Brasil)**

Flashman, Gay
    Marketing de conteúdo B2B : como o jornalismo de marca está revolucionando a comunicação no universo B2B / Gay Flashman ; tradução Maíra Meyer Bregalda. -- 1. ed. -- São Paulo : Autêntica Business, 2024.

    Título original: Powerful B2B Content : Using Brand Journalism to Create Compelling and Authentic Storytelling
    ISBN 978-65-5928-431-3

    1. Marketing de conteúdo 2. Marketing digital 3. Marketing B2B 4. Redes sociais 5. Gestão de conteúdo I. Título.

24-206720
CDD-658.8

Índices para catálogo sistemático:
1. Conteúdo : Marketing digital : Administração 658.8
Eliane de Freitas Leite - Bibliotecária - CRB 8/8415

A **AUTÊNTICA BUSINESS** É UMA EDITORA DO **GRUPO AUTÊNTICA**

São Paulo
Av. Paulista, 2.073 . Conjunto Nacional
Horsa I . Salas 404-406 . Bela vista
01311-940 . São Paulo . SP
Tel.: (55 11) 3034 4468

Belo Horizonte
Rua Carlos Turner, 420
Silveira . 31140-520
Belo Horizonte . MG
Tel.: (55 31) 3465-4500

www.grupoautentica.com.br
SAC: atendimentoleitor@grupoautentica.com.br

Gay Flashman

MARKETING DE
CONTEÚDO
B2B

Como o **jornalismo de marca**
está **revolucionando** a
comunicação no universo **B2B**

TRADUÇÃO:
MAÍRA MEYER BREGALDA

autêntica
BUSINESS

A meu pai.

Sumário

Lista de figuras, quadros e tabelas. 14

Sobre a autora. 18

Prefácio. 20

Agradecimentos. 24

CAPÍTULO 1
Por que usar o jornalismo de marca como parte do seu mix de marketing de conteúdo?. 28

30 Tornando a sua marca competitiva
33 Uma crise de confiança
36 A oportunidade: o propósito da marca
39 O caminho complexo para uma venda
41 Encontrando meios para se conectar
42 A emergência do propósito da marca
47 Notas

CAPÍTULO 2
Uma abordagem de redação: definindo jornalismo de marca para o profissional de marketing B2B. 52

53 Jornalismo de marca: definição
56 Como fazer jornalismo de marca
67 Abordagens para a criação de histórias
72 Notas

CAPÍTULO 3

Construindo a sua estratégia de *storytelling*. 74

75 Criando a sua abordagem

76 Defina seus objetivos e resultados

83 Mapeie a sua audiência

86 Estabeleça o seu estilo e o tom

88 Encontre o seu ritmo

96 Desenvolva um processo de delegação

99 Notas

CAPÍTULO 4

Encontrando a narrativa: contando as histórias que importam. 100

101 Acrescentando impacto às suas histórias

105 Que histórias a sua organização deve criar?

107 Encontrando histórias que repercutem

108 Planeta: pesquisando o ecossistema da conversa

109 Propósito: liderando com os seus valores

112 Pessoas: demonstrando o seu lado humano

113 Processo: pesquisando o ambiente do seu negócio ou do seu setor

115 Produto: a sua empresa fazendo a diferença

117 Não se esqueça da "marca"

119 Notas

CAPÍTULO 5

Story mining: revelando seu poderoso jornalismo de marca. 122

123 Estabelecendo o seu processo

133 Construindo uma gama de tipos de histórias

136 Verificando o sentido por meio de um conselho editorial

137 Conheça os seus concorrentes

141 Notas

CAPÍTULO 6
Escolhendo seu formato: as necessidades da audiência e o poder do texto . 142

143 Planejando sua abordagem
146 Como começar a escrever um ótimo conteúdo
147 Escolhendo a abordagem certa
164 Fazendo a rolagem parar com seu conteúdo
169 Notas

CAPÍTULO 7
Escolhendo o seu formato: desenvolvendo conteúdo visual, em vídeo e áudio . 174

177 Jornalismo de marca por meio de vídeos
180 Vídeos curtos (*shorts*) para as redes sociais
184 Vídeos de entrevistas
186 Cobertura de vídeo ao vivo
189 Usando imagens para *storytellings* complexos
193 Áudio: a ascensão do *podcast*
197 Notas

CAPÍTULO 8
Hubs de conteúdo: encontrando um lugar para as suas histórias . 200

202 Levando o blog para o próximo nível
203 O nome de marca independente
208 Encontre as histórias certas
213 Crie uma estrutura clara
214 Notas

CAPÍTULO 9
Distribuição e amplificação: cultivando audiências leais . 216

218 Otimize a distribuição orgânica
222 Busca integrada

224 Destaque-se nas redes sociais
227 Cresça por meio de tráfego pago
229 Outras estratégias pagas
235 Outras abordagens pagas
236 Notas

CAPÍTULO 10
Thought leadership: insights de seu pessoal . 238

239 Estabeleça a sua visão e os resultados
241 Desenvolvendo o seu *pool* de talentos
243 Os funcionários são a chave
243 Inspirações para a *thought leadership*
247 Fatores de sucesso para conteúdo
251 Apoio à ideação e à criação
252 Notas

CAPÍTULO 11
Mensurando o impacto: construindo um modelo de mensuração . 254

256 Investindo no longo prazo
261 Mensuração ao longo da jornada do cliente
267 Aumentando o valor
270 Notas

CAPÍTULO 12
Dando vida à sua redação . 272

273 Encontrando os inteligentes
274 Terceirização de conteúdo
275 O time perfeito
276 Refletindo a estrutura da redação
283 Notas

Índice remissivo . 284

Lista de figuras, quadros e tabelas

FIGURAS

1.1 Encontrando o ponto ideal do conteúdo 43

1.2 Mudando o foco do conteúdo 45

2.1 Mudando da atenção para a confiança e a defesa 58

3.1 Publicação da história: um processo contínuo 76

3.2 Construindo uma estratégia de conteúdo 77

3.3 Compreendendo suas audiências 85

3.4 Fluxo de conteúdo no coração da produção regular 90

3.5 O pacote temático de conteúdo 92

3.6 Uma proposta de cronograma de publicação 94

4.1 Um modelo de *messaging* 104

4.2 Conteúdo *raincatcher* abrangente: engajando as audiências antes do início do funil de vendas 107

5.1 O processo de *story mining* 124

6.1 Formatos para uso em jornalismo de marca B2B: texto 144

7.1 Formatos para uso em jornalismo de marca B2B: vídeo, áudio e imagem 176

7.2 Criando vídeos de formato curto 181

8.1 Abordagens para estruturar o *hub* de histórias 204

9.1 Distribuindo seu conteúdo 218

9.2 Fluxo de distribuição de conteúdo 225

11.1 O valor de negócios da estratégia de conteúdo 266

11.2 Conteúdo de apoio para comunicação e alcance de vendas mais amplos 268

QUADROS

3.1 A evolução do jornalismo de marca em diferentes etapas da jornada do cliente 80

3.2 Opções de fontes de conteúdo 97

5.1 Quatro abordagens diferentes para *story mining* 132

5.2 O processo de auditoria de conteúdo 138

6.1 Visão geral do formato de texto 148

7.1 Diferentes formatos de vídeo e suas vantagens 180

9.1 Plataformas-chave para crescimento B2B orgânico e pago 227

10.1 Procedimento para criação de conteúdo de *thought leadership* 251

11.1 Mensuração ao longo da jornada do cliente 262

12.1 Estrutura geral da redação 276

12.2 Ferramentas de tecnologia de jornalismo de marca 282

Sobre a autora

GAY FLASHMAN é pioneira em jornalismo de marca, mesclando experiências como jornalista sênior, profissional de comunicação e de marketing digital para criar estratégias de conteúdo atraentes para algumas das marcas mais importantes do mundo.

Flashman é fundadora da Formative Content, uma agência de marketing de conteúdo global que trabalha com clientes como o Fórum Econômico Mundial, Coca-Cola, Microsoft, Standard Chartered, Mitsubishi Heavy Industries e Tata Consultancy Services, gerando conteúdos B2B eficazes que variam de redes sociais e conteúdo para blog a *thought leadership* (liderança de pensamento) e relatórios técnicos.

Tendo começado em jornais, Flashman construiu uma carreira na BBC e na ITN em jornalismo de notícias para a TV, culminando em seu cargo de editora-chefe no Channel 4 News e no Channel 5 News. Depois de se mudar para Sidney, ela trabalhou como consultora de gestão na ABC News e SBS na Austrália, antes de fundar a Formative Content.

Flashman dá palestras frequentes sobre assuntos relacionados a conteúdo, marketing digital e mídias.

Prefácio

Este livro é sobre um poder oculto: o poder do *storytelling*.

Essa não é a primeira coisa que vem à mente quando se pensa em marketing. Não se trata de *hard sell*. Trata-se de descobrir as histórias humanas que pulsam por baixo da superfície das grandes corporações e que conectam a todos, em todas as nossas esperanças, sonhos e medos. Trata-se de construir a confiança.

Genuinamente impactante, o conteúdo sem intermediação permite que as marcas ampliem as questões e os tópicos que importam para elas, além de dialogar diretamente com as pessoas com quem querem se engajar.

Esse é o poder que este livro revela. Não o marketing publicitário, mas o editorial genuíno. Ele fornece substância em vez de *slogans*, e insights em vez de músicas que "grudam" na cabeça.

Não consigo pensar em uma pessoa melhor para explicar o valor do marketing de conteúdo voltado para histórias do que Gay Flashman. Ela trabalhou com conteúdo e jornalismo ao longo de toda sua vida profissional, como jornalista, executiva de televisão, fundadora e CEO. Ela criou as estratégias para implementar conteúdo significativo e o material para torná-lo realidade para algumas das empresas mais progressistas do planeta.

Em *Marketing de Conteúdo B2B*, Gay Flashman mostra como usar o conteúdo para desenvolver uma voz organizacional, dar forma e significado a questões empresariais, estimular o conhecimento a escapar das amarras do jargão e se esforçar para ser passível de descoberta, discussão e compartilhamento.

Há três grandes mudanças ocorrendo no ambiente de trabalho neste século. As pessoas, tanto as jovens quanto as mais velhas, esperam mais de seus patrões. Sim, elas querem carreira, mas também querem causas em que possam acreditar e uma comunidade à qual pertencer. Progresso, propósito e valores. Tudo isso é assustador quando se está condicionado a conversar com acionistas que desejam lucros, dividendos e previsibilidade.

As pessoas esperam compartilhar experiências nas redes sociais. Não somente as experiências de lazer; elas também querem compartilhar ideias e conhecimentos em redes profissionais e pessoais, como o LinkedIn ou o Pinterest. Elas querem compartilhar coisas importantes para sua família em redes como o Facebook, o WeChat ou o TikTok. O compartilhamento tomou o lugar dos jornais e revistas, estantes com livros físicos e álbuns de fotografias nos espaços virtuais das pessoas.

As pessoas consomem mídias de maneiras diferentes. Isso significa que veículos tradicionais perderam poder. Lembre-se de que essas forças não se aplicam apenas a um público global sem rosto ou a um alvo demográfico valioso, e sim ao pessoal de uma organização: equipes, funcionários, *stakeholders*. Esses são os futuros defensores e embaixadores em primeira instância.

Se você não está nos fones de ouvido ou nas telas das pessoas – se não tem uma rota para a atenção delas –, então onde você está?

O que Flashman expõe nos capítulos a seguir é como chegar lá, em termos práticos e intencionais. É uma jornada que pode beneficiar qualquer um, desde a menor das *startups* até o maior conglomerado corporativo. Você não poderia ter um guia melhor.

Adrian Monck
Diretor-geral do Fórum Econômico Mundial

Se você não está nos **fones de ouvido** ou nas **telas das pessoas** – se não tem uma rota para a **atenção** delas –, então **onde você está**?

Agradecimentos

Sem o apoio, a contribuição e as orientações de muita gente, este livro não teria visto a luz do dia. A todos os que cederam suas habilidades, ideias, orientações e apoio: um muito obrigada, de coração.

Foi uma longa jornada desde as redações da ITN, da BBC e Sky até a gestão de uma agência internacional de conteúdo, e a experiência e o conhecimento adquiridos nessas redações cheias de pressão, dinâmicas e extremamente estimulantes me deram boas condições para o trabalho que viria a seguir.

A Adrian Monck, obrigada pela visão e por buscar com obstinação o objetivo de inovar na edição de marcas.

Agradeço a meus clientes, muitos dos quais dedicaram tempo precioso para entrevistas, colocando-se à disposição e confiando a mim suas ideias; muitos outros compartilharam seu conhecimento por meio do trabalho que desenvolvemos juntos. Agradecimentos especiais a Mark Jones, Abhinav Kumar, Ashish Badu, Dan Lochmann, Jim Cox e Laura Price.

A todos os pensadores, articulistas e consultores de marketing que ofereceram tempo e entusiasmo, e cujos livros e blogs li ao longo dos anos, obrigada. Menção especial aos entrevistados deste livro, entre eles, Mark Schaefer, Melanie Deziel, Lisa Moretti, Michael Brenner, Neal Schaffer, Rebecca Lieb, Rob Blackie, Robert Rose, Amy Hatch, Sarah Goodall, Tom Foremski, Luke Kintigh, Ken Kaplan, Krista Ruhe e Laura Hamlyn.

A *expertise* que desenvolvi nos últimos cinco anos foi construída com o trabalho duro de um time dedicado de nossa agência, a Formative Content. Gratidão eterna ao time sênior de liderança, articulistas, editores de conteúdo seniores, time de atendimento ao cliente, time da web e ao agitado time de operações de nossa redação na Beaconsfield. Todos vocês contribuíram nos últimos cinco anos para boa parte dos resultados e ideias mencionados aqui.

Alex Weller e time do Above Digital, obrigada por todo o contínuo apoio e inteligência web. Ao operador de vídeo e editor Mike Sedgwick e à guru da RP Wendy Richmond, obrigada pelos momentos divertidos, pelo implacável profissionalismo e anos de amizade.

Obrigada a Jenny Volich e à equipe da Kogan Page.

Pela orientação estratégica de *messaging*, por todos os anos de amizade, risadas e confiança contínua, um imenso obrigada a Deborah Turness e Charlotte Hume. Agradeço também a Brian, pelo apoio irrestrito e generoso.

Selina Swift merece uma menção especial por ser a voz da tranquilidade e uma força de energia positiva, ajudando com todas as referências, leiaute e divulgação para os quais eu não tinha nem habilidade, tempo ou paciência. Peter Crush, obrigada pela ajuda em deixar algumas destas palavras em melhor forma; anos escrevendo aberturas para TV e manchetes não me prepararam para o desafio de escrever um livro.

A trajetória de uma empresa com duas pessoas numa sala para um time de mais de cinquenta foi, em igual medida, memorável e desafiadora. As orientações de Neil Backwith, Piers Cumberlege, Damon Clark, Natalie Richer e Brian Harris foram inestimáveis.

A Paul Muggeridge. Sou imensamente grata por nossos mundos terem se encontrado. Eu não poderia ter pedido um parceiro mais admirável, dinâmico e absurdamente focado com quem compartilhar esta jornada. Aqui está o futuro e tudo o que ele traz.

Peço desculpas a meus filhos, Joe e Sam, por todas as noites e fins de semana perdidos.

E, por sua paciência, amor e apoio sempre presentes, gratidão eterna a John Wilson.

Os últimos anos não apenas testemunharam uma **explosão** na imensa **quantidade de canais que não existiam antes**, como também o **número** e a **complexidade de informações** que esses canais contêm estão atingindo **níveis quase inimagináveis**.

CAPÍTULO 1

Por que usar o **jornalismo de marca** como parte do seu **mix de marketing de conteúdo**?

As lentes através das quais vemos nossa comunicação B2B e materiais de marketing estão ficando cada vez mais indistintas. Os últimos anos não apenas testemunharam uma explosão na imensa quantidade de canais que não existiam antes, como também o número e a complexidade de informações que esses canais contêm estão atingindo níveis quase inimagináveis.

É impressionante pensar que, hoje, um extra de 2,5 *quintilhões* de bytes de dados serão (e continuarão a ser) criados todos os dias. Para dar certa perspectiva a essa afirmação, 90% dos dados já criados na história da humanidade foram desenvolvidos nos últimos dois anos.[1]

Não surpreende que essa explosão de canais signifique que as marcas – quer ocupem o espaço B2B ou B2C – têm uma tarefa cada vez mais difícil quando o assunto é alcançar clientes e audiências. Com a crescente multiplicação dos *stakeholders* e a consequente proliferação dos pontos de contato com que eles se conectam, os ciclos de compra se tornaram muito mais complicados. Para as marcas, não é mais suficiente começar a engajar o audiência-alvo no topo da jornada de vendas tradicional. O que elas precisam agora é de algum tipo de "treino preliminar de marca". Marcas B2B precisam encontrar um meio de construir presença antes mesmo que o comprador atinja o topo de funil de vendas. Como afirma o especialista em marketing de conteúdo Robert Rose: "A missão do marketing hoje em dia é deter uma parte muito grande da experiência do topo de funil/fase pré-cliente".[2]

Mas o que isso quer dizer? Frequentemente se esquece de que vender o produto é uma experiência de ser humano para ser humano; é contar histórias sobre sua marca que repercutem, em sentido mais amplo, ou que alinhem sua marca com uma maneira específica de pensar. É criar histórias que respaldem iniciativas de marketing *antes* de potenciais compradores darem início à jornada de compra. Se bem elaboradas, e de uma forma que ocupe as várias redes com que suas audiências se engajam, essas histórias *jornalísticas* podem proporcionar um sólido impacto à reputação.

TORNANDO A SUA MARCA COMPETITIVA

Em outras palavras, o sucesso, em nosso mundo multicanal, é consolidar sua marca como uma "competidora" – que os consumidores (ou um influenciador de um comprador) vão considerar quando decidirem que precisam dela. As marcas precisam se consolidar de uma forma mais refletida e estratégica, usando conteúdo editorial, nos lugares e espaços habitados pelo público – mesmo antes de demonstrarem necessidade de um produto ou serviço.

◢ Volume de informações

Chamar a atenção do cliente, seja no B2B ou B2C, está ficando cada vez mais desafiador a cada dia.

Nos últimos anos, houve um aumento quase exponencial no número de notícias e fontes de informação divulgando artigos, blogs, pretensas notícias e outras formas de conteúdo em todos os formatos. Uma parte desse conteúdo se origina de fontes de notícias tradicionais ou reconhecidas, mas uma proporção crescente provém de blogueiros pessoais e editores anteriormente desconhecidos.

Mas a qualidade de muitas dessas fontes é questionável. Oitenta por cento dos blogueiros escrevem tudo por conta própria, sem terceirizar a checagem dos fatos (de acordo com dados do SEO Tribunal).[3] Sabe-se muito bem que muitos posts são mal elaborados, vagamente pesquisados e, muitas vezes, sem substância, e apesar disso aparecem nos feeds de redes sociais e caixas de entrada de muita gente. Acrescente-se a isso conteúdo simplesmente duplicado entre fontes, colado, copiado e compartilhado, e não é difícil perceber a onda de informações medíocres que nos inundam.

Porém, assim como o sempre crescente volume total de informações, é a enorme quantidade de fontes e vozes competindo por nossa atenção que também está atingindo proporções impressionantes.

À medida que a internet democratizou o alcance da audiência, houve um crescimento expressivo de novas agências de notícias de nicho e sites oferecendo a *long tail* (cauda longa) das visualizações e posicionamento – muitas vezes representando o pensamento minoritário e menos ligado ao *mainstream*. Algumas pessoas veem isso como um sinal bem-vindo de diversificação. Mas outras não apenas argumentam que é um terreno fértil para as *fake news* como, também, outros comentaristas midiáticos se preocupam com o impacto que essas novas fontes de informação – na maioria das vezes sites de redes sociais – estão causando. Hoje, muitas audiências estão trocando fontes tradicionais e confiáveis de notícias por outras que, com bastante frequência, ecoam suas crenças pessoais.

Como se isso não fosse desafiador o suficiente, nem todo o conteúdo que vemos (sobretudo em feeds de redes sociais) é escrito, gerado ou compartilhado por seres humanos. Alguns estão sendo gerados em fábricas de trolls,[4] criando, distribuindo e compartilhando conteúdo cujo objetivo é manipular pensamentos políticos ou subestimar ideias sobre saúde baseadas em fatos ou na economia.

Não se pode subestimar o impacto de tudo isso. Vivemos em uma época em que algumas pessoas estão se desviando para conteúdo ou histórias falsas que respaldam suas crenças, enquanto outras estão ficando desmotivadas pela mídia tradicional. Isto posto, a confiança e a credibilidade de novas fontes nunca foi tão fortemente questionada. Conforme descoberto pelo Pew Research Center, o crescimento de conteúdo foi tal que somente um em cerca de cinco norte-americanos afirmaram que confiavam no que era compartilhado por organizações de notícias, familiares ou amigos. Ainda menos pessoas confiavam em redes sociais. Só 4% dos adultos usuários da web disseram que confiavam no que liam e viam, independentemente de quem compartilhava. Hoje em dia, a audiência está cada vez mais ciente de que as informações transmitidas são tendenciosas – quase três quartos dos participantes concordaram com essa afirmação.[5]

◢ Legislação que limita o marketing

Assim como os esforços dos próprios profissionais do marketing em impedir que as pessoas sejam inundadas por uma quantidade excessiva de mensagens gerais, os governos também estão criando leis para impedir a crescente onda de spans e engajamento usando notificações *push* indesejadas.

As regras da Lei Geral de Proteção de Dados (GDPR) são aplicadas na União Europeia desde maio de 2018, e limitam a forma como as empresas podem usar, compartilhar e armazenar dados sobre indivíduos. Dados pessoais não podem ser usados sem consentimento da pessoa envolvida, e não podem ser encaminhados a outros ou reutilizados de maneira alguma.

Ainda que seja desafiador encontrar dados sobre o impacto real da GDPR em marketing por e-mail e telemarketing, o Facebook reportou que uma queda temporária em inscrições de usuários, além de um declínio na receita publicitária no início de 2018, estavam vinculados à legislação. Por quê? Hoje, cada vez mais consumidores valorizam a importância da privacidade. Pesquisas revelaram que quase 70% dos adultos nos EUA não se sentem à vontade com empresas compartilhando e vendendo seus dados e atividades on-line – e mais da metade deles relatam tomar atitudes específicas para limitar a coleta de dados quando usam aplicativos e sites. Muitos, inclusive, chegarão a parar de utilizar a empresa como um todo se necessário.[6]

Diante desse cenário, talvez não surpreenda que o grupo de pesquisas Forrester notou que a quantidade de firmas da Fortune 100 explicando seu compromisso com a privacidade do cliente como parte de sua responsabilidade social corporativa aumentou de 21 em 2017 para 28 um ano depois.[7] Com o número crescente de queixas motivadas pela GDPR, não é de se admirar que regiões fora da Europa – incluindo a Califórnia, o Brasil, o Japão e a Índia – também estejam adotando regulamentações similares.[8]

◢ Compradores fazendo a própria pesquisa

No passado recente, havia somente um número limitado de maneiras com que os fornecedores podiam se engajar com os compradores, e a maior parte desse engajamento era um a um ou cara a cara. O alcance com que os compradores podiam informar sua decisão de compras também era limitado. Hoje, no entanto, decisões de compras B2B são caracterizadas e influenciadas por uma variedade de fatores – e muitos deles acontecem antes mesmo de os clientes entrarem em contato com uma empresa para saberem mais sobre um produto. A decisão de se engajar com uma marca e adquirir seus produtos pode começar e terminar totalmente na etapa da pesquisa on-line – pesquisas revelam que quase metade dos compradores B2B entrarão em contato ou se engajarão com três a cinco materiais de conteúdo antes de entrar em contato com um vendedor.[9]

Na verdade, hoje em dia o consumidor empresarial está tão sofisticado em termos digitais que, de acordo com Lori Wizdo da Forrester Research:[10]

➤ Mais de dois terços **(68%)** dos compradores B2B afirmam preferir pesquisar por conta própria e on-line;

➤ **62%** dos compradores B2B dizem que, hoje, desenvolvem seus critérios de seleção ou finalizam uma lista de fornecedores com base somente em conteúdo digital;

➤ Cerca de **60%** dos compradores B2B preferem não entrar em contato com um representante de vendas como fonte primária de informações.

A mensagem não poderia ser mais clara: marcas que não possuem o tipo certo de conteúdo digital – ou seja, conteúdo envolvente e que chame a atenção dos tomadores de decisão – perderam a venda antes mesmo de ela começar.

UMA CRISE DE CONFIANÇA

Marcas B2B que conseguiram "um lugar ao sol", chamar a atenção da audiência e se fazer notar nem por isso têm uma jornada fácil. Como já sinalizei, a confiança é a última grande questão dominante. Construa confiança e os relacionamentos serão moldados e fomentados. Entretanto, como sabemos, a audiência não gosta de mensagens *push*; as pessoas querem sentir afinidade com as marcas com as quais estão lidando.

A empresa de consultoria Accenture deixa isso claro em um de seus relatórios recentes de pesquisa:

> A destacada transparência inerente em nosso mundo digital significa que a confiança é uma preocupação onipresente e altamente inflamável... as companhias precisam criar, de forma muito intencional, uma cultura de construir, manter e preservar a confiança, e fundi-la em seu DNA, nas estratégias e nas operações cotidianas.[11]

A confiança é importante porque impacta seus compradores, investidores, parceiros e funcionários. Ela não é importante somente para reforçar e medir, mas também para se comunicar com seus *stakeholders* e públicos. A falta de confiança é mais generalizada nos jovens de sociedades ocidentais, de acordo com uma pesquisa da Deloitte.[12] De fato, o otimismo é o mais baixo de todos os tempos entre jovens. Em geral, *millenials* são os que menos têm confiança em todos os sentidos – seja em líderes religiosos, políticos ou na mídia padrão. *Millenials* e a Geração Z são mais propensos a patrocinar e apoiar empresas que compartilhem de seus valores.

A boa notícia é que pesquisas recentes indicam que compradores estão mais dispostos a aceitar que o conteúdo de fornecedores é confiável.[13] Uma melhor confiança no vendedor está gerando o que Laura Ramos, da Forrester, chama de "corrida armamentista do conteúdo B2B", em que firmas B2B "tentam ganhar vantagem competitiva produzindo qualquer conteúdo possível de que qualquer possível comprador poderia precisar em qualquer momento".[14]

No entanto, antes de analisar isso com mais detalhes, vale a pena examinar como os níveis de confiança diferem atualmente entre os canais.

◢ Desafios para a mídia padrão

A confiança na mídia tradicional e na mídia em termos gerais decaiu, mas existe uma crescente "lacuna de confiança" entre as mídias de radiodifusão e as novas mídias. De acordo com o YouGov-Cambridge Globalism Project, em 2019 os britânicos eram as pessoas que menos confiavam em redes sociais entre cidadãos de 22 países, incluindo a França, a Alemanha e os Estados Unidos.[15] Descobriu-se que só 12% confiava em informações de redes sociais, enquanto 83% tinha pouca ou nenhuma confiança em plataformas como o Facebook e o Twitter. Apenas duas fontes de informações despertavam a confiança da maioria dos britânicos: canais nacionais de notícias de TV (61%) e organizações de notícias locais (54%).

Enquanto marcas tradicionais de notícias (NBC, ABC e BBC) viram os novos caras no pedaço (*BuzzFeed*, NowThis e semelhantes) contando histórias que chamam a atenção dos jovens de forma muito mais engajadora, ainda há confusão entre o que é falso e o que não é. Isso não foi ajudado pelo fracasso das próprias plataformas de redes sociais – que foram amplamente condenadas por auxiliarem a propagar a maior parte das *fake news*.

A influência corrosiva das *fake news* é tamanha que o Edelman Trust Barometer de 2019 descobriu que embora tenha havido um aumento no número de pessoas consumindo notícias, mais de 70% estão preocupadas com *fake news* ou informações falsas "usadas como arma".[16] O resultado é que a audiência – se alimentando de lixo de todos os lados e todos os canais – muitas vezes tem dificuldades para distinguir fato de ficção.

◢ Preocupações com a publicidade

Paralelamente à confusão sobre em quais notícias devemos acreditar há a preocupação bastante real em relação à integridade do setor de publicidade como um todo. Muito embora a confiança na propaganda venha decaindo nas últimas décadas, mais recentemente a confiança tem se reduzido a um ritmo acelerado, com a "crença" do consumidor no setor em uma baixa recorde (25%). Isso se deve, conforme pesquisas, ao imenso volume de anúncios, sua repetição, intromissão e irrelevância.[17]

Como Lord Puttnam, um dos gigantes da indústria midiática do Reino Unido, recentemente colocou:

Cada um de nós tem um trabalho colossal nas mãos no processo da recriação da confiança – não no sistema, que sob vários aspectos apenas se descredibilizou, mas em um tipo de sistema do qual nos sintamos à vontade para nos aproximar e apoiar. Construir confiança é uma atividade humana, e muito pouco provável de ser obtida somente com o uso de análise de dados e algoritmos. Considerando-se simplesmente a perspectiva bem estreita da publicidade – nossa função tem tudo a ver com construir a "confiança" – confiança em marcas, em nossa mensagem, uns nos outros.[18]

A sociedade quer novos porta-vozes.

Não são apenas a mídia e o setor de publicidade que estão com dificuldades para manter a confiança na visão de terceiros e do público. Talvez o topo da lista em muitos países ocidentais seja a queda no respeito pelos políticos. Nunca se desconfiou tanto de governos democráticos no mundo como hoje, chegando a 80% das pessoas em alguns países, de acordo com o Edelman Trust Barometer. Seja na forma como o Brexit foi conduzido no Reino Unido, nos crescentes conflitos e confrontos políticos nos Estados Unidos ou no surgimento de grupos populistas como os coletes amarelos (*les gilets jaunes*) na França, houve uma mudança na deferência que viu os políticos perderem boa parte do respeito que tinham na era pós-guerra.

A OPORTUNIDADE: O PROPÓSITO DA MARCA

Com a ameaça, indiscutivelmente vem a oportunidade. O vazio na confiança deixado pela mídia, pela propaganda, pelos políticos e pelo reduzido respeito ao *establishment* abre oportunidades para líderes empresariais seniores e pensadores demonstrarem suas credenciais por meio de uma *thought leadership* (liderança de pensamento) prudente e refletida.

Organizações obtiveram o direito de entrar nesse espaço, a fim de falar sobre áreas que conhecem e entendem. Elas podem fazer isso com segurança sabendo que a audiência pode filtrar e apurar as próprias narrativas – que (em um mundo ideal) são extraídas de várias fontes, e não um eco criado por elas mesmas.

Em nossa entrevista, o fundador e *chief strategy officer* da Content Advisory, Robert Rose, descreveu a importância de ganhar não somente a atenção do público, mas também a confiança.

> Não é difícil chamar a atenção. Isso você consegue. É possível comprá-la. Mas essa atenção é fugaz. É fácil chamar a atenção de alguém por dez segundos. Tudo o que precisa fazer é ser polêmico ou pagar por isso, e é possível colocar algo na frente de alguém para chamar sua atenção. Mas manter essa atenção é a parte difícil; mantê-la por determinado tempo e aprofundar a confiança para que as pessoas queiram fazer coisas que favoreçam você. Essa é a parte complicada.

> É aí que realmente entra em cena o poder do marketing de conteúdo, proporcionando valor antes mesmo que alguém tenha pedido por isso; trocando em miúdos, antes mesmo de você ter perguntado o nome, registro, endereço de e-mail ou qualquer tipo de transação. Você já está tratando essa pessoa como se fosse cliente. Você a está tratando como se fosse um relacionamento valioso oferecendo valor sem que ela sequer tenha pedido. E isso, para mim, torna mais fáceis todos os outros elementos da confiança.

SUAS CONVERSAS DE MARCA DEVEM REFLETIR:

➤ **Honestidade** - garantir que quaisquer histórias que você elaborar sobre sua companhia exibam honestidade e claridade de pensamentos, visões e opiniões da organização.

> **Conexão** - elaborar estudos de caso e exemplos humanos de dentro da sua organização para desenvolver empatia e construir relacionamentos.

> **Valor** - oferecer ideias que abordem as necessidades do cliente.

> **Credibilidade** - não começar a conversa se não puder mantê-la.

◢ O poder de histórias bem contadas

Não são somente empregadores e públicos que acreditam no poder do *thought leadership*. Mais do que nunca, funcionários também acreditam que sua organização deve assumir a liderança de mudança no ambiente mais amplo e no mundo que os cerca. De acordo com o Edelman Trust Barometer, em 2019 mais de 70% sentiam que uma empresa deveria agir de forma a se capacitar para aumentar os lucros e melhorar as condições sociais e econômicas nos mercados em que ela opera.[19]

Portanto, qual é a melhor forma de demonstrar o que você está fazendo se não contando suas próprias histórias de forma refletida? Contar ao seu público no que você acredita (e por quê) deve ser considerado, hoje em dia, uma parte vital de sua estratégia de construção de marca. Como David Roman explica a seguir, ficar empurrando produtos não funciona mais. Hoje, existe uma expectativa de que as marcas compartilharão as mesmas crenças que as dos consumidores – e isso também é relevante no B2B. Com dados mostrando que mais da metade dos consumidores boicotarão marcas que não compartilharem de suas crenças, não há motivo para isso não valer também para o espaço B2B.[20] São especialmente as marcas B2B que viram a jornada do cliente evoluir e se tornar mais complexa com uma proliferação de pontos de contato, plataformas e até mesmo do número de pessoas envolvidas em uma venda/compra.

ESTUDO DE CASO

A LENOVO LEVA A MARCA ALÉM DA INOVAÇÃO TECNOLÓGICA

"Agora que nos tornamos uma companhia de US$ 50 bilhões, a Lenovo tem que ser mais estrita em termos do que defende e do que representa", disse David Roman, VP sênior e CMO da Lenovo, recentemente entrevistado pela *Drum*. "Quando você analisa pessoas comprando tecnologia hoje, especialmente os *millenials*, elas esperam ter um relacionamento com a marca. Esperam conhecer a companhia. Querem que a companhia compartilhe seus valores. Existe um conjunto mais amplo de coisas do que apenas a tecnologia em si, sobretudo hoje, quando passamos para soluções baseadas em nuvem. Há uma expectativa de confiança e de como a companhia vai manter a privacidade e a segurança."[21]

O CAMINHO COMPLEXO PARA UMA VENDA

Foi em 1898 que o caixeiro-viajante Elias St. Elmo Lewis cunhou o famoso conceito "jornada para a venda" – resumido habilmente por seu acrônimo AIDA (Atenção, Interesse, Desejo e Ação).

Até hoje, a premissa básica por trás do que gera vendas permanece imutável. Também se poderia argumentar que o funil de vendas que ele descreveu pela primeira vez tem poucas diferenças – simplesmente tem mais saídas, pontos de contato e plataformas através das quais é possível engajar clientes. Como escreve o comentarista de marketing, professor e estrategista Mark Ritson:

> O funil de vendas precede a invenção da televisão, mala direta, telemarketing, anúncios de cinema, a internet e os smartphones. Cada uma dessas tecnologias mudou as opções táticas disponíveis para profissionais do marketing, mas o desafio essencial da estratégia de marketing e o valor contínuo de um funil de vendas devidamente derivado permanecem intactos.[22]

O advento das comunicações digitais significa que há ainda mais pontos de contato ao longo da jornada do cliente, e cada um deles pode ser oferecido em uma plataforma diferente. De acordo com a McKinsey, "hoje, o cliente médio B2B usa seis canais diferentes ao longo da sua jornada de tomada de decisão".[23] O novo desafio é a complexidade do engajamento. E é essa complexidade de engajamento em diferentes etapas da jornada do comprador que tem como pano de fundo a crescente complexidade de comunicação e uma falta de confiança cada vez maior em nossas mídias tradicionais, propagandas e marketing. Como escreve Seth Godin, guru do marketing:

> [...] o consumidor recém-empoderado descobriu que o que parece desordem para o profissional do marketing na verdade é uma escolha. Eles perceberam que existe uma quantidade infinita de opções, um desfile incontável de alternativas. Para o profissional do marketing, é como tentar vender areia no deserto.[24]

Sem um perfil ou algum tipo de relacionamento digital, organizações querendo ser incluídas no processo de compra podem perder uma venda antes de qualquer processo formal de Solicitação de Proposta (Request for Proposal – RFP) ter sido iniciado. Como concluiu um relatório da McKinsey & Co, quando chamar a atenção fica difícil, é muito importante construir consciência e engajamento de marca:

> Diante de um sem-número de opções e comunicações, consumidores tendem a recair no conjunto limitado de marcas que se sobressaíram em meio à selva de mensagens. Consciência de marca é importante: marcas na consideração inicial têm três vezes mais chances de serem adquiridas no final do que marcas que não estiveram no início.[25]

A chave para o sucesso é "interromper" o processo de tomada de decisão com sua mensagem de marca do jeito mais atraente possível. Se você consegue um lugar ao sol – ter um *messaging* claro, não somente gritar mais alto – há um escopo para marcas usarem *storytelling* e jornalismo de marca a fim de adquirir consciência e começar a jornada em uma posição de confiança. O especialista em marketing e autor Michael Brenner explica, em uma entrevista para este livro, que o problema não é que a audiência não quer conteúdo, o problema é que ela não recebe o conteúdo de que precisa:

> Pesquisas revelam que os compradores estão bastante abertos e em busca de mais conteúdo de marcas que seja educativo. Não acredito que a audiência esteja totalmente cansada. As pessoas estão cada vez mais abertas a marcas que oferecem *thought leadership* em nível especializado ou jornalismo de marca (qualquer que seja o termo que você preferir) – só que elas estão decepcionadas com a pouca quantidade de marcas que estão oferecendo isso. A questão é o instinto natural da empresa de se promover – isso vale para o marketing, executivos, e sem dúvida para equipes de vendas. Todo mundo pensa que seu trabalho é falar sobre como seus produtos são ótimos e como sua empresa é excelente. Em termos simples, é o desejo de se promover que atrapalha.

ENCONTRANDO MEIOS PARA SE CONECTAR

Se o *storytelling* e o jornalismo de marca são a resposta, o desafio para as empresas em usá-los está relacionado a como se conectar com a audiência nesse ambiente fragmentado. Como as organizações se destacam com seu *messaging* e engajam públicos? Como as conexões com compradores B2B podem ser feitas dentro de uma jornada de vendas ainda mais complexa, emocional e estendida?

Adrian Monck é diretor-geral do Fórum Econômico Mundial. Entrevistado sobre como o Fórum aborda a edição, ele explicou sua crença de que uma organização poderia conduzir sua própria cobertura ao desintermediar a mídia tradicional:

> Tomamos como ponto de partida a ideia de que uma organização poderia usar histórias para contar mais ao mundo sobre a própria missão, paixão e considerações, e então usar essa mesma abordagem de *storytelling* com pessoas na

organização e com seu grupo de *stakeholders*. As pessoas com quem você se engaja, aquelas com quem você trabalha, todas elas são seu público, e também o mundo num sentido mais amplo, e contar histórias é a maneira mais poderosa que conhecemos para sensibilizar as pessoas.

Como usar essa abordagem na sua organização ou empresa com autenticidade e integridade? No meu caso, o caminho se deu por ser professor e pensar em jornalismo até me dar conta de que as organizações também podiam abraçar certos valores do jornalismo e fazer parte do futuro do que o jornalismo está se tornando.

Uma das coisas mais importantes para qualquer organização, qualquer organização jornalística, é ter esses valores – integridade editorial e contar histórias de forma respeitosa. Para fazer isso é preciso reconhecer os limites de sua organização, em termos de capacidade para falar sobre problemas, e garantir que, dentro desses limites, seja possível se comunicar com integridade e autenticidade.

A EMERGÊNCIA DO PROPÓSITO DA MARCA

Cada vez mais se espera que as marcas defendam aquilo em que acreditam e contem histórias que se alinhem a essas crenças, a fim de demonstrar seu propósito de marca de forma mais abrangente do que nunca antes.

Bill Theofilou, diretor-geral sênior da Accenture Strategy, afirma: "Uma marca precisa resolver um problema ou atender a uma necessidade. Até que ponto ela faz isso de forma eficaz e cria lealdade, afinidade e conexões com seus clientes distingue os perdedores dos vencedores".[26]

Uma pesquisa feita pela Accenture se refere ao "advento da marca guiada pelo propósito", afirmando que sua entrevista com mais de 2 mil consumidores nos EUA descobriu que mais de 60% querem que as empresas se pronunciem sobre assuntos amplamente relevantes, como transparência, empregabilidade justa e sustentabilidade. Eles querem fazer negócios com empresas que se alinhem de forma ampla com seus valores.

FIGURA 1.1 Encontrando o ponto ideal do conteúdo

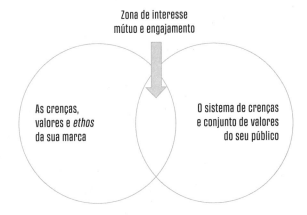

◢ Encontrando seu propósito

De acordo com pesquisa encomendada por Waggener Edstrom e Quartz, a necessidade de as empresas terem um propósito verdadeiro e autêntico hoje é a "oferta mínima aceitável", e há um "vínculo indissociável entre questões sociais e estratégia empresarial". E mais: "As empresas não podem mais funcionar no vácuo. Como dizem 84% de nossos entrevistados, os clientes exigirão maior transparência e garantia de que as marcas apoiadas por eles têm impacto positivo na sociedade".[27]

Não é preciso ir muito longe para descobrir as marcas que realmente estão abraçando isso. A Unilever, multinacional de bens de consumo, nos últimos anos moldou sua marca tendo o propósito como centro do que oferece. A empresa até criou um site e missão para apoiar outras a fazer o mesmo, chamado *Selling with Purpose* (Vendendo com Propósito).[28]

Mas isso não é tudo que o propósito da comunicação abarca. Hoje, espera-se que marcas e empresas tenham visões fortes (e ações associadas) sobre questões sociais como meio ambiente, igualdade e política. Satya Nadella (CEO da Microsoft), Marc Benioff (CEO da Salesforce) e Anne Boden (CEO do Starling Bank, por trás da campanha #makemoneyequal) são uns dos principais expoentes nesse aspecto.

O novo desafio para as empresas talvez seja verificar até que ponto elas se sentem à vontade para entrar em coisas potencialmente complexas, mas também potencialmente benéficas. No entanto, em sua Carta para Investidores anual intitulada *Purpose and Profit* (Propósito e Lucro, em tradução livre),[29] Larry Fink, presidente e CEO da BlackRock, não deixou margem para dúvidas:

> Nervosa com mudanças importantes na economia e o fracasso governamental em oferecer soluções duradouras, a sociedade está cada vez mais buscando empresas, públicas e privadas, que abordem problemas sociais e econômicos urgentes. Esses problemas variam de proteção ambiental e aposentadoria a igualdade de gênero e racial, entre outros. O propósito não é um mero slogan ou campanha de marketing; é o motivo fundamental de uma empresa existir – o que ela faz todos os dias para gerar valor a seus *stakeholders*. O propósito não é uma busca única por lucros, mas a força propulsora para alcançá-los.

◢ O propósito da marca gerando valor

Em uma época em que a confiança em marcas de empresas de notícias é reduzida, o que Fink *et al* estão dizendo é simples. Por que não recorrer a empresas e marcas especializadas consagradas – ao lado de veículos e fontes de notícias tradicionais – em busca de informações e ideias?

Com frequência times de compras vão querer entender o compromisso com metas que giram em torno de igualdade, equilíbrio de gênero, acesso, viabilidade da cadeia de suprimentos e abordagem comercial, enquanto os governos fazem leis sobre mudanças e métodos sobre como empresas devem funcionar. O foco em padrões éticos e sustentáveis de compras é cada vez maior. Integrar essas narrativas em seus ativos voltados para a audiência – site, blog, redes sociais – é só uma das partes principais da construção da confiança e reputação on-line e off-line.

◢ Lembre-se... é emocional

Não se espera de marcas B2B que apenas demonstrem propósito, mas também que explorem com mais profundidade seus aspectos sentimentais. A IBM, em uma visão geral sobre tendências do marketing, referiu-se a esse movimento como uma mudança da *economia da atenção* para a *economia da emoção*.[30]

Isso não precisa ser o grande salto que aparenta ser. Em algum nível, a emoção sempre existiu no cerne do marketing e da publicidade de excelência. Talvez o assunto tratado pela IBM seja tornar isso mais explícito, como uma emoção articulada, e não um "senso" ou uma "sensação" do que uma marca acredita ou representa. Como revelam os dados da equipe de marketing da própria Google, em média, clientes B2B são significativamente mais conectados em termos emocionais com seus fornecedores e provedores de serviços que os consumidores.[31] Das centenas de marcas B2C estudadas, a maioria tinha conexões emocionais com entre 1% e 40% dos consumidores. Enquanto isso, das nove marcas B2B estudadas, sete ultrapassavam a marca de 50%.

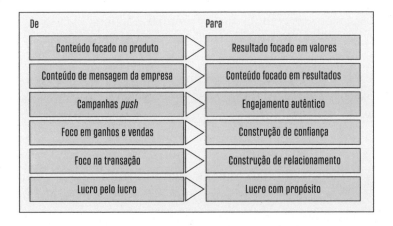

FIGURA 1.2 Mudando o foco do conteúdo

Heidi Taylor, em seu livro *B2B Marketing Strategy*, discute o formato em mudança do engajamento do cliente:

> Hoje, analiso a jornada de compra do cliente B2B como um engajamento contínuo, em que há múltiplos pontos de contato em potencial para atividades de marketing tradicionais e novas. Porque, se nossos clientes não querem mais comprar, temos de mudar totalmente nossa perspectiva e pensar não somente em que ponto, ao longo da jornada de compra, precisamos marcar presença, mas também como podemos nos engajar com os clientes antes mesmo de sua jornada de compra começar.[32]

◢ Colaboração entre times

Se não estiver claro o bastante, a necessidade de um ótimo *storytelling* de marca é o mais importante hoje. O contexto de nosso *storytelling* é um mundo em que nós, bem como potenciais clientes e consumidores, somos inundados de informações e mensagens.

A partir daí, o sucesso estará relacionado a compreender as técnicas que podem ser aprimoradas para chamar atenção genuína e construir relacionamentos significativos com base em uma visão e propósito compartilhados.

O sucesso também terá tudo a ver com uma maior colaboração multifuncional. No mínimo, o *storytelling* de marca eficaz e o jornalismo de marca são esforços colaborativos, especialmente agora que o engajamento de vendas não é mais um processo linear. Pelo fato de os compradores passarem com frequência do conteúdo digital para equipes de vendas antes de chegarem mais perto da compra, é importante que as várias equipes envolvidas reconheçam as próprias responsabilidades e como precisam colaborar entre si:

- ▶ **Marketing:** o time de marketing orienta e apoia funcionários e editores na criação de conteúdo que se alinhará com campanhas em andamento e prioridades empresariais/de produtos, garantindo que a atividade esteja alinhada com os principais objetivos de marketing.

- ▶ **Comunicação:** times de comunicação articulam o *messaging* da marca e o reelaboram em mensagens engajadoras que chamarão a atenção de audiências-alvo e *personas*; o time de comunicação também desenvolverá orientações sobre o tom de voz que determinará como as histórias são criadas e quais delas você opta por contar como marca.

- ▶ **Vendas:** a comunicação com times de vendas capacita os profissionais de marketing de conteúdo a entender as preocupações dos clientes – o que eles precisam saber e entender, ou quais são as dores do cliente? Idealmente, a área de vendas seria uma parceira próxima de qualquer time editorial desenvolvedor de jornalismo de marca. Histórias de marca podem ser usadas como algo para abrir portas e relacionamentos iniciais para os próprios times de vendas, bem como a base de garantias futuras ou garantia de geração de *leads*.

Ainda que a audiência e compradores lutem com a natureza complexa de nossa comunicação e do ambiente de marketing, nunca houve época melhor para nos sobressairmos com nossas próprias histórias. E não é só isso: hoje, somos capacitados por uma gama completa de ferramentas que nos conferem a habilidade de mirar, oferecer e medir cada aspecto das histórias de marca que criamos e proporcionamos. A próxima etapa é compreender as facetas da redação que você pode se apropriar e aprender para construir uma estratégia de marca jornalística e operação de produções bem-sucedidas.

NOTAS

[1] IBM (2017) 10 Key Marketing Trends for 2017, IBM Marketing Cloud, 3 de fevereiro. Disponível em: http://comsense.consulting/wp-content/uploads/2017/03/10_Key_Marketing_Trends_for_2017_and_Ideas_for_Exceeding_Customer_Expectations.pdf. (arquivado em https://perma.cc/3NAJ-HVZ7).

[2] Dzamic, L. e Kirby, J. (2018) *The Definitive Guide to Strategic Content Marketing: Perspectives, issues, challenges and solutions*, Kogan Page Publishers, p. 50.

[3] SEO Tribunal (2019) 58 amazing blogging statistics for 2019, *SEO Tribunal*, 7 de fevereiro. Disponível em: https://seotribunal.com/blog/blogging-statistics/ (arquivado em https://perma.cc/B6S6-VH7L).

[4] BBC (2019) Facebook tackles Russians making fake news stories, *BBC News*, 17 de janeiro. Disponível em: https://www.bbc.co.uk/news/technology-46904935 (arquivado em https://perma.cc/F2QR-QAZZ).

[5] Barthel, M. *et al* (2016) Trust, Facts and Democracy, *Pew Research Centre*, 7 de julho. Disponível em: https://www.journalism.org/2016/07/07/trust-and-accuracy/ (arquivado em https://perma.cc/X9HK-TLTU).

[6] Iannopollo, E. (2019) Happy data privacy day: five lessons learned on regulatory enforcement, *Forrester*, 28 de janeiro. Disponível em: https://go.forrester.com/blogs/happy-data-privacy-day-five-lessons-learned-on-regulatory-enforcement/ (arquivado em https://perma.cc/UU3C-M3XB).

[7] Iannopollo, E. (2018) Embrace privacy as your corporate social responsibility, *Forrester*, 19 de outubro. Disponível em: https://go.forrester.com/blogs/embrace-privacy-as-your-r-corporate-social-responsibility-csr/ (arquivado em https://perma.cc/DHJ5-FT6D).

[8] Iannopollo, E. (2019) Happy data privacy day: five lessons learned on regulatory enforcement, *Forrester*, 28 de janeiro. Disponível em: https://go.forrester.com/blogs/happy-data-privacy-day-five-lessons-learned-on-regulatory-enforcement/ (arquivado em https://perma.cc/UU3C-M3XB).

[9] Demand Gen Report (2016) Content Preferences Survey: B2B buyers value content that offers data and analysis, *Demand Gen Report*, Hasbrouck Heights, NJ. Disponível em: https://www.demandgenreport.com/resources/research/2016-content-preferences-survey-b2b-buyers-value-content-that-offers-data-and-analysis (arquivado em https://perma.cc/S9YX-JLTP).

[10] Wizdo, L. (2017) The ways and means of B2B buyer journey maps: we're going deep at Forrester's B2B forum, *Forrester*, 21 de agosto. Disponível em: https://go.forrester.com/blogs/the-ways-and-means-of-b2b-buyer-journey-maps-were-going-deep-at-forresters-b2b-forum/ (arquivado em https://perma.cc/ NZR2-QTTE).

[11] Long, J., Roark, C. e Theofilou, B. (2018) The bottom line on trust, *Accenture*, 30 de outubro. Disponível em: https://www.accenture.com/us-en/insights/strategy/trust-in-business (arquivado em https://perma.cc/D7WC-JFU4).

[12] Deloitte (2019) The Deloitte Global Millennial Survey 2019, *Deloitte*, 20 de maio. Disponível em: https://www2.deloitte.com/global/en/pages/about-deloitte/articles/millennialsurvey.html (arquivado em https://perma.cc/YGL4-EJJF).

[13] Demand Gen Report (2016) Content Preferences Survey: B2B buyers value content that offers data and analysis, *Demand Gen Report*, Hasbrouck Heights, NJ. Disponível em: https://www.demandgenreport.com/resources/research/2016-content-preferences-survey-b2b-buyers-value-content-that-offers-data-and-analysis (arquivado em https://perma.cc/S9YX-JLTP).

[14] Camuso, M. e Ramos, L. (2017) "Crap" content continues to describe B2B marketing: don't let it describe yours, *Forrester*, 7 de dezembro. Disponível em: https://go.forrester.com/blogs/crap-content-continues-to-describe-b2b-marketing-dont-let-it-describe-yours/ (arquivado em https://perma.cc/ WHX7-MK7P).

[15] Smith, M. (2019) Britons least likely of 22 nations to trust information on social media, *YouGov*. Disponível em: https://yougov.co.uk/topics/technology/articles--reports/2019/05/07/britons-least-likely-22-nations-trust-information- (arquivado em https://perma.cc/W9R7-JXUC).

[16] Edelman (2019) 2019 Edelman Trust Barometer: Global Report, *Edelman*, 20 de janeiro, p. 19. Disponível em: https://www.edelman.com/sites/g/files/aatuss191/files/2019-02/2019_Edelman_Trust_Barometer_Global_Report.pdf (arquivado em://perma.cc/68U8-P5YD).

[17] Spanier, G. (2019) The good, the bad and the troubling: trust in advertising hits record low, *Campaign*, 30 de janeiro. Disponível em: https://www.campaignlive.co.uk/article/good-bad-troubling-trust-advertising-hits-record-low/1524250 (arquivado em https://perma.cc/9K8E-D347).

[18] Oakes, O. (2017) Lord Puttnam warns ad industry: trust is the most urgent task ahead, *Campaign*, 9 de março. Disponível em: https://www.campaignlive.co.uk/article/lord-puttnam-warns-ad-industry-trust-urgent-task-ahead/1426792 (arquivado em https://perma.cc/HXE8-Y83C).

[19] Edelman (2019) 2019 Edelman Trust Barometer: Global Report, *Edelman*, 20 de janeiro, p. 34. Disponível em: https://www.edelman.com/sites/g/files/aatuss191/files/2019-02/2019_Edelman_Trust_Barometer_Global_Report.pdf (arquivado em https://perma.cc/68U8-P5YD).

[20] Edelman (2017) Earned Brand Report, *Edelman*, 18 de junho. Disponível em: https://www.edelman.com/research/earned-brand-2017 (arquivado em https://perma.cc/CJ67-HNJE).

[21] O'Brien, K. (2017) How Lenovo is taking its brand beyond tech innovation, *The Drum*, 11 de janeiro. Disponível em: https://www.thedrum.com/news/2017/01/11/how-lenovo-taking-its-brand-beyond-tech-innovation (arquivado em https://perma.cc/W76H-RZY3).

[22] Ritson, M. (2016) If you think the sales funnel is dead, you've mistaken tactics for strategy, *Marketing Week*, 6 de abril. Disponível em: https://www.marketingweek.com/2016/04/06/mark-ritson-if-you-think-the-sales-funnel-is-dead-youve-mistaken-tactics-for-strategy/?nocache=true&login_errors%5B0%5D=invalidcombo&_lsnonce=f0c28e9876&rememberme=1&adfesuccess=1 (arquivado em https://perma.cc/RDS7-TQD9).

[23] Catlin, T. *et al* (2016) How B2B digital leaders drive five times more revenue growth than their peers, *McKinsey*, outubro de 2016. Disponível em: https://www.mckinsey.com/business-functions/marketing-and-sales/our-insights/how-b2b-digital-leaders-drive-five-times-more-revenue-growth-than-their-peers (arquivado em https://perma.cc/ML9A-N3RA).

[24] Godin, S. (2018) *This is Marketing: You can't be seen until you learn to see*, Portfolio, p. 53.

[25] Court, D. *et al* (2009) The consumer decision journey, *McKinsey*, junho de 2009. Disponível em: https://www.mckinsey.com/business-functions/marketing-and-sales/our-insights/the-consumer-decision-journey (arquivado em https://perma.cc/ G4VL-4G7Z).

[26] Fromm, J. (2019) Purpose series: a purpose-driven brand is a successful brand, *Forbes*, 16 de janeiro. Disponível em: https://www.forbes.com/sites/jefffromm/2019/01/16/purpose-series-a-purpose-driven-brand-is-a-successful-brand/#714fc7e6437d (arquivado em https://perma.cc/G89T-3QZ2).

[27] Quartz Insights & WE (2019) Leading with purpose in an age defined by it, *Quartz Insights & WE*, maio. Disponível em: https://we-worldwide-arhxo0vh6d1oh9i0c.stackpathdns.com/media/445720/we_purposeleader-190509-final.pdf (arquivado em https://perma.cc/ESP7-9L85).

[28] Unilever (2019) Selling with Purpose, *Unilever*, 2019. Disponível em https://sellingwithpurpose.unilever.com/?p=252 (arquivado em://perma.cc/ K2HF-7UGY).

[29] Fink, L. (2019) Purpose & Profit, *BlackRock*. Disponível em: https://www.blackrock.com/corporate/investor-relations/larry-fink-ceo-letter (arquivado em https://perma.cc/7DYW-C4SC).

[30] IBM (2018) 2019 Marketing Trends, IBM, dezembro de 2018. Disponível em: https://www.ibm.com/downloads/cas/RKXVLYBO (arquivado em https://perma.cc/7UV8-WCYU).

[31] Nathan, S. e Schmidt, K. (2013) From promotion to emotion: connecting B2B customers to brands, *Think with Google*, outubro. Disponível em: https://www.thinkwithgoogle.com/marketing-resources/promotion-emotion-b2b/ (arquivado em https://perma.cc/7KTU-KBN3).

[32] Taylor, H. (2017) B2B *Marketing Strategy: Differentiate, develop and deliver lasting customer engagement*, Kogan Page Publishers, p. 12.

Hoje, somos capacitados por uma gama completa de ferramentas que nos conferem a **habilidade de mirar, oferecer** e **medir** cada aspecto das **histórias de marca que criamos e proporcionamos.**

CAPÍTULO 2

Uma abordagem de **redação**: definindo **jornalismo de marca** para o profissional de **marketing B2B**

JORNALISMO DE MARCA: DEFINIÇÃO

Existe uma seleção ampla e variada de definições de "jornalismo de marca", e a expressão divide profissionais do marketing e da comunicação com base em sua procedência, se trabalharam com jornalismo e como eles se expõem ao universo do marketing de conteúdo. A natureza do jornalismo de marca é tal que sua característica mais óbvia não é a independência do poder. Ele é, por sua própria natureza, apoiado e pago pelas próprias marcas. Jornalistas de marca *não* escrevem conteúdo disfarçado que enterra a mensagem da marca e pretende ser notícia. Ao contrário, eles criam histórias realmente interessantes para marcas, corporações e organizações; histórias que comunicam uma ampla mensagem de marca, ou valor(es), mas não tentam vender de forma explícita.

Ainda que o marketing de conteúdo e digital tenha mudado significativamente desde que Andy Bull escreveu a respeito em 2013, o autor sintetiza, em seu livro oportunamente intitulado *Brand Journalism*, os atributos-chave do que o jornalismo de marca ainda é hoje em dia:

> Jornalismo de marca é uma forma híbrida do jornalismo tradicional, marketing e relações públicas. É uma resposta ao fato de que qualquer organização hoje em dia pode usar técnicas jornalísticas para contar sua história diretamente ao público.
>
> A natureza híbrida do jornalismo de marca também incorpora elementos centrais das relações públicas (RP)

estratégicas e comunicação de marketing: planejamento visionário, pesquisa, mensagens incisivas, um propósito definido e um requerimento para quantificar o que foi obtido por meio disso. O resultado é uma estratégia integrada de comunicação voltada para o jornalismo de marca.[1]

Para o escopo deste livro, minha definição é mais restrita, e reflete principalmente a busca e a criação de conteúdo de conscientização no topo de funil que não foca explicitamente ou elabora o nome de uma marca de determinada forma. Portanto, para mim, jornalismo de marca é:

> A criação de conteúdo de múltiplos formatos, cujos temas são gerados pelo cenário amplo cultural, social e empresarial, valores de marca e propósito corporativo. As histórias criadas são ricas em informações, relevantes ou de valor real para a audiência-alvo, e são elaboradas usando-se as sensibilidades, habilidades, ferramentas e processos do jornalismo. Esse conteúdo é primariamente disponibilizado nos canais de amplificação e publicação da própria marca.

Melanie Deziel é ex-jornalista e fundadora da StoryFuel, uma agência que apoia organizações para contar histórias melhores. Ela me informa:

> Considero o jornalismo de marca uma subcategoria de todas as iniciativas de conteúdo de uma marca, que corresponde aos mesmos padrões de qualidade geralmente vistos em uma redação. É claro que esses padrões variam muito, mas, falando de maneira geral, para mim o jornalismo de marca tem algumas características comuns: é um conteúdo que utiliza fontes confiáveis para adicionar credibilidade, faz uso de um ângulo verdadeiramente exclusivo ou tem algumas perspectivas novas sobre um tópico, e aciona certos elementos de tensão ou se compromete em focar aquilo que realmente importa para a audiência.

Nem todo mundo fica à vontade com a ideia de "jornalismo de marca"; uma dessas pessoas é Jim Cox, ex-jornalista e hoje VP de comunicação e conteúdo na Agility, uma empresa global de *supply chain*. Ele me contou:

> Passei 27 anos em redações antes de mudar para comunicação corporativa e marketing. Ainda não me sinto à vontade com o termo "jornalismo de marca", mas não tenho sugestão melhor para dar. Jornalismo, da maneira como penso no termo, envolve reportagem – coletar, reunir e apresentar os fatos com certo nível de objetividade – sobre questões de interesse público. Não há nada que impeça empresas e marcas de fazer o mesmo, não importa se sobre questões de amplo interesse público, como mudanças climáticas, ou, de forma mais estrita, em áreas de interesse de seus clientes e outros grupos de *stakeholders*. Mas empresas e marcas existem para vender produtos e serviços, e para maximizar o valor para o acionista, e seria ingenuidade pensar que o jornalismo que elas fazem não é matizado pelas bases de sua existência e pelos imperativos de mercado que as guiam.

◢ Compartilhamento sem atrito

Um aspecto do jornalismo de marca é a probabilidade bastante real de que muitos (a maioria) de seus leitores nunca se tornarão compradores. Pode ser que eles sejam simplesmente parte da rede com que vão se engajar ou compartilhar as histórias, blogs ou artigos. No entanto, não se deve subestimá-los. Essas pessoas podem muito bem ser o primeiro vínculo importante na cadeia de disseminação – as pessoas que iniciam o processo de compartilhar com uma rede semelhante, porém mais ampla, e fazendo isso ajudam a compartilhar o conteúdo de forma mais ampla.

Os "nós" dessa rede de compartilhamento podem ser maiores (um influenciador ou uma organização mais importante), pequenos (um microinfluenciador, quem sabe), ou simples e lineares (um clique ou compartilhamento feito por alguém). Mas, em um mundo ideal, as marcas vão criar histórias e narrativas que terão baixo atrito e máximo engajamento. Elas vão *parar de rolar* (veja, mais adiante neste capítulo, "Abordagens para criação de histórias") ao ganhar a atenção de um público significativo e o conteúdo será compartilhado sem atrito.

COMO FAZER JORNALISMO DE MARCA

◣ 1. Pense como um jornalista

Ainda que pareça óbvio dizer que o principal quesito para escrever/ encomendar jornalismo de marca seja pensar como um jornalista, isso nem sempre é algo que vem com facilidade à cabeça das pessoas. Essa mentalidade exige buscar histórias dentro da sua organização – histórias que você possa recontar para empolgar ou engajar seu público.

O que você pode fazer é se treinar para começar a fazer perguntas que um jornalista faria. Até um novato aprende a fazer as perguntas *o quê*, *por quê*, *quando* e *como* de uma história. Como profissional de comunicação ou marketing de sua organização, você pode começar a fazer o mesmo.

Como Larry Light escreveu em seu artigo sobre jornalismo de marca:[2]

> A base do jornalismo de marca é a ideia de que uma marca não é só uma mera palavra; é uma ideia complexa, multidimensional que inclui aspectos diferenciadores, benefícios funcionais e emocionais, e também um caráter distintivo de marca. Nesse mundo digital do marketing *mobile*, nenhuma comunicação pode dirigir uma mensagem de marca padronizada a todo cliente que seja relevante na hora certa e pelos motivos certos. O conceito é pensar como um jornalista.

O ex-jornalista da *Forbes* Dan Lyons ficou famoso por escrever um livro contando as imperfeições de sua época como profissional de marketing *inbound* e jornalista de marca na companhia de softwares Hubspot – uma organização que incentiva seus clientes a usarem abordagens de marketing de conteúdo para estimular o engajamento da audiência. Enquanto ocupava o cargo, Lyons escreveu um tratado curto sobre o poder do *storytelling* corporativo intitulado "The CMO's Guide to Brand Storytelling". Como afirma ele, de forma sucinta: "A mídia está sobrecarregada e já não consegue acompanhar o ritmo, simples assim. A melhor maneira de ser parte da história é se tornar jornalista e ponto-final".[3]

Já que pensar como jornalista não acontece de uma hora para outra, você também pode tentar construir uma rede de outros *storytellers* interessados ou engajados, ou de evangelistas em sua organização. Essas pessoas podem se tornar suas principais fontes de consulta para mais histórias e ideias.

Pensar como jornalista inevitavelmente significa que você começará a se comportar como um – incluindo fazer o que todos os bons jornalistas fazem para ter êxito: procurar histórias no cotidiano, cultivar contatos e pedir atualizações regulares sobre histórias prévias. Quando você passa a ser conhecido como a pessoa a ser consultada, invariavelmente colegas interessados em escrever para a empresa vão se aproximar. Mesmo que seja importante não jogar um balde de água fria nesse entusiasmo, a esta altura talvez valha a pena analisar os canais de redes sociais de sua empresa para ver quem tem o dom de oferecer ideias, interesses ou *thought leadership* (liderança de pensamento). A mensagem principal é usar esses membros de equipes internas como seus primeiros evangelistas, redatores ou editores, e promover a causa do conteúdo.

◢ 2. Valores apropriados para a redação

Ninguém está afirmando que o tipo de jornalismo de marca discutido aqui é parecido com o jornalismo exclusivo de notícias e relatos de repórteres e editores da BBC, Channel 4 News, do *Washington Post* ou *The Times*. Dito isto, o que queremos fazer é adotar os melhores aspectos e abordagens da redação e usar esses princípios e características para contar ótimas histórias de marca.

Qualquer redação, seja de notícias televisivas, jornais ou conteúdo digital, tem uma cultura e um senso de si mesma que vai variar dependendo do título, do programa e das pessoas ali. Mas a maioria dessas redações compartilha certos valores que influenciam os comportamentos dentro desse espaço.

Os melhores jornalistas, pela própria natureza, são pessoas curiosas e interessadas. Elas se interessam pelo mundo ao redor e por quem faz o mundo girar. Em geral, jornalistas se orgulham de contar notícias com honestidade, como as veem, e podem complementá-las com o contexto, insights e evidências das histórias que estão contando.

3. Não venda, apenas conte

O resultado que estamos buscando com nosso jornalismo de marca é obter autoridade e influência, transmitir mensagens específicas da marca e, no longo prazo, aumentar as vendas ou melhorar o relacionamento com os principais *stakeholders*. Nesse sentido, o conteúdo – seja de artigos, blogs, vídeos, posts de redes sociais – precisa ser disponibilizado e compartilhado em canais próprios.

O verdadeiro jornalismo de marca tem a ver com criar e oferecer histórias de valor ao seu público, de olho em quais são suas questões e desafios. Sua meta deve ser se aproximar deles, não de sua companhia ou marca. Essa é a diferença crítica do jornalismo de marca e das Relações-Públicas (RP). Trata-se da influência no topo (ou antes do início) da jornada de vendas – com o consumo do conteúdo nas etapas de atenção e reconhecimento.

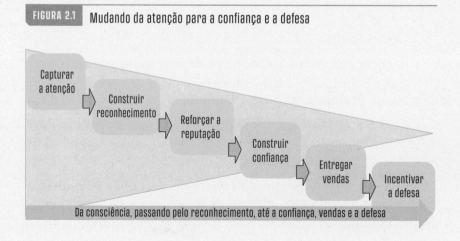

FIGURA 2.1 Mudando da atenção para a confiança e a defesa

Algumas marcas descobrem que é desafiador parar de vender constantemente e empurrar as próprias novidades e ofertas. Mark Jones é líder de conteúdo digital do Fórum Econômico Mundial, e foi pioneiro na publicação de conteúdo nessa organização internacional. Ele conversou comigo sobre o sucesso do Fórum com desenvolvimento de conteúdo e especificamente sobre a ausência da promoção "pura" no conteúdo das histórias.

> A marca é, sim, "mencionada". Toda história produzida pelo Fórum Econômico Mundial sai em uma página com o logo do Fórum Econômico Mundial. Ela entra num site contendo o logo. Se estiver em formato de vídeo, o logo do Fórum entra nele. O que geralmente não existe é uma grande "venda" dentro. Transmitimos uma ideia sobre o Fórum, mostrando que ele está ativamente envolvido em uma área particular. Isso dá aos leitores uma visão de que respostas a alguns dos maiores problemas do mundo estão sendo elaboradas. A mensagem é sutil, mas ela está lá.
>
> Minha opinião é que, se você tenta forçar demais uma mensagem, ela será contraproducente, sobretudo em um mundo em que se depende das pessoas para compartilhar seu conteúdo. Elas vão compartilhá-lo se o acharem interessante. Vão compartilhá-lo se acharem que mudou seu ponto de vista, se servir a um propósito mais amplo ou se estiverem, elas próprias, tentando tornar o mundo um lugar melhor; mas, se sentirem que estão sendo usadas, é muito, mas muito, difícil que compartilhem.

4. Seja preciso e baseie-se em fatos

Tudo o que dissermos em nome de nossa marca precisa ser verdadeiro, porque a confiança – seja em um indivíduo ou uma marca – leva uma carreira para construir mas um segundo para perder. Por sabermos, por experiência, como é fácil a mídia se equivocar, é preciso coletar fatos de fontes originais, não só relatos da mídia. Também é preciso ser capaz de, sempre que possível, confirmar afirmações. A mentalidade de nosso jornalismo de marca deve ser que esperamos ser desafiados, e, se formos, devemos ser capazes de defender o que relatamos.

Parte de ser objetivo é conseguir separar opiniões/sentimentos pessoais e ser capaz de analisar algo de uma perspectiva diferente. Deve-se notar, no entanto, que isso não é o mesmo que *imparciali-dade*. Por sua própria natureza, o jornalismo de marca é parcial. Mas o que ainda é necessário é ser capaz de analisar um tema por meio de visões diferentes, em que o autor se coloca no lugar de outras pessoas.

Amy Hatch, ex-jornalista, lançou o site *Future of Customer Engagement and Commerce* para a SAP Customer Experience. Amy conversou comigo sobre o impacto do treinamento jornalístico em seu método de desenvolvimento de conteúdo para a FCEC:

> Quando eu tinha 22 anos, consegui meu primeiro emprego como jornalista local. Tínhamos a gráfica ali mesmo, era jornalismo local, eu escrevia de tudo, desde obituários a histórias de assassinato e política estadual. Eu cobria tudo sozinha para a comunidade inteira, e acredito que isso moldou a maneira como lido com meus leitores hoje.
>
> Acho que essas experiências nunca deixaram de fazer parte de mim. Penso que o que fazemos no nosso site é jornalismo. Penso nisso como jornalismo comercial, e isso não é de se jogar fora. Tem tudo a ver com a ideia de confiança: dar contexto a fatos significativos; contar a verdade; ser factual e checar os fatos de tudo o que dizemos. Hoje em dia não falamos nada que não seja guiado por dados, ou, se não for, deixamos bem claro que se trata de nossa perspectiva ou da do redator.
>
> Temos apenas oito segundos para engajar um leitor, portanto, colocamos as informações mais importantes no topo da história. Usamos o método da pirâmide invertida do *storytelling*; são as coisas bem diretas que ensinam na faculdade de jornalismo, uma carta que nem todos os profissionais do marketing têm na manga, creio eu.

A estrutura por trás de nosso belo conteúdo é altamente disciplinada, tem um compasso moral, e tem tudo a ver com a verdade e fatos no contexto que se identifique com as pessoas.

Todo conteúdo que temos vem das mesmas bases. Não há nada nele que traia esse *ethos*, e isso exige muito trabalho.

5. Desenvolva um processo jornalístico

Toda redação é construída com base na eficiência. Sem uma estrutura clara, planejamento e um apego implacável ao processo, seria impossível criar conteúdo constante diário de qualidade consistente. Isso se aplica independentemente de o resultado ser produzido em estilo tabloide, aprofundado ou não. Essa estrutura permite que qualquer publicação crie um leque de resultados e seja capaz de responder a notícias de última hora caso elas surjam. Entretanto, o jornalismo de marca não tem a ver com notícias de última hora. Trata-se de revelar reportagens e histórias da marca que reflitam, de maneira contínua, a natureza da organização.

Mesmo que você não tenha dinheiro para montar uma redação voltada para seu marketing de conteúdo, ainda é possível reunir uma certa quantia de recursos para criar conteúdo de forma consistente, diária ou semanal. É só ter um plano e se ater a ele.

DICA DA REDAÇÃO

TRABALHE COM UM PRAZO

Nada como um prazo apertado para estimular a eficiência e a utilização eficaz de recursos. Se você conseguir definir e cumprir prazos quando estiver planejando o conteúdo de sua organização – mesmo que sejam para seus próprios propósitos internos –, construirá um sistema e um processo mais eficiente dentro de sua organização.

Configure o sistema da maneira adequada e os resultados surgirão. Sejam grandes ou pequenos, certifique-se de se organizar, com métodos rigorosos de planejamento, processo e pessoal. Nada como um sistema para aprimorar a eficiência, gerenciar melhor seus recursos e oferecer um fluxo de conteúdo de qualidade.

◢ 6. Não esteja apenas atento, demonstre interesse

Pode parecer óbvio, mas, se você deseja dialogar com suas várias audiências sobre as questões que as incomodam em seus próprios setores, é essencial saber do que está falando. Você (e sua equipe) precisam entender as questões e histórias que estão impactando o mundo como um todo. Tente se familiarizar com as áreas de especialidades técnicas em que você trabalha. Pode ser que você esteja desenvolvendo histórias com "insight" mais amplas (*thought leadership* sobre técnicas de gerenciamento ou liderança), mas isso não muda o fato de que o contexto em que está escrevendo é o mundo que nos cerca.

Se está buscando as dicas do *Jornalismo Básico* para saber como começar, lembre-se de fazer o seguinte:

> ➤ **Faça assinaturas e consuma o conteúdo:** leia muito e com profundidade. Certifique-se de ter fontes confiáveis para suas notícias e informações gerais; entenda muito de política, economia e o contexto do universo empresarial complexo de hoje em dia.

> ➤ **Converse e se engaje com seu pessoal:** os especialistas de sua organização são um grupo incrivelmente acessível de pessoas que podem fomentar seu conhecimento e compreensão de um setor. Converse com eles quando puder, leia seus comentários, reportagens, artigos e posts em redes sociais.

> ➤ **Construa um conhecimento especializado:** mesmo que você trabalhe no marketing ou no setor de comunicação, comece a desenvolver a própria *expertise* e interesse em áreas-chave. Se tiver uma equipe de redatores internos ou jornalistas *freelancers*, torne-se tão especializado quanto eles. Assine newsletters e artigos de especialistas em B2B para atualizar e renovar seu conhecimento.

> **Vá a eventos do setor:** nada como eventos especializados em B2B para reavivar seu conhecimento e ideias sobre determinado setor. Há milhares deles para frequentar todos os anos, mas os principais eventos do setor geralmente são bem conhecidos e atraem os principais cérebros de múltiplas áreas temáticas. Participar deles pode valer muito a pena o investimento.

7. Seja ágil

Muito do que vemos nos noticiários noturnos ou páginas de notícias on-line é, na verdade, muito bem-planejado – por exemplo, uma visita de um presidente, uma celebração por conta de um evento marcante, uma história diária ou as descobertas de uma pesquisa.

Além desses eventos programados, as redações também respondem a notícias urgentes do dia. Em uma redação, uma história mudará a cada nova evidência ou insight colhido; o foco mudará conforme os entrevistados revelarem novas informações. Portanto, velocidade é essencial, tal como a habilidade para reunir e assimilar os fatos.

Como jornalista de marca, você deve buscar adequar essa agilidade e velocidade. Isso não quer dizer que precisa reagir a todos os acontecimentos ou criar conteúdo de "notícias urgentes" – mas quer dizer que você deve entender e analisar o que está acontecendo mundo afora e nos ramos de atuação específicos em que está trabalhando. Tenha como foco as mudanças e desafios dentro das empresas com que você está trabalhando. Por exemplo, se o comércio internacional está desacelerando e isso impactará o comércio de contêineres, o transporte e a cadeia de suprimentos, que tipo de histórias você pode contar nesse cenário que reflitam esses desafios?

ESTUDO DE CASO

NEWSJACKING PARA CONSTRUIR ENGAJAMENTO

Newsjacking é um termo usado para descrever o fato de tirar vantagem de eventos atuais para promover uma marca. Quando isso é bem executado, eventos podem ser usados para elaborar ângulos ou histórias novos ou recentes. Por exemplo, se você sabe que sua audiência está falando sobre o Fórum Econômico Mundial em Davos e os pontos principais de discussão levantados nessas conversas, pode ser um bom momento para se engajar no debate. Na verdade, em vez de fugir de acontecimentos do noticiário, você deve buscar ativamente essas oportunidades.

O exemplo mais simples de *newsjacking* é o uso de aniversários, datas de nascimento e memoriais para revisitar um evento do passado a fim de revisar ou analisar uma atividade, indústria ou setor. Considere uma história recente do Fórum Econômico Mundial intitulada "What is going on in Chernobyl today?" ("O que está acontecendo hoje em Chernobyl?", em tradução livre). Foi um artigo extremamente bem elaborado no site *Agenda*, do Fórum Econômico Mundial, principalmente porque abordou o engajamento da audiência, que andava agitada com uma recente minissérie televisiva sobre o incidente. Portanto, a popularidade do post não foi impulsionada simplesmente pela referência ao incidente, mas por um drama da cultura popular que se originou dele.

Como fazer um *newsjacking* de sucesso?

> **Seja esperto:** não tenha preguiça de pegar um evento e desenvolvê-lo – sobretudo se o evento for negativo ou devastador. Seja criativo e sofisticado ao usar um evento, memória, aniversário ou tendência para elaborar materiais sólidos para sua marca.

> **Seja sensível e maduro:** tenha a sensibilidade como meta quando fizer referência ao material da fonte, e garanta que o tom de voz corresponda ao tom exigido para a cobertura de um tópico em particular. Considere se sua história ofenderá alguém.

> **Seja rápido:** revele depressa seu conteúdo, a fim de garantir extrair o máximo de qualquer conversa que esteja acontecendo por aí e seja tendência.

> **Saiba usar SEO:** use sua pesquisa no Google e ferramentas como AnswerThePublic[4] – a ferramenta de visualização de dados que busca e mapeia sugestões de palavras-chave e predições de inúmeras pesquisas no Google. Uma vez identificadas, aprofunde-se nessas palavras-chave ou outros procedimentos que puder seguir.

8. Consistência, comprometimento e agilidade

Em uma típica redação, o sistema de produção nunca se interrompe ou tem dias de folga. Quem trabalha com notícias logo se acostuma com o modo "sempre ligado", algo que os jornalistas de marca devem tentar imitar.

Não se trata de uma abordagem "definir e esquecer" para oferecer o conteúdo e se engajar com as audiências. Trata-se de ouvir a conversa e responder. Alguns chamam isso de agilidade, mas, independentemente do nome que escolher, é preciso viver e respirar as histórias de marca que você está contando às audiências.

Consistência e comprometimento são a chave quando se produz conteúdo de marca; é um jogo extenso, para o qual você deve dedicar tempo e recursos em longo prazo, como parte de seu mix de marketing. Não é um método que dará frutos da noite para o dia, mas, com o tempo, dará origem a audiências orgânicas.

Empresas que oferecem ótimo jornalismo de marca demonstram comprometimento estruturado para criar, publicar e ampliar ótimo conteúdo para atrair potenciais clientes ou consumidores mais próximos da marca. Plataformas próprias de mídias são o principal lar do conteúdo de jornalismo de marca, mas histórias podem ser divulgadas em sites pagos, obtidos e sociais.

9. Qualidade, não quantidade

Organizações que abraçam as vantagens do jornalismo de marca muitas vezes operam e se comprometem em publicar em escala, com táticas informadas por dados e insights.

Mas quantos artigos ou itens de conteúdo você deve publicar para ganhar e conservar audiência? Em um mundo perfeito, todos teríamos orçamento para produzir quantidades elevadas de conteúdo, mas, na realidade, orçamentos e recursos frequentemente são limitados. Em média, só três artigos eram disponibilizados por semana no site IQ's Intel antes de ser fechado – o foco era a qualidade, não a quantidade. O site *Future of Customer Engagement and Commerce*, da SAP, publica em média cinco artigos por semana. O Fórum Econômico Mundial, por sua vez, publica dezenas por dia.

Vale a pena lembrar que a maioria dos editores de marca em larga escala foca a criação de artigos de alta qualidade – porque itens de qualidade podem ser atualizados ou republicados como um conteúdo duradouro (o que catapulta seu ritmo de publicações se o custo alto de conteúdos originais for um desafio para sua marca). Mesmo leitores engajados consumirão de cinco a sete itens de conteúdo antes de passar para a etapa de "apoie ou informe" para o processo de compras, isto é, antes de se tornarem uma oportunidade.[5]

Isso significa que você precisa continuar oferecendo um jornalismo de marca constante, interessante e novo, mas também de qualidade, para manter a audiência engajada. Conversei com Robert Rose, especialista em marketing de conteúdo e autor, sobre em que ponto ele acha que marcas B2B podem aprimorar sua abordagem de desenvolvimento de conteúdo e o compromisso com a publicação:

> O que a maioria das marcas deixa passar é o fato de não construírem uma plataforma. Elas não elaboram uma publicação. Não elaboram um "centro de gravidade" ao redor de seu conteúdo. O que elas fazem é tão somente construir um recurso depois do outro, que ficam em um formato desagregado no site.
>
> As pessoas não se inscrevem em itens individuais de conteúdo. Elas se inscrevem em coisas que vão continuar lendo. É disso que trata a criação e a construção de uma audiência, e é isso o que a maioria das marcas, para ser franco, não faz.
>
> A maioria das marcas avalia o conteúdo como um recurso que estimula uma transação, o que, para elas, pode ser um registro ou uma entrada em minha base de dados de

marketing. Elas chamam isso de audiência. Mas isso não é uma audiência, é só alguém que fez uma transação por um item de conteúdo!

10. Tenha tom, aparência e toque consistentes

Assim como cada programa de notícias é diferente, consistindo de um viés, foco ou valores de produção distintos, o conteúdo de sua corporação deve refletir sua própria marca ou empresa. Ou seja, o tom e a imagem do que você produz – em cada canal – devem refletir seus valores e atrair sua audiência-alvo. Uma vez que você define do que se trata tudo isso (uma boa dica é começar com um parágrafo curto explicando o que está tentando fazer com seu conteúdo), é preciso garantir consistência – isto é, consistência de tom de voz, linguagem e ponto de vista. Isso não somente dará coesão a seu conteúdo como também garantirá que ele se destaque em meio ao imenso fluxo de informações que recebemos todos os dias.

ABORDAGENS PARA A CRIAÇÃO DE HISTÓRIAS

O bom jornalismo de marca compartilha técnicas importantes de *storytelling* que valem a pena levar em conta antes de delegar ou criar seu primeiro artigo, vídeo ou *podcast*.

Passo 1: Tenha a audiência em mente

Suas histórias devem refletir a audiência específica com que você está dialogando. Elas devem refletir as coisas sobre as quais a audiência está falando, as questões ou os desafios que ela enfrenta. Ter uma audiência em mente não é pensar "Qual história queremos contar?" ou "Qual mensagem queremos transmitir?"; o foco são questões cruciais como "Com quais partes da história as pessoas vão se engajar?" e "Como transmitir essas mensagens?".

Responder a essas perguntas requer compreender que audiências diferentes querem, curtem e reagem a coisas de maneiras diferentes. Não existe uma solução única para todos.

Desenvolvimento da *persona*

Tradicionalmente, uma maneira de categorizar diferentes audiências e garantir que você esteja alinhado com os valores delas é criar *personas* para essas audiências. Na teoria, o simples ato de criar um personagem confere mais detalhes sobre quem elas são, de onde vêm, qual a idade delas e quais são seus papéis.

DESENVOLVIMENTO DA *PERSONA* - UM PONTO DE PARTIDA

➤ **Cargo:** informações importantes sobre cargo, empresa, porte, tipo de empresa, localização etc.

➤ **Informações demográficas:** idade, gênero, renda, estado civil, localização, local de trabalho, tamanho da família, escolaridade.

➤ **Status e desafios:** leque de objetivos e desafios no trabalho ou no cargo; a solução do vendedor ou a nossa para esses problemas.

Entretanto, vale lembrar que esses fatos nem sempre deixam claro o que motiva uma pessoa. *Personas* podem saltar mais aos olhos quando se usa:

➤ **Pesquisa quantitativa:** o ideal é você usar pesquisas com seu time de vendas, com sua própria organização e usar dados de arquivos para ter uma noção das pessoas com quem está falando, quais são seus hábitos, onde elas interagem (on-line e off-line) e o que as "motiva".

➤ **Pesquisa qualitativa:** entrevistas com clientes e consumidores conferem uma compreensão mais diferenciada das pessoas com quem você está falando e de quais são seus valores e necessidades. Você também pode obter uma ideia mais sólida sobre o tipo de informação e conteúdo que interessarão a elas. Renove e atualize suas pesquisas quando puder.

> **Entendimento em primeira pessoa**: visite amostras de perfis da audiência-alvo no LinkedIn e no Twitter para ver o que seu público compartilha, quando e com quem. Tenha uma ideia do que esse público valoriza com as histórias que apoiam ou nas quais comentam. Você pode refinar rapidamente seu entendimento da visão de mundo que essas pessoas têm.

Se colocar sua audiência em primeiro lugar, ela sempre estará no centro de seu *storytelling*, e conseguirá manter a qualidade de seu conteúdo conforme necessário para construir uma audiência constante. Sua meta deve ser desenvolver o que o autor e consultor de marketing de mídia Mark Schaefer[6] chama de *Audiência Alfa* – uma "tribo de elite e engajada no topo da cadeia alimentar do compartilhamento de conteúdo social, a pedra angular de seus negócios".

De acordo com Schaefer, essa Audiência Alfa será ativa e engajada com seu conteúdo, mesmo que seja apenas compartilhando-o nas redes sociais, e construirá aquilo a que almejamos criar – a confiança. "A confiança", diz Schaefer, "é o código de lançamento para o foguete da Audiência Alfa. A confiança consolida você para as únicas pessoas que realmente importam no seu mundo digital."[7]

AUMENTANDO SUA AUDIÊNCIA

> **Informar:** seja uma fonte de informações e insights em que suas audiências possam confiar.

> **Analisar:** mantenha a qualidade do que eles gostam, do que está funcionando e do que não está.

> **Experimentar:** tente novas abordagens com seu conteúdo; se não funcionarem, reagrupe e tente de novo.

> **Responder:** responder e reagir a comentários no seu conteúdo sempre que possível; moderar onde puder. Quando, ou se, sua

comunidade for grande o bastante, muitas vezes é possível recorrer a ela para falar a seu favor.

> **Colaborar:** peça orientações e apoio à sua audiência.

> **Pagar:** promova conteúdos-chave de qualidade com mídia paga direcionada para destacar o melhor que você tem para novos seguidores ou membros da audiência.

Passo 2: Faça parar de rolar

Você deve focar na elaboração de histórias para atrair sua audiência e *fazê-la parar de rolar* quando ela estiver navegando pelo dilúvio de informações postadas nas redes sociais e canais da internet. No sentido mais básico, fazer parar de rolar significa atrair a atenção da audiência. Mas é importante que seu jornalismo de marca contenha certas características que a faça notar o que você tem a dizer, independentemente do formato. São elas:

> **Oferecer valor:** o valor de seu conteúdo é que ele oferece valor. Robert Rose afirma que você pode engajar audiências (e estabelecer um relacionamento de confiança desde o início) com sua marca na etapa de pesquisa, antes mesmo de elas terem uma necessidade explícita. Se você fornecer informações interessantes e úteis, elas tenderão a ter um relacionamento de confiança com você logo de cara.

> **Ter credibilidade:** tudo que você criar deve oferecer informações ou insight. Portanto, a base deve ser a pesquisa e o conhecimento, não importa se curtos ou longos. Um conteúdo bem-pesquisado que seja confiável, compartilhado e original vai extrapolar suas redes-alvo.

> **Seja interessante:** use títulos chamativos, imagens claras e vocabulário incisivo para atrair sua audiência nas redes sociais e promoções, depois, apresente artigos intrigantes fáceis de encontrar, otimistas e simples de digerir. Mais adiante neste capítulo tratarei das estruturas de matérias, mas as melhores do site *Agenda*, do Fórum Econômico

Mundial, incluem histórias estruturadas em listas que destacam, de forma fácil de assimilar, os países-líderes do mundo em uma série de tópicos diferentes. Elas são criteriosas, mas simples de assimilar.

> **Acrescente drama:** não tenha medo de acrescentar um pouco de drama. Ao lidar com conteúdo mais seco e mais focado em detalhes, como certos tópicos B2B mais complexos, é muito importante dar vida a esses temas. Adicione contexto sempre que possível, acrescente insights ou um colorido às histórias que está contando. Se for possível, elabore uma tensão e uma história de herói/desafio/solução. Se não for, descubra outras técnicas e mecanismos para engajar.

Passo 3: Coloque o ser humano no centro

Garantir que seu *storytelling* seja mais *humano* sempre vai melhorar sua comunicação com a audiência – porque isso ajuda a mensagem a se fixar e a cortar caminho.

O ideal é você identificar uma forma de contar sua história por meio de um exemplo humano ou estudo de caso. Pergunte, por exemplo, se existe uma pessoa que exemplifique a narrativa ou demonstre o ponto a que você está tentando chegar, bem como o impacto que isso está causando em uma audiência real ou grupo de pessoas. Descubra mais sobre estrutura de histórias e exemplos humanos mais adiante neste livro.

DICA DA REDAÇÃO

SEJA PESSOAL

Para o site *Agenda*, do Fórum Econômico Mundial, manchetes de sucesso são curtas, precisas, cuidadosamente escritas e muitas vezes focada em experiências pessoais ou no impacto humano direto da atividade. Elas contêm, por exemplo, manchetes como: "A maneira como você conversa com seus filhos modifica o cérebro deles",[8] ou um método ou uma opinião pessoal: "O que o presidente da Croácia ensinou ao mundo sobre liderança na Copa do Mundo".[9]

Ainda que você não se sinta confiante como "jornalista de marca", dominar as técnicas da redação pode fundamentar toda a sua abordagem de marketing de conteúdo no topo de funil e criação de conteúdo. Antes de criar conteúdo, primeiro confirme e afine sua estratégia, mapeie seus recursos e defina os melhores formatos e plataformas para a sua audiência-alvo.

NOTAS

[1] Bull, A. (2013) *Brand Journalism*, Routledge, p. 1.

[2] Light, L. (2014) Brand Journalism: How to engage successfully with consumers in an age of inclusive individuality, *Journal of Brand Strategy*, 3 (2), p. 121-28.

[3] Lyons, D. (2013) The CMO's guide to brand journalism, *HubSpot*. Disponível em: https://www.hubspot.com/cmos-guide-to-brand-journalism (arquivado em https://perma.cc/3BC3-BSZ7).

[4] AnswerThePublic (nd). Disponível em: https://answerthepublic.com/ (arquivado em https://perma.cc/Z7S6-VWLV).

[5] Entrevista com Amy Hatch para este livro, em referência ao site SAP: *Future of Customer Engagement and Commerce*.

[6] Schaefer, M. W. (2015) *The Content Code: Six essential strategies to ignite your content, your marketing, and your business*, Mark W Schaefer, p. 97.

[7] Schaefer, M. W. (2015) *The Content Code: Six essential strategies to ignite your content, your marketing, and your business*, Mark W Schaefer, p. 109.

[8] Hardach, S. (2018) How you talk to your child changes their brain, *World Economic Forum*, 28 de fevereiro. Disponível em: https://www.weforum.org/agenda/2018/02/how-you-talk-to-your-child-changes-their-brain/ (arquivado em https://perma.cc/9X5U-2VN4).

[9] Purtill, C. (2018) What Croatia's president taught the world about leadership at the World Cup, *World Economic Forum*, 17 de julho. Disponível em: https://www.weforum.org/agenda/2018/07/croatia-s-president-taught-a-lesson-in-leadership-at-the-world-cup/ (arquivado em: https://perma.cc/97B8-5B2X).

Use títulos chamativos, imagens claras e vocabulário incisivo para **atrair sua audiência** nas **redes sociais** e **promoções**, depois, apresente **artigos intrigantes, fáceis de encontrar, otimistas** e **simples de digerir.**

CAPÍTULO 3

Construindo a sua
estratégia de *storytelling*

Ótimas histórias de jornalismo de marca falam por si mesmas. Elas desempenham um papel crucial no início da jornada do cliente, respaldando a geração de *leads* e reforço de compras. Elas também criam defesa e ajudam as marcas a transformarem seu público em cliente ao longo do tempo.

Pelo mesmo motivo, histórias ótimas nem sempre conseguem emergir com facilidade. Como os capítulos anteriores já mencionaram, elas precisam atrair a base certa de clientes; precisam se engajar pessoalmente com as audiências (seja pelo tom, formato ou valores) e, tão importante quanto, precisam trabalhar em escala apoiando os clientes conforme eles se movem pelo ciclo do comprador.

Porém, talvez mais importante que qualquer um desses aspectos é o fato de que toda jornada de jornalismo de marca precisa ter uma estratégia clara como alicerce principal.

Para quem ainda não se convenceu das virtudes do jornalismo de marca, uma abordagem documentada também permitirá que você venda seu conceito a *stakeholders* internos seniores – as pessoas que decidem o orçamento de que você vai precisar para cumprir suas aspirações.

CRIANDO A SUA ABORDAGEM

Para respaldar a jornada de vendas ao cliente, seu jornalismo de marca precisa justificar objetivos de marca mais amplos, ao lado de qualquer tática específica ou aspirações de campanha. As melhores estratégias adotarão uma abordagem passo a passo, conforme mostrado na Figura 3.1.

FIGURA 3.1 Publicação da história: um processo contínuo

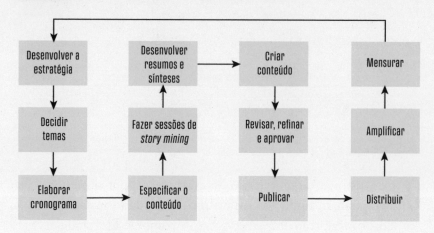

DEFINA SEUS OBJETIVOS E RESULTADOS

Elaborar uma estratégia de marketing de conteúdo respaldada por jornalismo de marca é uma abordagem que construirá engajamento ao longo do tempo. Criar relacionamentos on-line significativos por meio de um *storytelling* atraente não vai acontecer da noite para o dia. Sua abordagem será determinada pelas metas e aspirações. Pode ser que sua marca esteja ajustando de que maneira ela é vista por *stakeholders* e audiências externas; talvez seja bom você mudar a consciência da marca, ou se lançar em um novo mercado ou oferta de produtos.

> **ANTES DE COMEÇAR, CONSIDERE:**
>
> ▶ O que queremos alcançar com essa estratégia de conteúdo?
>
> ▶ Onde isso se encaixa em nosso planejamento abrangente de marketing?
>
> ▶ Quais outros parceiros deverão ser incluídos no planejamento?
>
> ▶ Quem são os principais *stakeholders* e como cada um deles precisa ser engajado?

> Como o conteúdo vai respaldar seu planejamento de comunicação mais amplo?

> No que você quer que a audiência pense, e o que quer que ela sinta e faça?

> Por quanto tempo o conteúdo será necessário?

> Como esse conteúdo se encaixa nas metas de longo e curto prazo?

> Como você vai medir seu sucesso?

FIGURA 3.2 Construindo uma estratégia de conteúdo

Objetivo da Marca
A mensagem abrangente da sua marca

Objetivo do Conteúdo: o objetivo específico de seu conteúdo
P. ex., usar conteúdo para construir reputação de marca e começar jornadas significativas guiadas por conteúdo por todo o espectro de nossa base de clientes

Estratégia de Conteúdo

| **CRIAR** histórias relevantes e significativas que gerem confiança e empatia. Alinhar com as necessidades e interesses da audiência | **DESENVOLVER** experiência de marca guiada por conteúdo por meio da distribuição de conteúdo elaborado com base em mensagens-chave e pontos de prova | **AMPLIFICAR** conteúdo em redes sociais relevantes para divulgar as mensagens, e impulsionar as audiências pela jornada de vendas |

| Definir mercados e audiências-alvo | Pesquisar necessidades e consumo da audiência | Estabelecer pilares do conteúdo e jornadas | Fazer distribuição pelas plataformas-alvo | Mensurar comparando com KPIs e resultados |

Fluxo de trabalho e processo

Recursos e parceiros: internos e externos

Construindo a sua estratégia de *storytelling*

Conforme seu jornalismo de marca se desenvolve, as metas podem mudar, passando de simplesmente funcionarem no início da jornada do cliente para respaldarem o engajamento com os times de vendas e marketing, ou atividades mais focadas de demanda e geração de *leads*. Portanto, é crucial que as metas sejam revisadas e avaliadas continuamente para verificar se elas respaldam toda a jornada do cliente.

ESTUDO DE CASO

CENTRICA

A Centrica, uma multinacional de energia elétrica e serviços com sede no Reino Unido, optou por desenvolver um *hub* de jornalismo de marca chamado Stories para ampliar sua reputação além de uma empresa de serviços tradicional. Esse método foi incentivado por um desejo de eliminar o intermediário e controlar como a mensagem de marca chegava às audiências-alvo, como explica Laura Price, ex-diretora de comunicações digitais da Centrica:

> A Centrica teve que descobrir uma forma diferente de entrar em contato com a audiência com que desejávamos conversar, seja uma audiência investidora, política ou, mesmo, midiática. Para nós, é um caminho natural mediar nossa própria comunicação porque, basicamente, estava ficando cada vez mais difícil usar a mídia como porta-voz. Com a distribuição digital, o controle é total sobre a mensagem, o que é o exato oposto de um canal tradicional, em que se conversa com um jornalista e depois ele publica a história que deseja escrever ou que, em sua opinião, vai vender o jornal.
>
> Estamos adotando algo bem diferente em termos de método. Não é algo que tenhamos feito antes com a Centrica; nunca contamos histórias, reportávamos notícias corporativas, simples assim. Quisemos colocar a Centrica em um espaço com algumas das novas companhias de tecnologia emergentes com que nossa empresa está competindo neste exato instante.

> # Use *storytelling* e conteúdo de jornalismo de marca por toda a jornada de vendas – mas foque onde isso causará o maior impacto.

De acordo com pesquisa da McKinsey:

> Organizações B2B precisam desenvolver uma compreensão muito mais aprofundada da Jornada de Decisão do Cliente (CDJ) moderna. Onde o antigo funil de vendas assumiu um caminho linear de compras – os clientes assimilam informações, restringem suas escolhas, se informam sobre a qualidade do produto e enviam o pedido da compra –, a CDJ deixa de fazer as coisas no modo "funil". Ela reconhece que o processo de decisão é, na verdade, tudo menos linear, e o período pós-compra muitas vezes é tão ou mais importante que os outros passos ao longo do caminho.

O que a pesquisa da McKinsey está nos dizendo é que o conteúdo precisará ganhar a atenção de um leque muito mais amplo de diferentes *stakeholders* (e influenciá-los), de "estranhos" a "pós-compradores" (veja o quadro), cada um com necessidades, exigências e problemas distintos. Isso indica que, depois que o cliente adquiriu seu produto ou serviço – muitas vezes após um longo período de tempo –, o *upselling* e a retenção são tão importantes quanto. Aqui, serão necessárias histórias constantes e regulares que se identifiquem com seus compradores e clientes, a fim de reforçar a decisão de compras e incentivá-los a compartilhar seu conteúdo em suas próprias redes – desta vez, como defensores de sua marca.

QUADRO 3.1 A evolução do jornalismo de marca em diferentes etapas da jornada do cliente

Etapa na jornada do cliente	O papel do jornalismo de marca	Recomendações de conteúdo
Pré-consciência e consciência	Nosso conteúdo precisa ATINGIR uma audiência ampla de nossos alvos e suas redes. *Nossas audiências compartilharão essas histórias em suas redes?*	Artigos de insights gerais, impacto de tendências, conteúdo de temas globais, inclusive vídeos. *Thought leadership* e opiniões, *podcasts* e *streaming* ao vivo, ou *live* de evento para revelar insights. Narrativas de valor pessoal e histórias engajam potenciais clientes com nossos líderes seniores. Artigos mais longos e artigos técnicos conseguem atrair audiências especializadas.
Interesse	O conteúdo precisa ENGAJAR as pessoas para construir reconhecimento de marca. *Nossos valores e abordagens correspondem aos de nossa audiência?*	Artigos sobre negócios e temas, artigos técnicos, vídeos e e-books respaldam engajamento de vendas e *calls*. Cobertura ao vivo e reportagens nas redes sociais cobrindo eventos específicos, campanhas ou áreas-alvo de atuação.
Consideração	Para se tornarem uma consideração real, as marcas precisam provar que ENTENDEM as necessidades, os problemas a resolver e o sistema de crenças do comprador. Para construir confiança, marcas e indivíduos precisam COMPARTILHAR valores, crenças e expectativas.	Oferecimento contínuo de insights mais foco no estudo de caso e pontos de prova amplificados por meio das redes sociais. *Newsletters* constantes por e-mail fornecem um resumo regular das histórias de jornalismo de marca a audiências segmentadas. Postagens contínuas nas redes sociais, segmentar e compartilhar amplifica suas mensagens.

Etapa na jornada do cliente	O papel do jornalismo de marca	Recomendações de conteúdo
Compra	Para fazer uma venda, as marcas precisam CONVENCER as pessoas de que elas têm valor.	*Webinars*, engajamento ao vivo em eventos e estudos de caso mais detalhados e pontos de prova focam detalhes técnicos e dúvidas. Testes, engajamento de vendas cara a cara, demonstrações de produtos, perguntas e respostas e especificações garantem e oferecem mais detalhes.
Pós-compra	As marcas precisam GARANTIR às pessoas que elas tomaram a decisão certa excedendo expectativas por meio de ações. Onde for possível, elas precisam NUTRIR esse novo relacionamento para transformar clientes em defensores da marca.	Marketing contínuo por e-mail com materiais relevantes e personalizados informam aos clientes sobre inovações frequentes, pesquisas e mudanças. Reforço contínuo de valores corporativos e crenças estimula a defesa e construção de marca, ou desenvolvimento de estudos de caso com os clientes. Conteúdos de *podcast*, cobertura ao vivo e reportagens em redes sociais informam aos clientes que nós estamos lançando novos desenvolvimentos em eventos globais influentes e no setor.

◢ A abordagem do arquétipo de conteúdo

Para quem acha que o funil de vendas e o modelo de jornada do cliente são formas estruturadas demais para o próprio jornalismo de marca e marketing de conteúdo, há outras abordagens. A Altimeter, firma de consultoria estratégica, segmentou a estratégia de conteúdo em cinco *arquétipos*[1] que ajudam a definir o uso final ou a meta do conteúdo, e eles podem ser usados no lugar de um funil de vendas ou modelo de jornada do cliente:

> **Conteúdo como** *Presença*: aqui, o conteúdo se concentra em demonstrar uma ampla consciência de sua marca. Seu público é

amplo e seus temas são gerais, e, em termos de atração, são vastos. O Fórum Econômico Mundial adota essa abordagem com seu modelo de publicação em volume.

➤ **Conteúdo como *Moeda***: é aqui que sua organização oferece conteúdos de valor, em termos profissionais ou pessoais. O conteúdo respalda sua audiência ajudando-o a tomar uma decisão na vida. Isso ajudará a tornar a marca uma parceira confiável ou *thought leader* (líder de pensamento). Citando um exemplo, a consultoria estratégica McKinsey coloca a *thought leadership* no centro e na frente de seu site principal. O conteúdo é constante e de alta qualidade, com base em pesquisas e insights ao longo de todos os seus múltiplos segmentos de *expertise*. De maneira similar, a empresa de dados comerciais Dun & Bradstreet produz "insights de especialistas para líderes empresariais" constantes em seu *hub* Perspectives,[2] com foco em vendas e habilidades de marketing, gestão de dados, desafios de compra e conformidade.

➤ **Conteúdo como *Janela***: aqui, as empresas contam as histórias sobre seu pessoal ou produtos para demonstrar transparência e construir credibilidade com a audiência. Essa abordagem é uma excelente maneira para construir confiança em sua marca. Conforme mais marcas focarem o propósito, a construção da confiança e a demonstração da cultura de suas organizações, esse tipo de conteúdo vai se tornar mais instrumental no futuro para oferecer mensagens importantes.

➤ **Conteúdo como *Comunidade***: as empresas criam plataformas em que sua rede (ou comunidade) pode discutir e se engajar, bem como responder ao conteúdo elaborado. O Open Forum, site de conteúdo da American Express, foi um marco da construção de comunidade por meio de conteúdo, oferecendo suporte e orientação a milhares de pequenos clientes empresariais e membros de *hubs*. Agora, o site foi integrado ao principal site da American Express como Business Trends and Insights, mas continua agregando valor a um público segmentado de pequenas empresas.[3]

➤**Conteúdo como *Suporte*:** aqui, o conteúdo tem propósitos educativos. O estilo será mais "como fazer", e dá suporte e informa uma necessidade muito específica. Conteúdos como esse complementam estratégias de retenção como um fator de higiene no seu site, oferecendo informações táticas sobre perguntas-chave que clientes atuais possam ter.

MAPEIE A SUA AUDIÊNCIA

O que quer que você deseje alcançar, é crucial elaborar descrições claras das pessoas com quem está falando com seu jornalismo de marca e *storytelling*. Na sua mente, em relação a qualquer conteúdo, você sempre deve se perguntar: "Por que meu público-alvo ficará interessado no que tenho a dizer?", ou "O que quero que minha audiência pense, sinta e faça?".

Para responder a essas perguntas, como você deve ter lido no capítulo anterior, primeiro precisa definir as *personas* e necessidades dos seus clientes e mapeá-las em comparação com suas próprias aspirações empresariais (por exemplo, construir confiança, incentivar reputação, reduzir o tempo da venda). Isso determinará qual tipo de conteúdo você deve priorizar e focar a atenção para melhor cumprir os dois grupos de exigências.

Como aprendemos, não se trata simplesmente de criar uma lista demográfica ou quantitativa de características da(s) sua(s) audiência(s)-alvo. O mais importante é o que importa para eles. Se você vai elaborar histórias com que as pessoas se identificam, precisa compreender o que as impulsiona, suas crenças e desafios. Há diversas técnicas que você pode usar para definir esses parâmetros.

◢ Extraia os resultados da audiência para criar insights

Tudo bem basear *personas* em um conjunto amplo de informações (como situação de necessidade, posição na jornada de vendas, papéis, desafios e demografia), mas você precisa explorar com mais profundidade para obter uma visão precisa. Por exemplo, em quais assuntos suas audiências estão interessadas ou o que as motiva?

Você pode descobrir esse tipo de insight acompanhando a atividade de suas audiências-alvo nas redes sociais, e vendo qual tipo de conteúdo elas estão compartilhando e comentando. Nesse exato momento há toda uma ciência emergindo a respeito da "psicologia do compartilhamento social", incluindo um estudo recente contratado pelo *New York Times* com o Customer Insight Group e o Latitude Research. Pesquisas anteriores também revelaram que os três principais tipos de conteúdo compartilhado são artigos de blog, imagens e comentários. Portanto, pesquise as contas no Twitter e no Instagram de alvos-chave e exporte-as para planilhas onde você possa analisar palavras-chave, frases comuns e comentários repetidos. No próximo capítulo, você pode ler mais sobre entender a audiência.

Mas lembre-se de que seu objetivo não é mencionar produtos, lançamentos de produtos ou novidades da sua empresa; seu objetivo é corresponder aos interesses e necessidades das suas audiências.

◢ Tenha como foco agregar valor

Sua meta não é somente prestar serviço a uma audiência central com suas histórias e jornalismo de marca; é oferecer conteúdo que será parte da experiência mais ampla do cliente e pode ser compartilhado com uma rede maior, reforçando uma mensagem de marca para você mesmo em múltiplas arenas ou redes.

A melhor maneira de garantir sucesso com a audiência é oferecendo a ela algo de valor. De acordo com entrevistados pela Altimeter em 2018, conteúdo de valor elevado é o que ajuda o cliente a tomar uma decisão (tanto em termos pessoais quanto profissionais) e promove a marca como especialista no assunto. Esse tipo de conteúdo funciona melhor para os entrevistados de setores voltados para serviços, como bancos, cuidados com a saúde e tecnologia.[4]

Portanto, escolha áreas em que as pessoas precisem ou queiram adquirir conhecimento ou insight, ou onde elas tenham desafios/dores do cliente específicos em termos empresariais mais amplos. Aqui, há espaço para empresas – mesmo as que, em última instância, estão tentando vender um serviço ou produto – se tornarem fontes confiáveis de informação. Cerca de 90% dos entrevistados para o Content Preferences Survey[5] do Demand Gen Report de 2019 afirmaram que considerariam confiável o conteúdo do fornecedor, enquanto 68%

disseram que queriam conteúdos que tratassem de um problema, desafio ou dores do cliente.

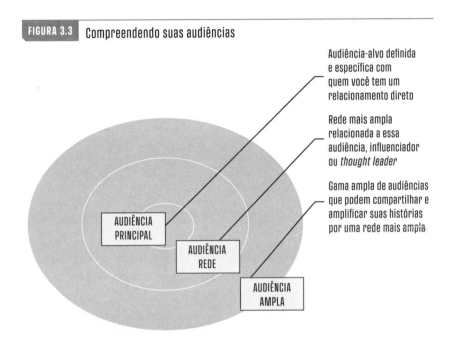

FIGURA 3.3 Compreendendo suas audiências

Se sua meta é construir consciência de marca com jornalismo de marca engajador no topo e antes do funil, você terá um painel ainda maior de áreas de conteúdo com opções que podem interessar às suas audiências. Seu objetivo final deve ser despertar um interesse com uma história que engaje ou informe.

Crie conteúdo temático

Segmentar seu conteúdo em temas ajudará a audiência a navegar melhor no seu conteúdo, além de permitir que você o promova com mais eficiência. Em vez de considerar suas estruturas internas ou divisões como uma estrutura temática, comece pelas necessidades da sua audiência, em grupo ou verticais.

Aqui estão algumas maneiras em que *hubs* de conteúdo B2B nos setores de tecnologia e serviços financeiros segmentaram seu conteúdo em temas para refletir verticais específicos, necessidades da audiência ou desafios. O ideal é não criar temas que simplesmente reflitam sua estrutura corporativa interna ou divisões, já que nem sempre eles refletem as principais coisas que incentivam seu público:

> **The One Brief,**[6] **da Aon:** este site oferece conteúdo sob a rubrica chamativa "As questões empresariais mais urgentes do mundo", e abarca macrotendências que mudam o setor em "Capital & Economics", tendências de bem-estar e ambiente de trabalho em "People & Organizations", e desafios aos negócios globais em "Risk & Innovation". Usando vários formatos (gráficos, imagens, design original) e compartilhando ferramentas em todos os artigos de blog, *The One Brief* estimula o compartilhamento entre audiências-alvo.

> **I-Global Intelligence for the CIO, da Fujitsu**[7]**:** abrange questões empresariais e debate *peer-to-peer* em empresas e tendências tecnológicas para atrair os próprios CIOs ou suas redes de influenciadores. O conteúdo é agrupado em estratégia, gestão, inovação e *thought leadership* (denominados "Big Thinkers").

> **Future of Customer Engagement and Commerce,**[8] **da SAP:** aqui, o conteúdo é agrupado em torno de temas relacionados a comércio, experiência do cliente, serviço, vendas, marketing e propósito. Alguns deles estão mais intimamente alinhados com os produtos SAP do que outros, mas metade se concentra em áreas amplas de insights e aprendizado (vendas, serviço e marketing), e um deles, por sua vez, concentra interesse no propósito de marca, abarcando tópicos como diversidade, igualdade de gênero e tópicos amplos sobre *thought leadership*.

ESTABELEÇA O SEU ESTILO E O TOM

Sua identidade escrita ou verbal diz muito sobre quem você é como marca. Acertar o tom de voz – que combine com a imagem que você quer criar e não se afaste muito dos guias de estilo já existentes – é uma arte que qualquer jornalista de marca tem de dominar, e, em seguida, permanecer consistente para chamar a atenção desejada. É provável que já exista um documento sobre tom de voz – desenvolvido por seu time de comunicação ou de marketing como parte de seu kit de ferramentas corporativas de comunicação – mas, com base nas novas metas definidas para nosso jornalismo de marca, talvez ele precise ser atualizado.

Se você precisa elaborar uma abordagem do zero, é necessário considerar:

Fatores	Detalhes
Tom	Seu tom de voz é "como" você fala, e muitas vezes pode ser estimulado ou guiado por seus valores. Você pode ser humano, acessível, eficiente – e, portanto, é bom se engajar com a audiência de uma forma relaxada, mas direta. Você pode ser, como a MailChimp, comprometido em falar como um "parceiro de negócios experiente e compassivo" que não se leva muito a sério, portanto, que injeta humor nas palavras.[9] Mas pode ser que sua marca precise ser inteligente e inovadora. Qualquer que seja a exigência, garanta que seu conteúdo contenha ou reflita essas palavras-chave ou máximas em todo o conteúdo que você criar. Considere criar uma lista de palavras "sim" – palavras que você usará para a escrita de sua marca – e palavras "não" – que não respaldam suas diretrizes.
Linguagem	Para que tipo de audiência você está direcionando seu conteúdo? Quem o lerá e com que tipo de tom as pessoas se identificarão? Lembre-se, você precisa tornar seu conteúdo legível e acessível, e incentivar "compartilhamentos sem atrito". Nossa recomendação é manter sua linguagem o mais acessível possível. Quem lê on-line tende a ser mais devagar do que quando lê uma impressão padrão. Deixe as frases curtas e a linguagem o mais simples possível, procurando transmitir sua mensagem com clareza e precisão.
Tecnicalidade	Quantas informações técnicas você deseja incluir, ou quantos detalhes sobre o tema que você está tratando? Afaste-se da linguagem técnica onde possível. É óbvio que, se você está criando conteúdo técnico, precisará referenciar as especificidades, mas se estiver escrevendo sobre temas mais amplos ou conteúdos referentes ao setor que sejam relevantes para uma audiência ampla, limite o conteúdo técnico e explique o que precisa ser feito com um glossário.

Fatores	Detalhes
Localização e tradução	Muitos mercados precisam de conteúdo ou matérias "regionalizadas" para refletir os problemas reais dessa região ou área. Não subestime a necessidade de conhecimento local se audiências específicas tiverem necessidades específicas.
	Não acredite que você pode simplesmente traduzir seu conteúdo disponível para idiomas locais; com frequência, conteúdos e matérias precisarão ser recriados ou desenvolvidos do zero para locais específicos. Uma opção é usar uma *copy* básica e em seguida lançar citações e ideias regionalizadas, se estiver produzindo histórias para múltiplas localidades ou regiões geográficas.

O *hub* de conteúdos de Experiência do Cliente da SAP, o *Future of Customer Engagement and Commerce*, teve uma "voz" clara desde o início, afirma Amy Hatch na entrevista para este livro:

> Um dos motivos do grande sucesso desse site é por ele ter personalidade, um tom. Quando você o lê, ele tem alma e coração, parece bastante humano, nada estéril e sim genuíno, autêntico, além de muito transparente. Não estamos tentando ser algo que não somos.

> Esse site reflete muito quem é o time. Pode ser uma faca de dois gumes, porque é preciso descobrir continuamente pessoas que ajudem a administrar/gerir a estratégia que contém essa mentalidade, mas temos uma química muito especial na nossa equipe. Nossos especialistas internos no assunto cultivaram conhecimento ao longo de vários anos. É um longo jogo, portanto, é preciso ter uma liderança instruída e que compreenda o que se está tentando fazer.

ENCONTRE O SEU RITMO

Quando você busca estimular e incentivar o compartilhamento máximo do seu conteúdo, encontrar temas com que sua audiência-alvo se identifique é essencial. No *hub* de marketing de conteúdo da GE, o *GE Reports*, os temas focados são aviação, digital, saúde, energia e manufatura avançada – todos sob o tema global primário da "Inovação".

Tomas Kellner,[10] editor-chefe da GE, lidera a equipe que publica o site e a newsletter da *GE Reports*. Ele diz que histórias que tendem a funcionar melhor são temas mais amplos com que a GE tem conexão, como mudança climática e energias renováveis, por exemplo. Como as histórias são atuais e abrangentes, ele enxerga sua concorrência como o *Wall Street Journal*, e não o conteúdo dos concorrentes da GE.

Formatos: não tem certo ou errado

Ainda que as matérias em si possam sofrer cortes e mudanças, não existe certo ou errado quando se trata de escolher seus formatos, e não há uma abordagem "tamanho único" para estruturar suas histórias.

Se você já começou a produzir conteúdo, provavelmente terá uma noção do que funciona e do que não. Pode ser que suas audiências prefiram vídeo à palavra escrita, ou que demonstrem interesse particular em *podcasts* como um canal para insights especializados. A partir daí, você conseguirá analisar com mais detalhes se é o vídeo em formato curto ou conteúdo em formato mais longo que funciona melhor, e qual estilo de texto é mais chamativo.

Se você ainda não iniciou a jornada do jornalismo de marca, vai precisar revisar o conteúdo conforme vai avançando e testando o nível de popularidade dos formatos. Assim como medir a atratividade e a popularidade do conteúdo em termos de legibilidade, tempo de conclusão e taxa de rejeição, você também deve buscar as métricas de compartilhamento cruciais. Lembre-se: a meta é incentivar o compartilhamento sem atrito do seu conteúdo nas redes da sua audiência.

De forma geral, o conteúdo visual e os vídeos estão crescendo em popularidade porque são chamativos e fáceis de consumir (e compartilhar). Seus méritos serão abordados com mais detalhes nos próximos capítulos, mas, a esta altura, simplesmente garanta pensar em termos amplos o que você irá produzir. Não se concentre apenas no texto.

Um ritmo constante de publicações

O ideal é ter conteúdo consistente e contínuo direcionado para o seu site com regularidade – frequentemente chamado de "*drumbeat content*" (fluxo de conteúdo) –, respaldado por "campanhas" mais curtas, focadas, com base em temas-chave, audiências-alvo, eventos ou resultados.

Naturalmente, a frequência de publicações sempre será ditada por recursos e orçamento, mas a regularidade gera leitores. Ao pensar no seu próprio fluxo de conteúdo, você precisa refletir como agendar não apenas o fluxo de conteúdo regular, mas também o material temático esporádico adicional e campanhas específicas (veja a Figura 3.4).

◢ Fluxo regular de conteúdo

O fluxo regular de conteúdo é o andamento contínuo e consistente entregue no seu próprio ritmo e cadência. Em um mundo ideal, você publicaria conteúdos de qualidade para um *hub* de conteúdo ou no blog do seu site diariamente (como em uma redação), mas para muitas marcas a realidade é um artigo de qualidade por semana, e somente editores de alto volume oferecem mais.

FIGURA 3.4 Fluxo de conteúdo no coração da produção regular

Fluxo de conteúdo sobreposto com conteúdo temático e de campanha
Campanha · Campanha · Campanha
Pacote temático · Pacote temático · Pacote temático
FLUXO DE CONTEÚDO: diário, semanal, mensal – regular

Conforme você vai construindo um arquivo com materiais ao longo do tempo, sempre é possível considerar ressignificar e repostar materiais que funcionaram bem no passado com a audiência, ampliando-o com conteúdo de redes sociais atualizados conforme necessário. Com frequência, materiais arquivados complementarão suas atividades de SEO e continuarão a estimular volumes significativos de tráfego.

O ideal é que fluxos de conteúdo compreendam histórias que abordem questões ou necessidades-chave da sua audiência, mas ainda possam ficar nos seus arquivos por mais um tempo no futuro. Artigos e tópicos de blog formarão a base da maioria do conteúdo. Eles são relativamente baratos de criar, e podem se encaixar em um ritmo regular. No entanto, fluxos de conteúdo poderiam facilmente ter formato para vídeo, *podcast* ou formato longo, se você sentir que sua audiência os receberá bem.

◢ Curadoria no mix

Se você estiver considerando uma abordagem de alto volume para um *hub* específico, talvez queira considerar o método de bom custo-benefício de fazer curadoria com conteúdo específico de parceiros estratégicos. Procure parceiros-chave de publicação que você acredita que serão uma boa pedida para sua marca e que já estejam criando o tipo de conteúdo que você sente que funcionaria no seu próprio *hub* ou site. O ideal é criar também um volume limitado de material de curadoria além de seu próprio conteúdo original. Se você está planejando fazer curadoria de conteúdo de outras fontes, certifique-se de considerar alguns fatores-chave:

> **Alinhamento de marca:** o conteúdo que você posta está alinhado em termos de visão e valores com sua própria marca?

> **Valor agregado:** o conteúdo está proporcionando insights ao usuário final? Ele está de acordo com a aspiração e a missão de seu *hub* de conteúdo?

> **Qualidade:** está bem escrito/editado e oferecido com regularidade? Você é capaz de mudar, reescrever ou subeditar o conteúdo, ou ele precisa ser publicado na íntegra?

> **Promoção:** que tipo de promoção ou referência um parceiro espera com a publicação de seu conteúdo?

Se o seu site se torna popular e bem-sucedido como único *hub* de engajamento para audiências-chave (por exemplo, o *CMO.com* da Adobe), talvez algumas marcas queiram se aproximar de você com conteúdo que elas gostariam que fosse postado. O Fórum Econômico Mundial construiu uma audiência de alto volume e qualidade para seu site *Agenda*, e está na posição vantajosa de conseguir fazer acordos de publicação com *thought leaders* (líderes de pensamento) mundiais, associações e instituições acadêmicas. Isso permite que o Fórum tenha um *pool* de mais de 600 artigos a cada dia do qual pode escolher vários para publicar que correspondam a seus critérios de qualidade e conteúdo, respaldando suas aspirações de volume de conteúdo.

Pacotes temáticos

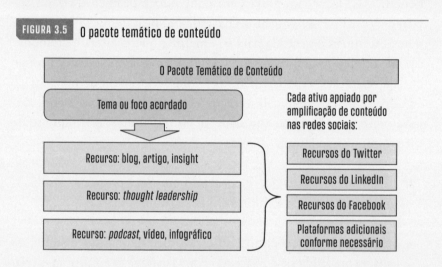

FIGURA 3.5 O pacote temático de conteúdo

Fluxos de conteúdo regulares podem ser complementados com pacotes adicionais de conteúdo que reflitam um tema específico, desafio ou área de foco. Um pacote pode ser criado em torno de uma venda ou produto em que o *messaging* jornalístico amplo impulsione os leitores a avançarem no funil de vendas, com links para insights adicionais.

O conteúdo pode ser desenvolvido como uma "pedra angular" maior que explore um pensamento-chave ou foco para seu negócio. Em seguida, isso pode ser "atomizado" ou dividido em itens menores e consumíveis de conteúdo que serão respaldados pela amplificação – paga ou orgânica – nos canais da sua audiência-alvo. Gary Vaynerchuk, empreendedor e evangelista de marketing digital, usa essa abordagem de forma abrangente em seu conteúdo e para seus clientes, chamando-o de "modelo pilar". Ele explica que começa com um item de conteúdo pilar – sempre um vídeo, para ele – e, em seguida, seu time cria dezenas de itens menores de conteúdo com base nisso, contextualizados de acordo com a plataforma em que serão publicados.

Lembre-se, no entanto, de ser flexível em sua abordagem. Conforme canais e formatos mudam e se proliferam, o que hoje é popular pode não ser em um futuro bem próximo.

À medida que você constrói seu conteúdo e desenvolve um fluxo de produção, é possível começar a analisar quais formatos e tipos de conteúdo fazem mais sucesso com suas audiências e moldam adequadamente seus planos futuros de conteúdo. Crie uma programação de repetição, permitindo que você amplie conteúdos atemporais e potencialize seus arquivos.

Adrian Monck é diretor-geral do Fórum Econômico Mundial. Em uma entrevista para este livro, ele explicou como seu time usou material original e uma programação robusta de repetição para desenvolver e aprimorar o site popular *Agenda* do Fórum com uma audiência global ampla e engajada:

> Se uma matéria não repercute hoje, pode ser que no mês seguinte ela o faça, e que daqui a seis meses cause algum impacto. Regularmente vemos histórias que talvez não tenham tido um desempenho tão bom quanto o esperado quando foram publicadas pela primeira vez sendo reavivadas porque captaram algo que, de repente, é relevante.
>
> Em última instância, você não sabe, e nem necessariamente tem o controle que diz "Vou plantar esta semente, e ela vai crescer bem aqui, neste instante". A semente pode ser levada e plantada em outro lugar; pode ser soprada pelo vento; pode crescer e se tornar algo totalmente diferente. Mas se você não semear, nunca vai fazer nada crescer. Sim, você está correndo risco ao produzir conteúdo, mas não é um risco inadministrável, e o retorno financeiro é em um prazo muito, muito longo. Estamos fazendo isso há cinco ou seis anos, e temos histórias atemporais que publicamos bem no começo que ainda geram público e dialogam com as pessoas. Conteúdo bom e relevante é um presente que continua sendo oferecido.

FIGURA 3.6 Uma proposta de cronograma de publicação

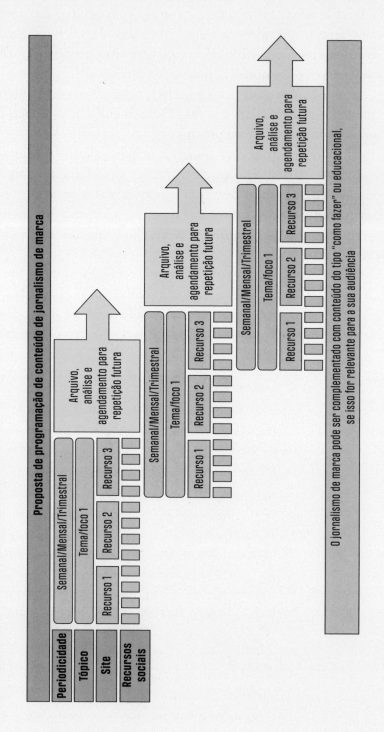

◢ Conteúdo de campanha

O conteúdo de campanha único criará picos em sua cadência regular e ritmo de publicações, e pode focar audiências específicas. Esse tipo de conteúdo pode ser desenvolvido com base em suas atividades de marketing ou RP, ou então cronogramas organizacionais ou setoriais mais amplos, por exemplo:

➤ Construir conteúdo de campanha relacionado a lançamentos de produtos ou eventos de RP, procurando assegurar amplificação máxima para suas histórias.

➤ Criar campanhas sobre movimentos-chave de pessoas, por exemplo, um novo CEO ou executivo sênior trocando de função.

➤ Usar um calendário mais abrangente de eventos externos para estimular a campanha – por exemplo, Semana do Orgulho Gay.

➤ Usar um evento externo para respaldar seu calendário – por exemplo, uma conferência interna ou evento fornecedor/vendedor.

➤ Se você tem um produto específico que está promovendo ou lançando em uma região ou mercado, use isso para respaldar a campanha.

➤ A criação de mercado pode ser incentivada por materiais de campanha direcionados que se desenrola junto com seu conteúdo contínuo.

Para a empresa de softwares Red Hat, a diretora mundial de conteúdo Laura Hamlyn me explicou que evoluiu a abordagem para que a delegação de conteúdos sempre refletisse as necessidades do cliente – conteúdos de campanhas têm altos e baixos, refletindo dores específicas do cliente, enquanto o conteúdo duradouro mantém os níveis de audiência:

> Acreditamos que conteúdo duradouro e conteúdo de campanha podem funcionar bem juntos. Por exemplo, o tráfego orgânico para nosso site se converte com o tempo e cria alguns dos *leads* mais valiosos.

Nossas equipes se alinharam ao *messaging* por meio do que chamamos de "conversas de vendas". São temas que identificamos por meio de pesquisas que nossos clientes e potenciais clientes identificaram como desafios/oportunidades para suas empresas. Nós nos alinhamos com esses temas em todos os times de marketing, de modo que as vendas, o marketing e nossos clientes potenciais e já existentes sejam expostos aos mesmos termos e conceitos.

Conteúdo duradouro constrói confiança, instrui e se torna uma fonte confiável de informações do dia a dia ou de mês a mês. Conteúdo de campanha é mais dinâmico e fluido, e pode servir para criar consciência de marca por meio de mídias pagas ou funcionar como um *call-to-action* afirmando ao potencial cliente qual a próxima atitude a se tomar. Conforme nossos dados e a MarTech[*] ficam mais avançados, podemos personalizar dinamicamente todo esse conteúdo para refletir os objetivos de nossos clientes atuais e potenciais, e perfis de usuário.

DESENVOLVA UM PROCESSO DE DELEGAÇÃO

Como já vimos, o ritmo, formato, entrega e aspirações de amplificação de seu conteúdo sempre serão impulsionados por seu orçamento e recursos disponíveis.

Se seu orçamento tem muitas limitações, você vai precisar avaliar que tipo de conteúdo pode criar com melhor custo-benefício, e como pode extrair o máximo valor deles. Se tiver sorte, talvez também seja possível descobrir padrões internos (e seus orçamentos) dispostos a respaldar suas aspirações de conteúdo, por exemplo, em vendas, comunicação ou outras áreas de suporte de marketing. Porém, em termos gerais, há três principais opções para abordar sua produção de conteúdo:

---

[*] Palavra criada pela união entre Marketing e Technology. Todos os softwares ou ferramentas cujo objetivo seja otimizar uma estratégia ou campanha de marketing. (N.E.)

QUADRO 3.2 Opções de fontes de conteúdo

Produção de conteúdo *in-house*	Muitas marcas maiores (sobretudo no B2C) assumiram produção e criação de conteúdo *in-house*. Isso pode auxiliar a manutenção de linhas sólidas de controle, mas o compromisso em longo prazo associado ao quadro de pessoal pode ser desinteressante para certas organizações.
Parte da produção *in-house* – parte pela agência ou *freelancer*	Mantenha parte do seu conteúdo *in-house* – o ideal é que sejam a implementação e a edição – e terceirize algumas tarefas na cadeia de valor, como produção e criação de conteúdo.
Modelo totalmente terceirizado	Defina um fornecedor como estrategista e produtor de conteúdo, ou construa uma rede de agências ou fornecedores que possam respaldar todos os aspectos da "cadeia de suprimentos" de conteúdo.

Gerenciar o fluxo de conteúdo de sua organização requer a existência de um departamento ou editor supervisionando. Essa unidade, pessoa ou departamento vai gerir o fluxo editorial do conteúdo e garantir que os temas estejam coordenados com as audiências-alvo ou *personas*. Usar estrutura *hub and spoke** permite que uma visão editorial centralizada seja realizada e conduzida em um único departamento – ou, potencialmente, por um indivíduo –, e a responsabilidade ou a criação de conteúdo sejam delegadas a equipes internas ou agências externas. Um modelo descentralizado delegará a responsabilidade pela criação e distribuição de conteúdo a divisões locais ou regionais, e/ou a times de marketing.

◢ Gestão do sistema

Qualquer que seja o formato do seu conteúdo e a regularidade com que ele é criado, você vai precisar definir um sistema para analisá-lo,

---

* Modelo de rede mais eficiente para gestão de requisitos comuns de segurança ou comunicação. (N.T.)

guiá-lo e revisá-lo – seja individualmente, com detalhes, ou como um todo. Se você é uma organização altamente conectada, a maneira mais simples e eficaz de construir gestão em sua abordagem é definir um Conselho Editorial ou um Conselho Consultivo de Conteúdos (CAG), seja uma rede real ou virtual. Seu CAG deve incluir representantes de estratégia de marketing, comunicação/RP, vendas e divisões relevantes mais amplas que possam assumir as rédeas nas seguintes orientações:

- **Integração do marketing e RP:** você está totalmente integrado e ciente da atividade nos times de marketing e RP? Há um fluxo regular de material e informações de seu time para o outro (ou vice-versa) que permita que calendários e campanhas estejam co-ordenados?

- **Parcerias e *stakeholders*:** você está se conectando com todas as áreas relevantes da empresa para incluir seus pensamentos e histórias no fluxo narrativo? Muitas vezes, sustentar o fluxo de conteúdo de toda a organização é o maior desafio, sobretudo para multinacionais maiores. Vender sua visão e montar uma equipe de evangelistas por meio de *stakeholders* internos respaldará as aspirações mais amplas que você tem para seu jornalismo de marca.

- **Coordenação de vendas:** seu conteúdo está alcançando suas equipes de vendas e é útil ou relevante para elas nas conversas com potenciais clientes? Não se trata de usar marketing de conteúdo como um mero coadjuvante das vendas, mas de usá-lo para abrir portas a potenciais discussões.

- **Mensuração e dados:** você consegue mensurar o que está fazendo? Traga um grupo mais amplo de pessoas para rever e discutir conteúdo e fornecer informações e métricas de sucesso que possam respaldar seu ROI e discussões sobre o sucesso.

Definir o que você quer obter com seu conteúdo – e como ele será oferecido com base nessas metas – é apenas um ponto de partida. De posse do mapeamento da estratégia, a chave para uma distribuição contínua eficiente é um planejamento de recursos e uma estrutura de gestão que permitirão que você, seu time ou agência ofereçam um conteúdo consistente de jornalismo de marca em um fluxo regular. Refinar e revisar consistentemente sua abordagem com base em dados de sucesso e métricas lhe permitirá continuar ágil e com boa resposta em um ambiente de marketing em constante mudança.

NOTAS

[1] Prophet (2018) There are 5 content strategy archetypes – pick one, *Prophet*, 12 de julho. Disponível em: https://www.prophet.com/2018/07/choosing-the-right-content-strategy-archetype/ (arquivado em https://perma.cc/T9UW-TBLJ).

[2] Dun & Bradstreet (nd) *Perspectives*. Disponível em: https://www.dnb.co.uk/perspectives.html.

[3] American Express (nd) Business Trends and Insights, *American Express*. Disponível em: https://www.americanexpress.com/en-gb/business/trends-and-insights/ (arquivado em https://perma.cc/CPJ6-5C2M).

[4] Prophet (2018) The 2018 state of digital content, *Prophet*. Disponível em: https://insights.prophet.com/2018-state-of-digital-content (arquivado em https://perma.cc/35SH-KFFQ).

[5] Demand Gen Report (2019) 2019 Content Preferences Survey: Growing demand for credible and concise content reinforces need for research and relevancy in B2B messaging, *Demand Gen Report*, Hasbrouck Heights, NJ. Disponível em: https://www.demandgenreport.com/resources/reports/2019-content-preferences-survey--report (arquivado em https://perma.cc/J5EW-CMBJ).

[6] The One Brief (nd). Disponível em: https://theonebrief.com/ (arquivado em https://perma.cc/SJ9Q-LNDY).

[7] i-cio (nd) Global Intelligence for the CIO. Disponível em: https://www.i-cio.com/ (arquivado em https://perma.cc/7NRW-EDNL).

[8] The Future of Engagement and Commerce (nd). Disponível em: https://www.the-future-of-commerce.com/ (arquivado em https://perma.cc/DZN8-SZ7U).

[9] Mailchimp (nd) Voice and Tone, *Mailchimp Content Style Guide*. Disponível em: https://styleguide.mailchimp.com/voice-and-tone/ (arquivado em https://perma.cc/C44K-83UC).

[10] Silber, T (2018) Multinational conglomerate GE goes all in on content marketing, *Forbes*, 20 de junho. Disponível em: https://www.forbes.com/sites/tonysilber/2018/06/20/multinational-conglomerate-ge-goes-all-in-on-content-marketing/#9ad774963da3 (arquivado em https://perma.cc/43KG-WR5L).

Construindo a sua estratégia de *storytelling*

CAPÍTULO 4

Encontrando a **narrativa**: contando as **histórias** que importam

ACRESCENTANDO IMPACTO ÀS SUAS HISTÓRIAS

Os dias de uma jornada de compra B2B simples ficaram para trás. Hoje, futuros compradores são mais influenciados por uma gama mais ampla de conteúdo do que nunca antes, de um leque cada vez mais vasto de opções. O processo é mais complexo, tem mais camadas e, em última instância, muito mais prolixo.

Por conta disso, sua marca precisa se destacar da multidão e as histórias que ela conta devem refletir a essência daquilo que defende. E como tudo o que você diz e faz se interconecta como parte de sua identidade de marca e narrativa dominante, é importante ter a narrativa clara desde o início.

◢ Superando a miopia corporativa

A armadilha mais comum em que as organizações caem é acreditar que sua audiência se interessará por todos os anúncios que elas fazem, ou que qualquer evento noticioso ou informação nova são suficientes. A miopia corporativa tende a levar organizações a produzir conteúdo abaixo do padrão e sem-graça, que não traz nenhum benefício. Notícias e anúncios têm mérito e ressonância como parte de sua mistura de marketing e comunicação, mas não vão desenvolver ou fortalecer relacionamentos de longo prazo com a audiência.

Para saber o que você precisa fazer para mudar essa situação, é só se perguntar quanto tempo gasta por dia se engajando de maneira significativa com o conteúdo produzido por outras organizações. Pode ser um vídeo no LinkedIn ou algo que recebeu por e-mail. O que o faz parar de fazer o que está fazendo e prestar atenção? O que é preciso para você parar de rolar a página e, por exemplo, clicar e se inscrever em uma newsletter? Pense nisso para entrar na mentalidade de aplicar a narrativa certa a seu conteúdo.

◢ Do que é feita uma ótima história B2B?

Já dissemos que ótimo conteúdo tem a ver com criar ótimas histórias. Mas os recursos narrativos e arcos de *storytelling* que tantas vezes aparecem nos blogs/livros sobre "como escrever uma história" nem sempre se traduzem bem no ambiente B2B. Há um leque de abordagens que você pode adotar para estruturar e contar as histórias de sua marca para incentivar as audiências a continuarem com você e seu conteúdo.

Chip e Dan Heath abordam essa questão no livro *Made to Stick: Why some ideas survive and others die.*[1] Os irmãos propõem seis princípios aplicáveis que, acreditam eles, tornam as ideias mais "pegajosas" de modo geral.

Princípio	O que isso significa na prática?	Para seu conteúdo B2B
Simplicidade	Priorize incansavelmente e remova coisas estranhas para garantir que sua ideia pegue.	Atenha-se a uma ideia, um pensamento – onde você quer chegar com esse item?
Imprevisibilidade	"Viole as expectativas das pessoas" para ganhar atenção.	Descubra nuances, personalidades, analogias ou estudos de caso que vão estimular a curiosidade da audiência para explicar ou elaborar.
Concretude	Explique suas ideias com ações humanas, com exemplos reais ou imagens concretas.	Dê vida a seu conteúdo com estudos de caso, pessoas reais, exemplos da vida real, comparações ou alegorias.

Princípio	O que isso significa na prática?	Para seu conteúdo B2B
Credibilidade	"Ideias que colam devem ter credenciais próprias" – isso faz as pessoas acreditarem.	Adicione credenciais, cite um especialista ou ofereça um exemplo tangível, ou um estudo de caso; use exemplos da vida real, números ou pontos de referência onde possível.
Emoções	Faça a audiência sentir algo – uma ideia emotiva faz as pessoas se importarem.	Envolva-se com uma história humanizada, uma do bem contra o mal, o desafio de desfazer um problema que era insolúvel.
Histórias	Ajude a tomarmos uma atitude, demonstrando e nos inspirando.	Construa uma narrativa marcante, ou uma estrutura clara para oferecer mensagens poderosas em um mundo atolado de conteúdo.

Esses princípios podem ser aplicados ao conteúdo B2B que você produz para sua organização, e funcionam bem sobretudo para narrativas em blogs, vídeos e artigos que podem constituir a base de sua base de conteúdo ou site de blog. Integre o que puder desses princípios para ajudar suas histórias a fazerem parar de rolar a tela e chamarem a atenção da audiência.

◢ Construindo um modelo de mensagem

Antes de criar alguma coisa, você precisa dar clareza às mensagens que comunica. Um modelo simples de *messaging* pode orientar e respaldar seu conteúdo se você não sabe muito bem sobre o que deve falar e quais temas devem constituir o núcleo do seu conteúdo. Isso também o ajudará a clarificar suas mensagens e a maneira como deve falar a respeito de sua organização.

Embora algumas empresas tenham múltiplas estruturas de comunicação para diferentes setores, divisões e áreas, uma empresa pequena talvez tenha uma única abordagem de *messaging* ou comunicação. Entretanto, em última instância, uma estrutura narrativa não precisa ser extremamente complicada – só precisa conter a oferta principal e respaldar mensagens e questões.

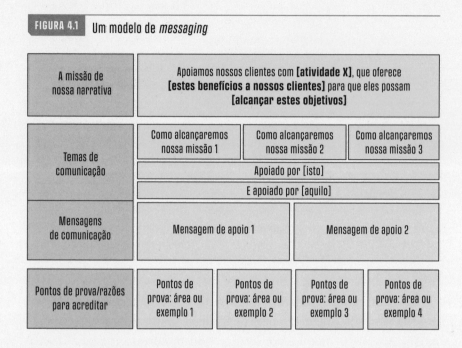

FIGURA 4.1 Um modelo de *messaging*

Se você precisa desenvolver uma mensagem para sua organização, comece pela missão geral e construa seu modelo a partir daí.

Seu modelo de *messaging* deve incluir os principais itens da informação:

> **A missão ou narrativa:** esta é a mensagem principal ou predominante, ou missão da sua organização, ou, potencialmente, da sua unidade empresarial, área geográfica ou divisão. Seu *messaging* principal destaca a oferta geral do negócio e também pode incluir os resultados que você oferece aos clientes.

> **Temas de comunicação:** temas variados de comunicação vão apoiar sua narrativa principal. Eles vão resumir a essência do seu negócio e o que torna sua oferta atraente e única. Você pode ter de três a cinco mensagens específicas, apoiadas pelos princípios ou comportamentos centrais, ou itens culturais que respaldem essa atividade.

> **Mensagens de comunicação:** mensagens destiladas por sua narrativa e temas que você pode usar em materiais publicitários, discursos ou introduções para o seu pessoal-chave, como porta-vozes ou para aparições de relações-públicas.

> **Pontos de prova:** são exemplos, "razões para acreditar", estudos de caso, histórias e pessoas que sustentam seu *messaging*. Eles demonstram o que você está fazendo na vida real e podem constituir a base de alguns dos seus *storytellings*. Você também pode categorizar de acordo com as "dores do seu cliente" ou consumidor, tomando como ponto de partida do desenvolvimento do conteúdo os problemas que estão desafiando a base de sua audiência.

QUE HISTÓRIAS A SUA ORGANIZAÇÃO DEVE CRIAR?

Tudo bem dizer que o conteúdo deve percorrer sua rede mais ampla e suas microrredes-alvo sem atrito, que ele precisa interessar organicamente às pessoas – mas o que isso significa de verdade?

Em última instância, todo conteúdo deve ter valor. Sites como o *D!gitalist*,[2] criado pela SAP, oferecem histórias de insights e valor que abordam uma série de tópicos diferentes – dos principais desafios de um mundo em mudança ao trabalho específico sendo feito por CIOs e CFOs (histórias como as "25 Perguntas Mais Importantes sobre Experiência do Cliente Respondidas").[3] O *hub* Community,[4] da Hewlett Packard Enterprise, por sua vez, oferece conteúdo tecnicamente conduzido, e também abrange os desafios maiores do profissional moderno de TI (histórias contêm títulos como "Por que o DevOps falha!").

Construindo consciência com histórias de valor

Nem todo conteúdo trabalha para os mesmos resultados, e as histórias terão de oferecer insights e *messaging* diferentes – e incentivar ações ou respostas diferentes – dependendo do lugar que estiverem no funil.

O jornalismo de marca trata de atrair (e se engajar com) um público B2B antes de os alvos e audiências entrarem no funil de vendas potenciais e estarem apenas embarcando em sua jornada do cliente.

Sua tarefa é desenvolver histórias que engajem audiências oferecendo insights ou informações que se alinhem com seus valores para começar conversas e relacionamentos com os compradores-alvo (e as redes dos compradores-alvo) antes de haver uma necessidade de fato. Ao compreender sua audiência e criar conteúdo amplo que reflita o mundo ao redor, além de suas preocupações e desafios, você chamará a atenção deles, gerará interesse e influenciará como sua marca é vista. Na etapa pré-funil, idealmente suas histórias terão escopo amplo e referência de marca limitada, refletindo o mundo em que vivemos hoje.

◢ O caso para conteúdo amplo

Não tenha medo de desenvolver conteúdo *raincatcher* mais abrangentes. Histórias amplas e contextualizadas refletem as questões, narrativas e desafios do mundo em que vivemos, um mundo no qual as marcas também operam. Assim, essas histórias devem ser criadas para atrair a atenção de nossa audiência e cativá-la.

Entretanto, as histórias – contadas em qualquer formato – devem refletir os valores e crenças de sua audiência-alvo, e precisam ecoar temas e insights que ela esteja discutindo em sua vida cotidiana e trabalho. Como explica Amy Hatch, ex-líder mundial de marketing de conteúdo da SAP Customer Experience, em uma entrevista para este livro, é crucial ver a audiência primeiro como *pessoa*, e só depois como *compradora* B2B:

> A audiência é a própria base de nossa estratégia ou seja, a audiência vem em primeiro lugar. É a empatia pelo leitor, empatia pelo que ele está passando, compreender seu mundo, e entender que existe uma mudança constante crucial. O ritmo da mudança na história está mais rápido agora do que nunca, e isso afeta a todos em todas as partes do mundo. A questão é: quando as pessoas vão trabalhar, elas não se tornam repentinamente diferentes. Elas ainda são as mesmas pessoas que assistem a Netflix, postam tuítes, olham o Facebook, enviam e-mails, portanto, abordamos nossa criação de conteúdo com isso em mente. Não existe

esse negócio de pessoa B2B. Você não vai trabalhar e se torna uma pessoa B2B. Quero me engajar da mesma maneira quando estou lendo um blog sobre criação de filhos e quando leio sobre marketing de conteúdo.

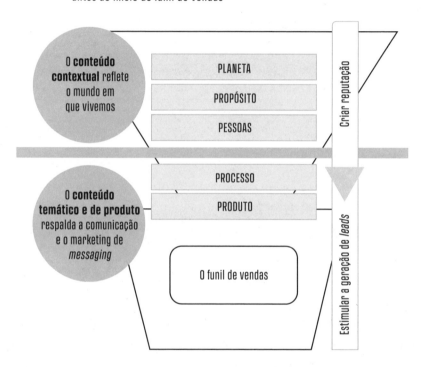

FIGURA 4.2 Conteúdo *raincatcher* abrangente: engajando as audiências antes do início do funil de vendas

Se você entende com clareza o contexto – o mundo em que vivemos, os desafios que empresas e indivíduos enfrentam, a narrativa existencial de nosso mundo e as pessoas que fazem parte dele –, estará mais bem equipado para criar histórias relevantes e significativas, e que irão percorrer as redes de forma eficiente.

ENCONTRANDO HISTÓRIAS QUE REPERCUTEM

Em termos gerais, é útil dividir o conteúdo contextual nos seguintes grupos de histórias:

PLANETA	O mundo em que vivemos, o que nos desafia ou informa. Novas tendências e questões que influenciam o mundo ao redor de nós, nossas vidas e nosso trabalho.
PROPÓSITO	Tendências na maneira como trabalhamos e gerimos empresas; como as organizações e países são liderados; a importância dos valores; a natureza da liderança.
PESSOAS	Histórias de indivíduos ou líderes, evangelistas ou *thought leaders* em uma organização. Pode ser uma história pessoal ou insights, orientação ou conselho sobre tópicos relevantes.
PROCESSO	Histórias do setor e da empresa, informações e insights sobre os tópicos mais amplos no setor de interesse da sua organização.
PRODUTO	Suas narrativas prioritárias para incentivar o crescimento empresarial por meio das vendas de seus produtos e serviços.

Cada grupo de histórias tem sua própria relevância para itens particulares de conteúdo, portanto, vale a pena analisar cada um deles com mais detalhes.

PLANETA: PESQUISANDO O ECOSSISTEMA DA CONVERSA

Em termos simples, conteúdo baseado no planeta aborda e reflete as conversas mais amplas que sua audiência e clientes têm sobre o mundo que os cerca. Portanto, é essencial que você e suas equipes de redação estejam plugados nos insights e tendências macro que estão moldando o contexto social mais amplo, a agenda de notícias, eventos mundiais e narrativas.

Um conteúdo de primeira linha é o que cria histórias inteligentes que repercutem neste nível e se baseiam em uma compreensão clara do contexto em que sua organização está operando. Nesta etapa, você pode mapear uma interseção ampla de temas e tendências, e não as que estão impactando diretamente seu trabalho.

O conteúdo do Fórum Econômico Mundial é um bom exemplo desse tipo de jornalismo de marca. As matérias do site *Agenda*[5] são amplas e atuais. O Fórum tem se concentrado consistentemente no *zeitgeist*, nas discussões-chave, obsessões, mitologias e preocupações da população geral, e faz isso buscando opiniões de empresas, acadêmicos e *thought leaders*. E não apenas contou essas histórias com eficácia como, também, descobriu novos formatos e abordagens para apresentar essas narrativas. O conteúdo do Fórum Econômico Mundial foi compartilhado milhões de vezes, e foi um suporte para o Fórum crescer imensamente em número de seguidores, bem como para mudar a consciência da marca. Às vezes também teve impacto prático sobre as comunidades, conforme me explicou o diretor-geral do Fórum Econômico Mundial, Adrian Monck:

> Histórias que funcionam para nós são as que deixam as pessoas com uma sensação de otimismo e esperança sobre tópicos complicados e grandes. Considere um assunto como as mudanças climáticas todo mundo pensa nisso. Podemos dar às pessoas informações que digam "Existe algo que você pode fazer, a situação não é irreversível"? A coisa mais importante do conteúdo é motivar as pessoas a agirem ou desafiar a apatia. Para mim, encontrar histórias que deem às pessoas um exemplo do que pode ser feito, que inspirem ações e ajudem a criar conexões, é crucial.

PROPÓSITO: LIDERANDO COM OS SEUS VALORES

Como vimos no Capítulo 1, a confiança nos líderes políticos e sociais diminuiu, e as pessoas estão em busca de novos modelos.

As pessoas estão recorrendo a líderes de empresas que mostrem como "fazer a coisa certa" na ausência de governos nacionais que coloquem a mão na massa para resolver problemas que as preocupam. Como destacou o Edelman Trust Barometer[6] de 2019, mais de três quartos dos entrevistados acreditam que líderes de empresas deveriam assumir a liderança proativa em problemas emergentes ambientais e sociais em vez de ficarem esperando que o governo tome uma atitude. Além disso, 71% dos funcionários disseram acreditar ser importante o CEO responder a desafios atuais globais e sociais – por exemplo, acontecimentos políticos, problemas relacionados aos funcionários e eventos do setor.

Isso oferece uma enorme oportunidade para criar conteúdo autêntico baseado em propósito. É uma oportunidade para as marcas defenderem aquilo em que acreditam e proclamarem seu propósito real e genuíno. É uma oportunidade para refletir valores da marca, se alinhar com os valores da audiência e de quem você quer influenciar.

Esta é a visão mais ampla de Marc Benioff, CEO da Salesforce. com, sobre o que as empresas podem fazer para incentivar a mudança:

> Acredito que as empresas são as maiores plataformas para mudança, e podem causar imenso impacto em aprimorar a situação do mundo. Como líderes empresariais, estamos em posição de influência, e nossa responsabilidade não se limita aos acionistas. Somos responsáveis pelo bem-estar de uma comunidade extensa de funcionários, clientes e parceiros, bem como dos outros seres humanos no planeta que habitamos.[7]

Há muitos exemplos de empresas que começam a demonstrar e escrever sobre suas crenças fortemente arraigadas na sociedade, por exemplo, ou outros assuntos em que podem causar impacto, como empresas de tecnologia discutindo o impacto da automação.

ARTIGO SOBRE ESTUDO DE CASO

QUATRO MANEIRAS PARA AJUDAR A ELIMINAR O DÉFICIT DE COMPETÊNCIAS NA ERA DA AUTOMAÇÃO: AUTODESK[8]

Com este e outros artigos do site *Redshift*, a Autodesk demonstra comprometimento com seu apregoado compromisso: "Na Autodesk, focamos em ajudar empresas e funcionários a terem êxito e a prosperarem na era da automação".

SITE DE ESTUDO DE CASO

I-CIO.COM: FUJITSU[9]

Algumas organizações escolhem se alinhar com um tópico específico criando um espaço no qual se pode discutir assuntos, embora nem sempre autorizados pelos seniores. O *i-cio.com*, criado pela Fujitsu, recebe "grandes cérebros" no site, que criam ou assinam conteúdo que desafia o pensamento convencional e/ou aborda alguns dos temas do mundo atual.

Muitas organizações maiores têm porte, impacto e bases de clientes que lhes permitem discutir amplamente esses tópicos sem impacto negativo. Não é o caso de todas as empresas e todos os países, que talvez não consigam falar aberta e livremente sobre, por exemplo, representatividade e igualdade, devido a restrições sociais ou governamentais. Considere com cuidado como você e sua empresa abordam tópicos complexos ou controversos; alinhe claramente seu *messaging* com o que emana de seus times de comunicação e de comunicação corporativa.

EXEMPLO DE ESTUDO DE CASO

FALHAS NOS DIREITOS DOS HOMOSSEXUAIS ATRAVANCAM BANCOS ASIÁTICOS: A BLOOMBERG[10]

Publicado no próprio *hub Insights* da Bloomberg, este é apenas um entre vários artigos que abordam a desigualdade no ambiente de trabalho para funcionários LGBTQIA+, pessoas com deficiência e outras minorias. O título do site afirma: "À medida que nossa base mundial de clientes se torna mais diversificada, nosso foco na diversidade e inclusão nos ajuda a permanecermos antenados com as ricas e variadas culturas, normas e práticas empresariais de nossos clientes".[11]

PESSOAS: DEMONSTRANDO O SEU LADO HUMANO

Opiniões pessoais e testemunhos são uma forma potente de abordar seu conteúdo. Quando bem feitos, eles são autênticos, envolventes e informativos. O poder de uma opinião não editada de alguém – sobretudo se essa pessoa detém um cargo sênior de uma grande organização – não deve ser subestimado.

Em termos gerais, histórias "pessoais" muitas vezes serão categorizadas como *thought leadership*, que trato com mais detalhes no Capítulo 10. *Thought leaders* (líderes de pensamento) são inovadores, visionários capazes de criar um conteúdo tão bom que engaja grandes audiências e é amplamente compartilhado. Na teoria, eles podem vir de qualquer nível da sua organização, mas a autoridade tende a crescer com a experiência, embora nem sempre com a senioridade.

Em relação aos tipos de conteúdo pessoal de jornalismo de marca que esses líderes de pensamento devem buscar compartilhar, os mais potentes são os que refletem as preocupações ou interesses da audiência ampla com que você está tentando construir consciência de marca. Há muitos líderes de pensamento/influenciadores no mundo B2B que também escrevem sobre tópicos altamente técnicos (nos próprios sites, blogs e outros sites específicos, como o Reddit, ou por meio de grupos do WhatsApp).

EXEMPLO DE ESTUDO DE CASO

UMA REDE DE SEGURANÇA SOCIAL MAIS INTELIGENTE VAI AJUDAR AS PESSOAS A SOBREVIVEREM À ERA DA AUTOMAÇÃO? AUTODESK[12]

Este artigo é de autoria do CEO da Autodesk, Andrew Anagnost, que afirma que organizações e governos devem assumir a responsabilidade por tomar uma atitude para apoiar os grupos de pessoas que podem ser negativamente impactadas pelo crescimento contínuo da tecnologia e automação. O Dr. Anagnost é um autêntico CEO, que escolhe falar o que pensa sobre múltiplos tópicos no *hub* de conteúdos da Autodesk, o *Redshift*.

Vale a pena notar que o pessoal também pode se sobrepor ao produto e ao processo, ou o propósito da empresa em abranger uma vasta gama de áreas de interesse, por exemplo:

➤ **Educar:** educação e novos insights sobre gestão, liderança ou desafios operacionais mais amplos.

➤ **Fazer campanhas:** responder aos desafios ou dilemas diante da indústria de forma geral – *O que devemos fazer?* Ou *O que precisa acontecer?*

➤ **Compartilhar:** insights e inspiração a partir da experiência e trajetória da pessoa – *O que eles acham?* e *O que eles fariam?*

➤ **Agregar:** agrupar os pensamentos de outras pessoas, ou dos times, para moldar um argumento ou ponto de vista.

PROCESSO: PESQUISANDO O AMBIENTE DO SEU NEGÓCIO OU DO SEU SETOR

Com uma compreensão clara do ambiente mais amplo que molda as conversas de potenciais audiências e clientes, você pode começar a se concentrar em descobrir narrativas/histórias específicas que sejam relevantes para sua indústria, empresa ou setor específicos. Se está buscando um ponto de partida para essas histórias, considere pensar em ideias para histórias sob estes títulos amplos:

INOVAÇÃO	SUCESSO	TENDÊNCIAS	DESAFIOS	EVENTOS
O que vem por aí? O que há de novo e inovador, e o que o futuro pode reservar?	Quais exemplos você pode discutir a partir de sua organização ou outros lugares que demonstrem sucesso com um desafio particular?	Quais são as tendências que estão moldando o futuro do setor, indústria ou organização? Como você está reagindo e o que isso significa para seus clientes ou para a sociedade?	O que mantém seus clientes ou audiência acordados à noite? Você pode começar a discutir essas questões ou problemas?	O que você está aprendendo com esses eventos no seu setor? O que os especialistas da indústria estão discutindo?

EXEMPLO DE HISTÓRIA DE INOVAÇÃO

A ASCENSÃO DA HUMILDE CAIXA PARDA: MHI[13]

Tomando como ponto de partida a crescente demanda por caixas para entrega de produtos adquiridos on-line, este artigo traça o histórico da caixa de papelão e novas técnicas de engenharia que moldam seu desenvolvimento (estimulado pela Mitsubishi Heavy Industries). Elabore uma história como essa a partir de uma estatística simples – nesse caso, o crescimento previsto na indústria das caixas pardas.

O *hub* de conteúdos *Redshift* foi criado por desenvolvedores de software da Autodesk.[14] O conteúdo do site trata de como produtos, prédios e cidades serão construídos no futuro. É amplo e parece uma revista. Luke Kintigh, líder de distribuição de conteúdo e redes sociais na Autodesk, explicou a abordagem para este site de jornalismo de marca:

> Na *Redshift*, basicamente temos uma redação completa dentro da empresa. Produzimos conteúdo como uma revista. Nosso primeiro resultado é construir a marca e mudar a percepção de uma marca que simplesmente produz AutoCAD para uma companhia que oferece uma ampla gama de softwares para várias empresas. Não somos um blog de produtos; nosso foco são as pessoas, não o produto. Parte da estratégia é abranger múltiplas indústrias e oferecer valor às nossas audiências – por exemplo, a maneira como a mudança das coisas pode ser aplicada ao design de um sapato ou ao projeto de um arranha-céu. Temos pessoas incríveis na empresa incentivando mudanças, e obter as perspectivas e pontos de vista delas é central para nossa estratégia. Mas também incluímos outras fontes, às vezes, parceiros e clientes capazes de contar a história toda de como, por exemplo, a Autodesk está ajudando no design de produtos, mas também como é ver um projeto dar certo.

EXEMPLO DE HISTÓRIA DE TENDÊNCIAS

SEIS MANEIRAS COM QUE A IA APRIMORA A VIDA COTIDIANA: SAP[15]

No *hub* de conteúdos *D!gitalist*, da SAP, essa simples lista toma como ponto de partida o impacto que a inteligência artificial está causando em nossas vidas diárias. É simples e direta, e escrita para um público vasto em linguagem não técnica. Use esse tipo de material como pontapé inicial para conteúdos mais detalhados, se necessário.

EXEMPLO DE HISTÓRIA DE DESAFIOS

A INTERNET DAS COISAS (IOT) PODE SER A CHAVE PARA A SEGURANÇA PÚBLICA: DELL[16]

Hospedado no blog *Perspectives* da Dell, este extenso artigo mapeia os caminhos com que a *Internet of Things* pode impactar os desafios de segurança pública no futuro. Escrito de forma jornalística, em linguagem não técnica, ele faz referência à visão da Dell mais adiante na história, mas oferece amplo valor e informações ao leitor.

PRODUTO: A SUA EMPRESA FAZENDO A DIFERENÇA

Embora um princípio fundamental do jornalismo de marca seja *não* forçar a venda de produtos, ainda é possível desenvolver materiais cuidadosos relacionados a produtos que tenham características de jornalismo de marca para garantir que eles sejam mais populares, mais compartilhados ou mais engajadores.

Para fazer isso, você precisa mapear os tipos de perguntas que sua(s) audiência(s)-alvo possa(m) ter ao pensar em adquirir o seu produto ou serviço, e retroceder a partir daí para desenvolver listas de potenciais títulos e áreas temáticas.

ESTUDO DE CASO

COMO ALGORITMOS ENTREGAM ENERGIA RENOVÁVEL À REDE: CENTRICA[17]

O artigo e o conteúdo do vídeo estão no site Centrica.com, no *hub* de conteúdos Stories. É um material extenso multiformato, que inclui gráficos animados ao lado de vídeos, gráficos estáticos e textos. Ele se aprofunda no tópico mais amplo de sistemas de comercialização de energia e no impacto da tecnologia sobre o setor energético, enquanto foca no trabalho que a Centrica está sendo pioneira no ramo de atuação.

Muitas vezes, as abordagens narrativas podem ser desenvolvidas em massa para esse tipo de conteúdo, e, portanto, o ideal é configurar formatos ou métodos que permitam preparar e carregar esse conteúdo com facilidade e rapidez (veja o Capítulo 6 para mais ideias sobre quais formatos você deveria escolher). Exemplos desse tipo de conteúdo podem incluir:

- **Conteúdo de solução de problemas conduzido por estudos de caso:** usando exemplos de questões específicas ou problemas mais gerais que foram resolvidos por seu produto. Formule seu produto como o "herói".

- **Explicações:** O conteúdo "O que é..." explica a abordagem de um produto, um conceito ou solução empresarial, enquanto conteúdo "Como fazer..." dá conselhos e orientações sobre desafios comuns ou áreas empresariais com que podem estar lidando. Também há o conteúdo "Qual é a vantagem de...", que aborda métodos diferentes para desafios variados, e o conteúdo "Sobre nós...", que pode analisar como a cultura da empresa impacta resultados, produtos e soluções.

- **Thought leadership:** *thought starters* (iniciadores de pensamento), visão geral e comentários de pensadores-chave e gerentes podem abordar produtos como soluções específicas para problemas mais amplos.

> **Perfis:** quem é seu pessoal, o que eles sabem, qual a experiência deles e quais insights têm sobre esse produto ou serviço? *Forecast* é um site criado e hospedado pela companhia de softwares para empresas Nutanix, e promete explorar ideias e tecnologias que estão moldando nosso futuro. Editado por Ken Kaplan, ele possui uma seção inteira voltada aos "perfis" do pessoal da Nutanix. Essas pessoas têm uma história para contar que alimenta diretamente o trabalho da empresa.

NÃO SE ESQUEÇA DA "MARCA"

Quanto é demais?

Você pode seguir todos os modelos de marketing de conteúdo que quiser, mas há uma pergunta em que muitos jornalistas de marca geralmente ficam presos: quanto eles devem fazer referência à marca?

Os *hubs* e o conteúdo que estou focando como conteúdo de jornalismo de marca mencionam pouco a marca, preferindo se concentrar em acrescentar insights e incentivar o compartilhamento, sobretudo porque são histórias interessantes. Muitos dos sites e publicações referenciados aqui mencionam muito pouco a marca, e estão buscando desenvolver consciência de marca contando histórias de valor – por exemplo, o *FCEC* da SAP e a publicação *Think:Act*, de Roland Berger. Ao compartilhar o conteúdo como insight, eles esperam engajar uma audiência-alvo e construir engajamento no futuro. Outros sites mencionarão menos sua marca no texto, mas terão links para mais sugestões de leituras sobre marcas.

Os benefícios da "pouca" ou "nenhuma" referência à marca

Empresas que possuem uma visão de longo prazo para cultivar um público robusto e autêntico para seu conteúdo podem decidir não mencionar a marca de jeito nenhum ou mencioná-la tangencialmente.

Ao afastar o foco da marca, profissionais de marketing e de comunicação ficam menos tentados a impor a própria mensagem de marca ao seu público, garantindo mais foco nas necessidades do comprador. Como escreve a *thought leader* de marketing Heidi Taylor:

> [...] precisamos criar conteúdo, contar histórias e ter conversas que não sejam sobre os produtos ou serviços que vendemos, mas sobre as grandes questões realmente importantes e pessoais para nossos clientes. São essas questões que trazem o elemento humano ao que fazemos, tornam as conversas mais significativas e constroem relacionamentos que duram, nos permitindo engajar com nossos clientes de forma que perdurarão nos seus corações e mentes por muito mais tempo depois do término de alguma promoção de vendas ou campanha de marketing.[18]

Um aspecto negativo dessa estratégia é que uma abordagem de prazo mais longo pode ser difícil de vender para líderes de marketing de ciclos mais curtos. Nesse caso, você precisa argumentar que pode levar tempo para desenvolver uma audiência (sobretudo se tiver acesso limitado à amplificação paga), mas que vai compensar no longo prazo, especialmente quando a audiência de *long tail* for construída a partir da amplificação de conteúdos de arquivos. Da mesma forma, qualquer conteúdo criado pode ser estendido como a base da geração de *leads* e geração de demanda mais adiante no funil de vendas (por exemplo, transformando em um *e-book* ou documento técnico fechado).

No site da SAP *Future of Customer Engagement and Commerce*, o *hub* de conteúdo é de marca, mas só de leve. Nenhuma das histórias no site inclui referência à marca. Essa foi uma decisão consciente do time da SAP quando o site foi lançado. A marca só fica no site como logo e no *banner*, e no menu inferior, ao lado de links de navegação à direita.

Seja qual for o caminho escolhido para sua estrutura narrativa, você vai precisar de um sistema para garantir que possa continuar a cumprir as promessas do seu jornalismo de marca. Isso significa garantir ter um processo para pesquisar e oferecer conteúdo em qualquer condição ou formato. Nos últimos capítulos vamos falar sobre produção, mas muitas organizações acham que o desafio mais árduo é extrair histórias envolventes das atividades cotidianas – e é aí que pensar como jornalista pode ajudar desde o início.

NOTAS

[1] Heath, C. e Heath, D. (2008) *Made to Stick: Why some ideas take hold and others die*, Random House, p. 15-19.

[2] D!gitalist Magazine (nd). Disponível em: https://www.digitalistmag.com/ (arquivado em https://perma.cc/Y5PE-K3UE).

[3] Koch, C. (2015) The 25 most important customer experience questions answered, *D!gitalist*, 18 de fevereiro. Disponível em: https://www.digitalistmag.com/lob/sales-marketing/2015/02/18/25-important-customer-experience-questions-answered-02253418 (arquivado em https://perma.cc/TB37-XVU7).

[4] Hewlett Packard Enterprise Community (nd). Disponível em: https://community.hpe.com/ (arquivado em https://perma.cc/9N6L-RPSF).

[5] World Economic Forum (nd). Disponível em: http://weforum.org/agenda (arquivado em https://perma.cc/AZA6-33CD).

[6] Edelman (2019) 2019 Edelman Trust Barometer: Expectations for CEOs, *Edelman*, 29 de abril. Disponível em: https://www.edelman.com/research/trust-barometer-expectations-for-ceos-2019 (arquivado em https://perma.cc/LAX4-U6ZV).

[7] Benioff, M. (2016) Businesses are the greatest platforms for change, *Huffpost*, 18 de janeiro. Disponível em: https://www.huffpost.com/entry/businesses-are-the-greate_b_8993240 (arquivado em https://perma.cc/4N5P-KDJL).

[8] Speicher, J. (2019) Four ways to help close the skills gap in the age of automation, *Autodesk*, 12 de junho. Disponível em: https://adsknews.autodesk.com/views/four-ways-to-close-the-skills-gap-in-the-age-of-automation (arquivado em https://perma.cc/GX5P-7J9V).

[9] Ritchie, R. (2019) Defining a new ethic for technology, *I by Global Intelligence for the CIO*, maio. Disponível em: https://www.i-cio.com/management/insight/item/a-new-ethic-for-technology (arquivado em https://perma.cc/J6SH-PAJV).

[10] Gopalan, N. (2019) Gay rights failures are holding back Asia banking, *Bloomberg*, 6 de maio. Disponível em: https://www.bloomberg.com/diversity-inclusion/blog/gay-rights-failures-holding-back-asia-banking/ (arquivado em https://perma.cc/S962-J7C8).

[11] Bloomberg (nd) Activating every employee's potential, *Bloomberg*. Disponível em: https://www.bloomberg.com/diversity-inclusion (arquivado em https:// perma.cc/2E4E-PCTY).

[12] Anagnost, A. (2019) Will a smarter social safety net help people survive the age of automation? *Redshift by Autodesk*, 12 de junho. Disponível em: https://www.autodesk.com/redshift/age-of-automation/ (arquivado em https://perma.cc/K96J-7DU9).

[13] Jezard, A. (2018) The rise of the humble brown box, *Spectra*, 15 de novembro. Disponível em: https://spectra.mhi.com/the-rise-of-the-humble-brown-box (arquivado em https://perma.cc/32VM-T5MJ).

[14] Redshift by Autodesk (nd). Disponível em: https://www.autodesk.com/redshift/ (arquivado em https://perma.cc/JAY2-SB28).

[15] Gardner, K. (2019) Six ways AI improves daily life, *D!gitalist Magazine*, 18 de maio. Disponível em: https://www.digitalistmag.com/improving-lives/2019/05/28/6-ways-ai-improves-daily-life-06198539 (arquivado em https://perma.cc/N24G-YK2X.

[16] Hynes, C. (2019) From college campuses to sports stadiums, IoT may hold the key to public safety, *Dell Technologies*, 12 de junho. Disponível em: https://www.delltechnologies.com/en-us/perspectives/from-college-campuses-to-sports-stadiums-iot-may-hold-the-key-to-public-safety/ (arquivado em https://perma.cc/KM46-C92S).

[17] Centrica (nd) How algorithms deliver renewables to the grid, *Centrica Platform*. Disponível em: https://www.centrica.com/platform/ai-renewables (arquivado em https://perma.cc/68RK-8J95).

[18] Taylor, H. (2017) *B2B Marketing Strategy: Differentiate, develop and deliver lasting customer engagement*, Kogan Page Publishers, p. 17.

Empresas que possuem uma **visão de longo prazo** para cultivar um **público robusto** e **autêntico** para seu conteúdo podem decidir **não mencionar a marca de jeito nenhum** ou **mencioná-la tangencialmente**.

CAPÍTULO 5

Story mining: revelando seu poderoso jornalismo de marca

Nem mesmo as melhores histórias podem se contar sozinhas. Comprometer-se em criar um fluxo regular de conteúdo significa, também, comprometer tempo e recursos para o trabalho vital de alguém (ou algum mecanismo) que vai produzi-los e lançá-los para consumo da audiência. No início, essa tarefa pode parecer assustadora: ela requer criar um processo eficiente de busca, produção e publicação de conteúdo.

Jornalismo de marca não é criar histórias de RP que você pode colocar em publicações (relações com a mídia) nem elaborar exemplos de momentos em que você foi bem-sucedido trabalhando com clientes (estudos de caso). É pegar sua *expertise*, conhecimento e criar histórias que alinhem sua marca a uma forma específica de pensar, ou oferecer parte desse conhecimento, ou insights, que ajudarão a desenvolver as capacidades da sua audiência.

> *Story mining* é um processo que permite integrar *longevidade* e *relevância* ao seu conteúdo.

ESTABELECENDO O SEU PROCESSO

Embora cada empresa seja diferente e o conteúdo que produz seja claramente único, não importa se estiver preparando um artigo técnico, um vídeo explicativo ou uma campanha social – a mecânica da criação de conteúdo é a mesma. Tudo tem de estar alinhado com o seu negócio em algum nível e tem de cumprir um objetivo ou finalidade específicos.

FIGURA 5.1 O processo de *story mining*

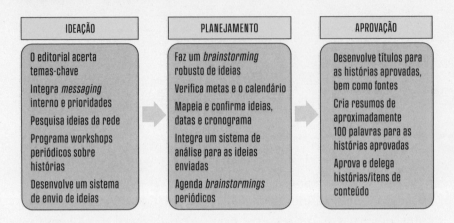

Story mining envolve desenvolver mecanismos e processos para trazer à tona histórias ricas em informações de todas as partes da organização ou de sua rede que possam ser desenvolvidas em múltiplos formatos dentro do cronograma de conteúdo.

Construindo um fluxo de histórias

Definir um sistema é a chave para manter o fluxo de ideias em sua organização. Longevidade tem tudo a ver com sustentabilidade de histórias. Para a maioria das grandes empresas, encontrar histórias de curto prazo (pontuais) e internas é relativamente fácil. O mais complicado é encontrar constantemente ideias relevantes para criar um fluxo contínuo de histórias.

Definir um sistema vinculado a certos critérios e processos garantirá que você identifique e crie histórias que se alinhem com o *ethos* e as necessidades de sua empresa, demonstre suas habilidades de *thought leadership*, e crie uma plataforma para exibir suas credenciais e pontos de prova. Em termos simples, um bom *story mining* se torna um processo para identificar as histórias certas de dentro da sua organização — as que sua audiência-alvo achará atraentes, identificáveis e que ajudarão você e sua organização a atender aos objetivos de negócios.

No Capítulo 3 descrevi alguns dos princípios do jornalismo de marca, e no Capítulo 4 abordei como encontrar a narrativa. Este capítulo vai tratar do desafio de manter o fluxo de ideias, gerar um clima de criatividade e encontrar essas histórias em todas as partes da empresa.

Uma abordagem ampla para encontrar narrativas

A esta altura, vale a pena reforçar que, em primeiro lugar, você precisa aprovar e compartilhar com outras pessoas os tipos de histórias que está buscando.

O modelo *raincatcher* destacado no capítulo anterior explica um método de criação de histórias interessantes relacionadas a seu ambiente corporativo que possam ser elaboradas por suas equipes de conteúdo e distribuídas em múltiplos canais. Segue um breve resumo desse método:

Planeta	Propósito	Pessoas	Processo	Produto
São as questões que desafiam o planeta. Você pode acrescentar seu próprio prisma corporativo a essas narrativas, proporcionando uma noção clara de seus valores.	Use histórias para dar uma noção verdadeira dos valores de sua organização. Compradores querem entender qual é a posição de sua organização nos tópicos mais desafiadores de nossa época.	São as histórias humanas que você pode contar que refletem como sua organização funciona. Essas são as pessoas que fazem sua empresa andar.	Essas histórias abordam o ambiente empresarial mais amplo e seus temas. São tópicos amplos, tangencialmente alinhados à sua indústria ou produto.	Histórias de produtos contam um desafio quando um produto ou um serviço é o protagonista. Garanta que o valor ou o benefício esteja à frente e no topo de sua história, e não a especificação.

O ambiente mais amplo da história

Tente compreender os tipos de histórias que a maior parte da população está ouvindo e compartilhando. Em termos mundiais, por exemplo, uma tendência rumo a um aumento na diversidade em muitos países é amplamente bem-vinda.[1] Há outras histórias que estão desafiando sistemas tradicionais de crenças, como as que focam a igualdade, desafios ambientais ou o impacto da inteligência artificial e da computação no ambiente de trabalho tradicional.

Story mining: revelando seu poderoso jornalismo de marca

Outros assuntos mundiais que correspondem a análises estatísticas ou comentários baseados em tendências incluem populações em processo de envelhecimento, o crescimento populacional e a migração do campo para áreas urbanas. Se compreendemos o contexto mais amplo dessas discussões e questões, podemos nos tornar mais relevantes com nosso *storytelling*.

As fontes que você escolhe sem dúvida serão influenciadas pela visão de mundo das organizações que as publicam, mas há uma grande quantidade de material a ser extraído. Você pode consultar publicações como o site *Agenda,*[2] do Fórum Econômico Mundial, mencionado anteriormente, recorrer a publicações internacionais que conheça ou em que confie, ou, ainda, a jornais nacionais e internacionais.

Além de ler publicações e literatura relevantes, tome nota das montanhas de pesquisas e insights, a maioria gratuita, que informa discussões como essas. Lembre-se:

- ➤ Histórias com tendências mais amplas darão ao público uma noção real do pensamento de sua organização e a forma como ela funciona, capacitando-o a se engajar mais plenamente em uma conversa ou relacionamento.

- ➤ Essas megatendências informarão artigos mais amplos e sempre recentes que possam abarcar os desafios mais abrangentes de gerir uma empresa ou organização.

- ➤ Narrativas globais informarão *thought leadership* e artigos-guia sobre aspectos de liderança, ampla gestão ou resposta a influências sociais.

- ➤ Artigos duradouros criados tendo em mente esses temas podem ser a base ampla em que sua empresa ou organização elabora sua narrativa e reputação mais abrangentes.

Outras fontes incluem o meio acadêmico, centros de pesquisa e entidades setoriais. Todos conferem insights sobre os desafios-chave encarados pelo mundo como um todo e podem informar áreas para as quais você pode mudar ou sobre as quais pode ter uma visão.

◢ A busca interna por ideias

Narrativas que refletem os desafios de seu ramo de atuação e os benefícios do seu produto podem ser apresentadas usando evangelistas internos, times de comunicação e membros do editorial. Outras fontes que podem ser aproveitadas e gerenciadas por seu time editorial central incluem:

➤ **Redatores de agências e equipes editoriais:** se estiver trabalhando com uma agência, você pode desafiá-la a gerenciar o processo de *story mining* no seu lugar, usando pessoal e rede próprios e palestras regulares para trazer à tona mais ideias em andamento. Ainda que nem sempre integrada a decisões empresariais internas, uma equipe externa às vezes pode garantir a manutenção de um fluxo regular.

➤ **Membros de times de comunicação:** por serem o pessoal que detém e incentiva a comunicação para sua organização – e, muitas vezes, ex-jornalistas –, as equipes de RP e comunicação serão uma ótima fonte de ideias para seu jornalismo de marca e com frequência estão no cerne da equipe editorial. O ideal é que membros da equipe possam receber objetivos e alvos das histórias para incentivar um senso de criatividade e inovação nas técnicas de pensamento e produção.

➤ **Times de vendas e marketing:** equipes de vendas são um manancial frequente de conhecimento sobre os desafios e perguntas feitas pelos compradores, enquanto as equipes de marketing oferecerão pesquisas, análise e terão divisões internas de pesquisa para apresentar informações adicionais. Busque especialistas no assunto, pessoas que descobrem histórias e *storytellers* com quem você possa contar para obter mais informações.

➤ **Pesquisa original ou pesquisa agregada** por setores, instituições independentes, grupos de especialistas, instituições de caridade, analistas e instituições corporativas devem ser integradas no ciclo

Story mining: revelando seu poderoso jornalismo de marca

de pesquisa. Muitas vezes, esses grupos publicam uma série de informações, relatórios e dados. Entre essas instituições, estão a Organização para a Cooperação e o Desenvolvimento Econômico, The Royal Society, The King's Fund, consultoras de gestão como PwC, KPMG e Deloitte, e organizações como a ONU, o Banco Mundial e o Banco Africano de Desenvolvimento. E não ignore as organizações filantrópicas – como a Chatham House no Reino Unido, o Milken Institute e o Aspen Institute nos Estados Unidos.

Definir um sistema eficaz para minerar e apresentar histórias contínuas – sobretudo em uma organização maior ou dispersa – ainda pode ser um desafio, mesmo com uma estrutura ou abordagem no local. Jim Cox, ex-jornalista e hoje vice-presidente de comunicação na organização global de logística Agility, defende o *storytelling*, mas também compreende seus desafios, sobretudo com públicos B2B. Ele afirma:

> Desenterrar grandes histórias ainda pode ser um tiro no escuro. Muitas vezes há negócios internos e considerações políticas que podem interromper o fluxo de histórias, ou impulsioná-las, embora possam ser de interesse limitado da audiência. Às vezes descobrimos excelentes histórias e narrativas, mas só *depois* que elas ficaram obsoletas. Da mesma forma, ocasionalmente ficamos diante de *stakeholders* nos persuadindo de que a recompensa por compartilhar informações é maior que o risco.

Um consolo, acrescenta Cox, é que quando as coisas são feitas da maneira correta, geralmente a audiência agradece: "Histórias humanas tendem a repercutir bem, assim como os 'Como fazer X, Y e Z' para empresas menores tentando entrar no mercado internacional ou compreender mercados emergentes". Ele acrescenta: "Explicações equilibradas que simplificam algo complexo e oferecem uma estrutura para que a audiência-alvo faça julgamentos fundamentados também fazem sucesso".

Inscreva-se na maior quantidade possível de newsletters do setor e *hubs* de conteúdo para descobrir outras informações relevantes e significativas. Vale a pena, inclusive, se inscrever no conteúdo da concorrência para se certificar de que você também sabe o que eles estão falando, e como é possível moldar suas próprias mensagens de um jeito diferente das deles.

AS VANTAGENS DAS "REUNIÕES DE REDAÇÃO"

Todas as redações diárias e semanais tendem a seguir rotinas ou processos similares. No início de cada dia ou semana editorial, novos editores e editores de produção diária fazem uma reunião com todos os membros da equipe para discutir as atuais histórias de interesse – o que aconteceu, o que está acontecendo, o que vai mudar no decorrer do dia etc. Essa reunião da redação é a oportunidade para elaborar o cronograma de notícias sugerindo histórias que "se encaixem" no **propósito** dos resultados da redação (sejam sérias, de tabloide, globais ou locais). As histórias podem ter sido pesquisadas pelos jornalistas que fizeram coberturas exclusivas por meio de entrevistas, contatos e notícias, ou as notícias podem ter sido dominadas pela cobertura de eventos programados que permaneceram no cronograma por um tempo, como eleições, protestos ou manifestações. As reuniões de redação mais produtivas são aquelas em que a equipe se engaja e conversa ativamente. O mesmo vale para as suas próprias reuniões internas, para o desenvolvimento de matérias e conteúdo. Você precisa acrescentar um senso de propósito em sua geração de histórias – isto é, que tipo de história "servirá" para a organização ou empresa e refletirá o perfil e o tom de voz da marca.

CAPÍTULO 5

◢ Incentivando uma cultura de histórias

A maneira mais óbvia de gerar conteúdo constante de sua organização é conversar com as pessoas, interna e externamente. Parece

Story mining: revelando seu poderoso jornalismo de marca

simples, mas, na realidade, você precisará aplicar um processo e uma abordagem para garantir entregas regulares e no cronograma.

Ken Kaplan era editor executivo do *iQ* da Intel, lançado em 2012 como um site de notícias de cultura tecnológica e de redes sociais. No seu auge, o *iQ* atraía mais de 3 milhões de visualizações por mês.[3] Em 2018, Kaplan se tornou editor-chefe do *Forecast*, um site de notícias empresariais e tecnológicas da empresa de softwares para empresas Nutanix. O site da marca conta com artigos originais, vídeos e segmentos de áudio em *podcast* sobre as pessoas e tendências tecnológicas que estão impulsionando a transformação digital. Na entrevista para este livro, ele explicou como abordou a elaboração de histórias para o site *iQ*:

> Quando comecei a dirigir o setor editorial no *iQ*, quis criar conteúdo jornalístico original. Saíamos e conversávamos com pessoas, em seguida escrevíamos histórias ou produzíamos vídeos relevantes para interessados em tecnologia; foi dessa *vibe* que corri atrás por um longo tempo – que é uma abordagem jornalística para o *storytelling*, impulsionada por ótimas entrevistas. Quero extrair mais humanidade e aspectos emocionais das pessoas que trabalham com tecnologia de ponta. Os desafios técnicos que elas superaram e a tecnologia que usaram são, definitivamente, parte da história, mas também quero saber como é que, depois de duas semanas batendo a cabeça na parede por um problema, um "Eureca!" surgiu. Qual foi a sensação quando, de repente, tudo passou a fazer sentido? Quando se tem histórias boas de verdade, elas levam a uma história vívida de marca que a companhia está sempre refinando, acertando e ajustando. Essa história de marca é constituída de muitos trechos anedóticos que podem ser cristalizados em uma mensagem de marca impactante.

Ao demonstrar sucesso com histórias publicadas e conteúdo compartilhados de forma ampla, você começará a construir uma "cultura de histórias". Mas de que outra maneira estimular um ritmo de criação de histórias dentro da organização mais ampla?

Recompense: Defina metas e KPIs

Tente incentivar seus times de comunicação e unidades de negócios a apresentar uma quantidade mínima de ideias por semana/mês. Os times podem ser divididos por região, vertical, setor ou grupos de clientes, dependendo dos requisitos de sua história. Onde possível, recompense pensamentos inovadores e consistentes. Isso deve ajudar a alavancar o número de ideias que surgem.

Demonstre: Promova o sucesso

Sucesso gera sucesso. Tente desenvolver e promover histórias que se provaram bem-sucedidas em suas plataformas internas. Se você consegue demonstrar sucesso, outras pessoas na sua organização vão querer emular promovendo as próprias histórias. Ensine articulistas a elaborar histórias e descobrirá que mais pessoas começarão a dar ideias.

Eduque: Compartilhe insights

Elabore um kit de ferramentas para a maneira como equipes distintas podem pesquisar e compartilhar histórias. Esse kit pode compreender uma história *pro forma* ou listar as perguntas-chave que as pessoas deveriam fazer dentro da própria área ou divisão a fim de levantar ideias e sugestões. Use seu corpo editorial ou time de comunicação para compartilhar e divulgar o kit de ferramentas, bem como exemplos de boas práticas locais e centralizadas.

Reconheça: Publique e promova

É vital que seu público interno permaneça engajado na prática do *story mining*. Sem isso, há risco de se perder o *momentum*. Colegas e redes de parcerias precisam entender por que devem embarcar em seus esforços. Portanto, talvez você também queira considerar reconhecimentos formais ou informais, ou usar comunicação interna para agradecer publicamente essas pessoas que deram ou apresentaram ideias marcantes que chegaram a ser publicadas.

◣ Desenvolvendo uma estrutura para oferecer ideias constantes

Também vale a pena lembrar que a maneira como você monta seu time para remessas constantes bem-sucedidas dependerá do seu porte e estrutura como organização. Aqui estão algumas abordagens que você pode adotar para garantir que seu sistema de *story mining* continue fechando resultados com "chave de ouro".

QUADRO 5.1	Quatro abordagens diferentes para *story mining*
Modelo *hub-and-spoke* descentralizado	• Desenvolva *templates* e perguntas para incentivar a aquisição de histórias. • Encontre evangelistas em cada unidade empresarial, setor ou região. • Elabore uma história de amostra destacando o que a torna grandiosa. • Sugira perguntas que evangelistas possam fazer para adquirir ideias e histórias. • Crie um modelo para compartilhar com colegas de trabalho da área; ele pode, inclusive, ser elaborado como um "kit de ferramentas" que explique como é uma boa história e o que você deseja que cada história contenha.
Modelo centralizado	• Um time de marketing/comunicação centralizado ou um funcionário definem todos os aspectos de delegação de conteúdo e processo de produção, incluindo objetivos de comunicação, cronograma e padrões exigidos, e fluxo de *upload* das matérias. • A equipe centralizada assume as próprias sessões de *story mining* ou entrevistas para elaborar conteúdo. O conteúdo pode refletir mercados locais por meio de entrevistas ou pesquisa documental. Histórias genéricas podem ter seções localizadas lançadas por unidades empresariais, escritórios ou operações locais. • Ideias são colocadas em um documento centralizado ou *hub* on-line para consideração e aprovação. • Entrevistas ou informações são buscadas de representantes locais e histórias são criadas centralmente ou terceirizadas. • Uma consultoria de gestão local não tem nenhuma história formal surgindo na estrutura ou processo; em vez disso, espera-se que cada divisão relevante da organização (p. ex., energia, digital, serviços financeiros) apresente suas próprias ideias, que então são revisadas e escritas por uma equipe central de jornalistas.

Modelo colaborativo	• Estabeleça um ritmo para sessões de ideações de histórias em grupo, remotas ou presenciais. Elas podem acontecer a cada seis meses, por trimestre, por mês, por semana ou (em alguns exemplos) diariamente, dependendo das pressões corporativas, prazos e volumes de material exigidos. • Facilite sessões presenciais usando processos estruturados para geração de histórias. Sessões são conduzidas por representantes dos times de comunicação ou marketing.
Modelo terceirizado	• Contrate uma agência para elaborar ideias para histórias, gerenciar o processo de busca de histórias e explorar divisões e regiões. • Participe de uma reunião inicial para definir diretrizes e premissas empresariais, mensagens de comunicação e planos de campanha de marketing, bem como prioridades de RP. • Escale a agência para analisar a área de atuação, ou entreviste líderes importantes, ou se encontre com os times de comunicação e marketing para solicitar ideias para artigos. • Revise ideias para artigos e aprove as que forem adequadas às exigências da empresa; delegue, revise e faça *upload* conforme necessário.

CONSTRUINDO UMA GAMA DE TIPOS DE HISTÓRIAS

Mais adiante neste livro vou abordar como estruturar histórias, artigos e vídeos, mas existem algumas abordagens simples que você pode adotar para identificar histórias que podem ajudá-lo em seu processo de seleção.

◢ A história interna conduzida por entrevista

Como mencionádo anteriormente, e como qualquer bom jornalista sabe, histórias vêm de pessoas – portanto, uma forma óbvia de descobrir histórias é conversar com a maior quantidade possível de pessoas de diferentes setores em sua organização, a fim de descobrir suas histórias, insights ou recursos que podem ser usados para desenvolver seu jornalismo de marca. Percorra cada área da empresa para engajar membros da equipe e investigar potenciais histórias; organize reuniões em grupo para fazer surgir insights e explore relatórios de arquivos, blogs e entrevistas em busca de ideias e inspiração.

Story mining: revelando seu poderoso jornalismo de marca

DICA DA REDAÇÃO

CONSTRUINDO UMA REDE

Um excelente jornalista tem uma lista extensa e variada de contatos, e está sempre conversando com as pessoas para descobrir o que as empolga e as desafia. Incentive os membros de suas equipes – ou desafie-se – a pensar como um jornalista e crie sua própria rede de contatos para *story mining* dentro da sua organização.

A história oriunda do ambiente de trabalho

Se você tem projetos de trabalho no campo ou internos, é daí que várias histórias em potencial podem – e devem – surgir. Quer você esteja fazendo perfurações em busca de gás, elaborando projetos para tornar a água potável, colocando instalações para produção de energias renováveis ou construindo uma infraestrutura tecnológica, é preciso procurar material para histórias aí. Você pode fazer isso de maneira remota, telefonando para membros da equipe, mas o ideal é ir até essas pessoas e captar imagens marcantes do que está acontecendo. Se você conseguir organizar uma incursão para uma equipe de produção de jornalismo de marca (possivelmente, um redator com um kit de câmera de smartphone, um operador de câmera ou um fotógrafo) em seu projeto ou sites de produção, eles voltarão munidos de histórias e ideias de primeira linha capazes de manter seu conteúdo fluindo por algum tempo. Esse investimento pode ser substancial, mas continuará agregando valor por muitos meses ou dando conteúdo que respalde seu marketing mais amplo ou campanhas de comunicação.

A história conduzida por eventos

Se você tem um evento importante, volte seu conteúdo para ele, incluindo a escrita de propagandas pré-evento de histórias de sucesso dos anos anteriores. Aumente os registros e, no(s) dia(s), impulsione o volume de conteúdos implantando sua própria mesa de redação.

Crie vídeos, blogs, oportunidades de transmissão ao vivo e muito mais para alimentar suas contas sociais e impulsionar o nível de engajamento além dos participantes presenciais. Eventos internos e conferências em larga escala, bem como eventos parceiros, podem ser uma rica fonte de material anual constante, já que vários *stakeholders* estão em um só local durante um período curto de tempo.

◢ A história conduzida por pesquisa

Dados e evidências podem ser uma ótima fonte de material para histórias – sobretudo se você tem uma equipe analisando o setor, ou um analista observando a concorrência ou tendências. Transformá-las em histórias em potencial e ver onde elas se encaixam nas necessidades da sua empresa é o próximo passo coerente.

◢ A história conduzida por especialistas

Se você tem um time de operadores altamente experientes, gerentes seniores ou equipes técnicas, pode trabalhar próximo a eles para oferecer histórias consistentes. Com frequência as pessoas envolvidas nas minúcias do cotidiano subestimam algumas das melhores histórias ao seu redor, já que parecem comuns ou sem-graça para elas. Às vezes, a chave é começar uma conversa que possibilite reconhecer como o trabalho que elas fazem é diferente, inovador ou interessante. A partir daí, você pode identificar entrevistados em sua rede organizacional. Também pode pedir a gerentes, gestores locais e representantes da região que sugiram pessoas com quem seria interessante conversar.

> **PERGUNTAS PARA DESCOBRIR HISTÓRIAS INCLUEM:**
>
> ➤ Você está trabalhando em alguma coisa nova, diferente ou desafiadora?
>
> ➤ Quais são os desafios que seus clientes, redes e contatos estão enfrentando neste momento?

Story mining: revelando seu poderoso jornalismo de marca

> ⟩ O que o surpreendeu no seu trabalho ou ambiente nos últimos meses?

> ⟩ Em quais soluções inovadoras para algum problema você e seu time vêm trabalhando?

◢ A história feita com pesquisa na internet e secundária

Bons jornalistas estão sempre plugados no mundo ao redor. Eles sabem o que está acontecendo e quem está fazendo o que em sua "editoria" ou área de interesse. Eles criam uma rede e se engajam com os contatos para descobrir histórias. Ainda que você não tenha condições de fazer isso, é possível se beneficiar de muitas das discussões que ocorrem on-line sobre ramos de atuação específicos. Sites como o Quora, de perguntas e respostas, podem dar uma ideia do que alguns especialistas estão discutindo, assim como vasculhar o Reddit em busca dos últimos comentários e notícias. O Twitter (agora X) é uma ótima fonte de notícias e atualizações. Ferramentas como o BuzzSumo e o Semrush também podem informar instantaneamente quais histórias são populares e estão bombando. Saiba disso e poderá identificar maneiras de elaborar algo sobre o que já foi escrito; você pode saber quais histórias vão ganhar tração e se concentrar em construir um nicho.

VERIFICANDO O SENTIDO POR MEIO DE UM CONSELHO EDITORIAL

É muito provável que haja um arsenal de histórias excelentes prontas e esperando para aparecer na sua empresa, mas permanecem escondidas porque ficam em divisões ou departamentos remotos ou porque essas subunidades não são tradicionalmente usadas para se engajar com os times de RP, comunicação e marketing.

O desafio, em primeiro lugar, é reconhecer que essas histórias provavelmente existem, e, em seguida, que elas precisam aparecer. Se você não tem uma pessoa, como um editor-chefe, para incentivar esse conteúdo, ou se seu time é diverso e geograficamente disperso, esta é uma ótima situação para estabelecer o que se conhece como *Conselho Editorial*.

Abrangendo especialistas na área mais antenados sobre as coisas, as revistas muitas vezes os contratam para garantir que estão cobrindo o que a audiência espera ou que possa ser novidade. Um conselho de *storytelling* poderia compreender líderes de comunicação divisionais, bem como representantes de regiões geográficas diferentes, ou então de várias estruturas ou redes distintas.

Ter um conselho permite que você traga pessoas que terão as diretrizes e insights sobre desenvolvimento e pesquisas sobre histórias de que você precisa. Não é necessário ter reuniões o tempo todo, ou incluir todo mundo sempre. É possível ter reuniões semanais, mensais ou trimestrais para incentivar e apresentar ótimas histórias. O importante é que o conselho possa ajudar a definir o arquétipo da história "perfeita" para sua organização, enquanto você pode respaldar o modelo *hub-and-spoke* do *story mining* adotando modelos e guias de histórias e transmitindo-as para os times que estejam trabalhando diretamente com os consumidores, clientes ou audiências.

Um conselho editorial também pode agir como uma "redação" dispersa ou fragmentada. É possível fazer reuniões com o conselho editorial da mesma forma que jornalistas fazem reuniões editoriais diárias ou semanais para que ótimas histórias apareçam.

CONHEÇA OS SEUS CONCORRENTES

Seja qual for o modelo que você usa para elaborar a estrutura, o ritmo e a narrativa de sua história, também é preciso entender o que a concorrência está dizendo ou publicando como parte do próprio mix de marketing de conteúdo. Seu método para entender seus rivais poderia examinar as áreas a seguir.

◢ Entenda a conversa dos concorrentes

Para se destacar na narrativa mais ampla e por todo o setor, o ideal é você descobrir uma linha ou perspectiva diferente no seu conteúdo – um "claro espaço em branco" para suas histórias. Pode ser que você descubra um formato inovador ou abordagem exclusiva (uma série diferenciada de *podcasts*, por exemplo), ou encontre um método específico em uma área em desenvolvimento que o destacará. Por exemplo, firmas de tecnologia estão se acotovelando por um ponto diferencial na área do 5G.

◢ Crie sua própria análise qualitativa

Mapeie e avalie um grupo de aspectos do conteúdo da concorrência para elaborar uma análise abrangente das lacunas e um quadro comparativo. Primeiro, analise o *storytelling* deles nas páginas do blog, ou quaisquer espaços de *hubs* de conteúdo nos seus sites. Em seguida, faça uma análise de todas as suas variadas plataformas de conteúdos – inclusive o LinkedIn, o Facebook e o Twitter –, bem como outros canais visuais e de vídeo, se estiverem presentes.

◢ Faça uma auditoria da concorrência

Tenha como alvo um grupo de seus principais concorrentes (os mais importantes nesta etapa) e faça um levantamento do que eles estão publicando e quais canais digitais estão usando. Utilize ferramentas de escuta social e análise para entender quais são as conversas de seus concorrentes nas redes sociais. Você pode usar ferramentas como a Onalytica, Pulsar ou Meltwater para entender o foco de conteúdo e conversas bem-sucedidas.

Reserve um tempo para desenvolver uma avaliação qualitativa dos aspectos a seguir da atividade de seus concorrentes. Essa auditoria também pode ser usada como modelo para analisar seu próprio conteúdo já existente, se você achar necessário.

QUADRO 5.2	O processo de auditoria de conteúdo

AUDITORIA DE CONTEÚDO	
Para uso interno ou avaliação da concorrência	
Volumes	A quantidade de posts e conteúdo em redes sociais, nas últimas semanas ou meses.

Cadência	Visão geral do ritmo de publicações e regularidade de conteúdo sendo inserido.
Profundidade e detalhes	Compreensão do nível de detalhes e análise de pesquisas que foram feitas para criar o conteúdo.
Qualidade	A qualidade do conteúdo em termos de oferecer informações significativas, e também a ortografia e a gramática etc.

TEMAS DE CONTEÚDO

Histórias	Análise do apanhado de histórias que eles estão contando; pode se basear em localização geográfica, alcance ou estudo de caso. Da mesma forma, é útil saber o formato ou abordagem do *storytelling*.
Valor para a audiência	O nível de valor e informação sendo oferecidos – crie uma visão geral do tipo de insight que isso está oferecendo.
Temas	Visão geral dos temas ou tópicos que estão sendo abarcados e quais deles têm prioridade; além disso, uma descrição de algum ângulo particular que esteja sendo adotado nesses tópicos.
Tema ou assunto prioritário	Se você está querendo segmentar seu conteúdo em gêneros específicos ou áreas de interesse, acrescente a quantidade de artigos sobre esses assuntos específicos ao site – onde é possível encontrar um ponto diferencial?
Thought leadership	Analise quem se destaca e por quê (quais são os nomes principais, divulgadores ou porta-vozes); tome nota dos tópicos que eles estão revelando ou discutindo.

ESTILO E FORMATO

Tom	Esta análise permitirá que você veja se o tom é acolhedor e engajador, ou mais formal; autenticidade e referências humanas também fazem diferença em relação ao engajamento emocional que o conteúdo vai oferecer.
Redatores	Eles citam o nome de seus redatores e dão crédito? São "redatores contratados" ou você acha que o conteúdo foi terceirizado para uma agência? Eles estão construindo uma personalidade ao redor de seu principal pessoal e evangelistas? Estão usando influenciadores para escrever ou compartilhar conteúdo?
Extensão e estilo	Analise a extensão em palavras de blogs, artigos e posts. O conteúdo é escrito ao estilo de listas ou blogs de formato curto, com vídeo ou muitas imagens? O que estão criando para chamar a atenção do leitor e da audiência?

Story mining: revelando seu poderoso jornalismo de marca

Legibilidade	Mapeie e liste a aparência e o estilo dos blogs ou artigos que foram criados – por exemplo, são textos simples, textos com subtítulos e citações, ou listas? Isso lhe dará uma ideia da legibilidade do conteúdo.
Formatos	Analise os tipos de conteúdo que cada companhia criou: vídeos, gráficos, infográficos, listas e *buzz* blogs (blogs de formato curto com gráficos e/ou imagens e texto limitado).
Imagens	Como eles estão usando imagens de bancos, gráficos e ilustrações originais? As imagens de bancos são sem-graça, ou estilosas e envolventes? Isso impactará o compartilhamento nas redes sociais.

DISTRIBUIÇÃO

Sucesso	Eles estão ganhando força com o próprio conteúdo? Se sim, que tipo de resultados você pode verificar em termos de compartilhamentos, comentários e engajamentos? Observe as métricas-chave, como seguidores e fãs em redes sociais, e também compartilhamentos na web ou no *hub* de conteúdo.
Amplificação	Como o conteúdo está sendo compartilhado nas redes sociais? Quais sites eles estão usando, e de que maneira? Qual a regularidade de *upload* de conteúdo, e como ele é? Que tipo de tração está sendo obtida?
Calls-to-action	Quais são os anúncios, *calls-to-action* e links de apoio que cercam o conteúdo? Se não há nenhuma menção à marca, como eles estão construindo engajamento ou amplificação para a marca?

Ao analisar o que a concorrência está fazendo, em quais plataformas e estilos, logo você terá uma noção de onde residem as oportunidades para uma voz "nova" ou "diferente". Essa análise não somente garantirá que seu próprio conteúdo tenha pontos diferentes e desempenhe um papel diferente para o usuário final ou público como, também, dará oportunidade para mapear temas e discussões para compreender melhor o ecossistema da história. Ao compreender seu ecossistema editorial, você descobrirá áreas que não estão sendo abordadas, as quais poderá deter e habitar. O desafio seguinte é decidir quais formatos funcionarão melhor para você, seus recursos e seu time e, o mais importante, para sua audiência.

NOTAS

[1] Fetterolf, J., Poushter, J. e Tamir, C. (2019) A changing world: global views on diversity, gender equality, family life and the importance of religion, *Pew Research Center*, 22 de abril. Disponível em: https://www.pewglobal.org/2019/04/22/a--changing-world-global-views-on-diversity-gender-equality-family-life-and-the--importance-of-religion/ (arquivado em https://perma.cc/TR7G-3MFU).

[2] World Economic Forum (nd). Disponível em: http://weforum.org/agenda (arquivado em https://perma.cc/7MJD-CDFA).

[3] Papandrea, D. (2016) An Inside Look at Intel iQ's Global Content Marketing Strategy, *NewsCred Insights*, 14 de dezembro. Disponível em: https://insights.newscred.com/intel-iq-global-content-marketing-strategy/ (arquivado em https://perma.cc/5JGM-38ZL).

Story mining: revelando seu poderoso jornalismo de marca

CAPÍTULO 6

Escolhendo seu **formato**: as **necessidades da audiência** e o **poder do texto**

PLANEJANDO SUA ABORDAGEM

Um jornalismo engajador, seja diário ou baseado em recursos, possui múltiplos formatos on-line e off-line, e provém de várias editoras e plataformas diferentes. De pacotes de vídeos e frases de efeito até histórias ao vivo e *storytelling* em áudio, passando pelo velho e bom texto, há uma variedade estonteante de maneiras de chamar a atenção das pessoas. O jornalismo de marca também deve tirar inspiração (e vantagem) dessa incrível e acessível variedade de abordagens para contar histórias corporativas.

Há um espectro, sempre crescendo, de técnicas e abordagens para criação de conteúdo – e muitas delas estão ficando mais baratas e mais fáceis de oferecer.

De pacotes de vídeos, frases de efeito, GIFs, gráficos animados e os chamados gráficos *flat* até histórias e coberturas ao vivo em redes sociais, não há motivos para não expandir suas abordagens de conteúdo. Novas formas de *storytelling* estão revolucionando o jornalismo e também o jornalismo de marca B2B; considerando-se que o típico comprador B2B vai consumir, ler ou digerir ao menos três itens de conteúdo antes de conversar com um consultor de vendas[1] (alguns relatórios afirmam que essa quantidade é maior), você terá de considerar vários formatos, dependendo dos resultados que tem em mente.

TESTE E APRENDA

Sempre teste o que funciona com a audiência – sucesso e engajamento podem mudar em um único dia, semana ou trimestre e passar para o próximo. Se um formato específico funciona melhor ou é mais popular, use-o mais e continue a medir reações. Reduza o volume do conteúdo que não funciona. O texto deve ser a base de seu conjunto de histórias e do jornalismo de marca no início, mas faça experiências com abordagens de risco baixo para outros formatos, e analise e responda aos resultados.

Pesquise as preferências da audiência público

Ainda que não exista formato "perfeito" para um conteúdo, existe o formato "certo" para a natureza e os motivadores do seu público. E a chave para capacitá-lo a priorizar quais canais provavelmente trarão mais sucesso é a pesquisa sólida com suas audiências principais – onde elas estão consumindo conteúdo? Por quanto tempo elas se engajam? Elas compartilham um tipo específico de formato?

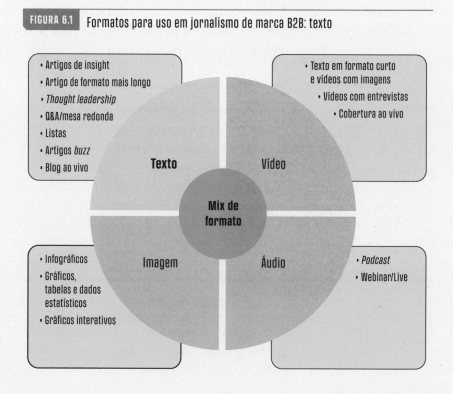

FIGURA 6.1 — Formatos para uso em jornalismo de marca B2B: texto

Para grupos demográficos mais jovens na jornada de compra B2B (os que cresceram como nativos digitais), as redes sociais muitas vezes representarão um canal de publicação ou transmissão, e não somente um canal de amplificação. Como revelou uma pesquisa recente da Hubspot: "Consumidores mais jovens mostram consistentemente a maior preferência pelas mídias sociais, e eles as tratam como um canal válido de pesquisa". E mais: "A idade do seu cliente deve ter papel importante na maneira como você molda sua estratégia de conteúdo". A pesquisa também revelou que *millenials* se engajam mais com conteúdo de vídeo e baseados em imagens, enquanto audiências mais velhas ainda se identificam com conteúdo enviado por e-mail.[2]

Ao realizar sua pesquisa, analise também quais são as pessoas em que sua audiência se inspira ou pelas quais ela é influenciada. De acordo com o Demand Gen Report de 2019,[3] 95% dos entrevistados preferem conteúdo confiável de influenciadores do setor. Use uma ferramenta como a BuzzSumo ou Sprout Social para ampliar sua pesquisa e refinar sua compreensão das preferências das pessoas em termos de formato de publicação. É provável que essas preferências mudem com o tempo, conforme os hábitos mudam e novas plataformas surgem. Enquanto escrevo este livro, vemos um ressurgimento do *podcast*, um comprometimento contínuo com blogs e textos, enquanto *webinars* para comunicações no meio do funil e conteúdos visuais ainda são populares.

Avalie conteúdo de acordo com a posição na jornada de vendas

Uma das considerações mais importantes para lembrar ao corresponder formato e canal é estar ciente de onde os públicos podem estar em suas jornadas de vendas.

As matérias de jornalismo de marca que destaquei neste livro são criadas para construir consciência de marca e gerar audiência local para sua publicação ou resultado. Com isso em mente, no topo de funil de vendas e antes mesmo de adentrarmos esse funil, precisamos lembrar que estamos tentando chamar atenção para nosso conteúdo e suscitar interesse pelas histórias que nossa marca está contando.

Nestas fases iniciais de consideração, quase três quartos dos compradores B2B gostam de ler posts de blog e artigos; vídeos, *e-books* e *podcasts* também são populares (de acordo com o Content Marketing Institute).[4] Nas etapas intermediárias do funil, documentos técnicos são mais populares e – talvez não surpreenda –, nas etapas finais, na fase de avaliação e compra, é o estudo de caso que fica no centro em termos de necessidades de conteúdo.

Não se pode subestimar o valor de se pesquisar as necessidades do público. Por exemplo, no seu relatório de pesquisa sobre preferências de conteúdo, 93% dos entrevistados pelo Demand Gen[5] afirmaram que queriam formatos mais curtos em primeiro lugar, já que cada vez mais eles têm menos tempo e querem digerir múltiplos itens de conteúdo antes de abordar fornecedores ou tomar decisões de compra. A mesma pesquisa também observou que o conteúdo precisa ser compartilhado de uma forma que seja "facilmente assimilável". Conteúdo compartilhado por colegas e conhecidos, de acordo com essa pesquisa, é o mais confiável.

COMBINE FORMATOS PARA OS DISPOSITIVOS UTILIZADOS

➤ Uma pesquisa dos Estados Unidos sugere que mais pessoas consomem conteúdo no smartphone do que em laptops, mas o *tempo gasto* no laptop é maior do que o consumo de conteúdo nos dispositivos móveis. Além disso, descobriu-se que o número de páginas visualizadas por site é substancialmente maior em desktops que em celulares.[6]

➤ Hoje, as pesquisas confirmam o que talvez já tenhamos adivinhado – que audiências mais jovens usam mais o celular, enquanto perfis demográficos mais velhos consomem conteúdo principalmente no laptop.[7]

➤ Dados revelam que o tempo gasto em sites acessados em desktops é substancialmente mais alto que o tempo gasto em sites em celulares.[8]

➤ Ainda que o celular seja mais popular, taxas de conversão B2B e de engajamento são mais altas em desktops que nos celulares.

COMO COMEÇAR A ESCREVER UM ÓTIMO CONTEÚDO

Feita a pesquisa, a criação de conteúdo pode começar, e, para muitos jornalistas de marca, seu conteúdo tratará de (ao menos no início) elaborar um texto chamativo. Desde que os jornais foram inventados nos anos 1600, a palavra escrita tem sido um meio consistentemente poderoso que oferece mensagens simples e complexas a audiências em múltiplas plataformas.

Com o aumento da popularidade das mídias de vídeo e baseadas em imagens a cada ano, sobretudo entre audiências mais jovens, isso está mudando depressa, e você deveria elaborar conteúdos paralelos que atendam ao crescente incentivo de imagens e vídeos para atrair audiências on-line. Tratarei do desenvolvimento de mídias baseadas em imagens e áudio no próximo capítulo, mas primeiro voltemos a atenção para o texto. Ao menos no momento, palavras ainda têm impacto.

◢ Conheça seus "tipos" de texto

Nem todo texto é igual, e algumas variações de apresentação funcionam melhor que outras em etapas diferentes da jornada do comprador, e em diferentes plataformas. Abaixo, há um guia dos tipos de conteúdo baseado em texto que você pode usar. Todos os tipos listados a seguir apresentam algumas das abordagens mais conhecidas de desenvolvimento de histórias e/ou estruturas de histórias que qualquer repórter júnior pode aprender nas primeiras etapas da carreira. Qualquer um desses tipos de conteúdo pode facilmente compreender a pedra angular de sua consciência e conteúdo que gere interesse, mas alguns são mais complicados de organizar, caros de oferecer ou mais desafiadores de desenvolver do que outros.

ESCOLHENDO A ABORDAGEM CERTA

◢ Artigos de insight

Se você optar por "simplificar" com um artigo de insight de terceiros, assinado por um membro de uma equipe interna, uma equipe de agência terceirizada ou um redator *freelancer*, escolha uma estrutura de matéria que funcione bem para o tipo de informação que você está oferecendo. A maneira como seus artigos estão estruturados causa um impacto marcante na legibilidade de seu conteúdo e na habilidade de gerar confiança da audiência. Existem várias técnicas que você pode usar para garantir que suas histórias tenham repercussão ou impacto com seus leitores. É possível levantar ou fazer outras versões dos roteiros para acompanhar os vídeos a partir de qualquer um desses tipos de artigos de texto.

QUADRO 6.1 Visão geral do formato de texto

Nome	Detalhes	Impacto *versus* esforço	Benefícios
Artigos de insight	São artigos de tamanho padrão, geralmente com 600 a 800 palavras, com dois ou três subtítulos. Podem chegar a até 1000 palavras.	Simples, bom custo-benefício e poucos obstáculos para entrar. Foco na qualidade, e não somente no volume.	Construir consciência de marca no topo de funil e continuar nutrindo a audiência funil abaixo.
Listagens	Outra abordagem narrativa para um artigo de formato longo ou curto, essa é uma lista considerada de conteúdo agrupado ou insight.	A lista de foco único é uma ferramenta útil se você está buscando suscitar interesse com um resumo. A técnica da "listagem" – um artigo curto baseado em uma lista – é simples de executar.	Construir consciência de marca no topo de funil e continuar nutrindo a audiência funil abaixo.
Artigos *buzz*	São artigos curtos, precisos, de foco único, baseados em uma pesquisa, relatório, gráfico ou dados estatísticos que são então desenvolvidos com pesquisa documental secundária.	Artigos *buzz* preenchem a necessidade de informações curtas e precisas apresentadas em um misto de texto e imagem. Materiais *buzz* podem cobrir muitas coisas em um período curto de tempo.	Materiais *buzz* chamam a atenção da audiência e ajudam a construir consciência de marca.

Nome	Detalhes	Impacto *versus* esforço	Benefícios
Thought leadership (Para mais informações, veja o Capítulo 10 sobre *thought leadership*)	Narrativa ou ponto de vista em primeira pessoa baseados em experiências.	*Thought leadership* pode causar alto impacto, mas o desafio é persuadir líderes seniores a reservar tempo para desenvolver o conteúdo. *Thought leaders* podem não ter habilidade inata para escrita ou narrativa criativas, e talvez precisem de apoio externo.	O *storytelling* em primeira pessoa pode construir afinidade com sua audiência, e também tranquilizar e informar.
Perguntas e Respostas (*Questions and Answers*, Q&A)	Uma forma simples e que economiza tempo para criar conteúdo a partir de uma entrevista com uma ou duas pessoas. Muitas vezes, as respostas podem ser estendidas para criar relatórios ou documentos técnicos.	O esquema de Q&A é uma abordagem direta, o que pode economizar tempo. A qualidade dos insights vai depender da qualidade do entrevistado e da preparação dedicada à realização do evento.	Construir afinidade com sua audiência, tranquilizar e informar.
Relatório de mesa-redonda/ Q&A	Frequentemente em formato de Q&A, mas também pode ser desenvolvido em formato integral de relatório.	Um Q&A estendido que traz palestrantes extras às vezes é chamado de mesa-redonda, e contém a vantagem de selecionar pontos de vista ou opiniões sobre um tópico específico. A mesa-redonda pode permitir que sua marca se posicione como *thought leader* ou uma organização com uma visão sobre um assunto ao levantar os pontos de vistas de outros. Assim como itens de jornalismo de marca, o ideal seria você produzir um item de conteúdo de formato longo a partir disso que pudesse ser usado nas partes mais baixas do funil.	Construir consciência com sua audiência, tranquilizar e informar.

Nome	Detalhes	Impacto *versus* esforço	Benefícios
Artigos de formato longo	São artigos profundos e bem pesquisados, aumentando o valor para a audiência. O foco é entregar ou agregar informações a uma audiência-alvo.	Tempo e energia deveriam ser investidos para chegar a esse formato corretamente. Artigos mais longos trarão benefícios importantes em termos de tempo de permanência no site, resultados SEO e construção de reputação.	Continuar a construção de um relacionamento de confiança duradouro com suas audiências.
Conteúdo no meio e na base do funil			
Documentos técnicos, artigos motivados por pesquisas e *e-books*	Esses formatos oferecem insights baseados em pesquisas (originais ou secundárias), estruturados como uma narrativa mais longa. Documentos técnicos e *e-books* incluirão subseções ou capítulos para dividir narrativa e tema.	São necessários mais esforços e investimentos para produzir esses produtos de conteúdo no meio do funil. Campanhas pagas, de engajamento segmentado (e ABM) podem ser elaboradas em torno desses resultados. Insights e pesquisas aprofundadas são valiosas para grupos técnicos ou de nicho no B2B.	Avançar sua audiência no funil de vendas – com mais frequência, são conteúdos mais técnicos, voltados para o produto.

◢ A abordagem da pirâmide invertida

A abordagem mais simples de construção de histórias é seguir a pirâmide invertida – colocar todos os fatos em nível decrescente de importância para que todas as perguntas cruciais "por quê, quem, o quê, onde e quando" sejam respondidas primeiro.

Esta é a técnica que muitos jornalistas aprendem nas primeiras semanas de emprego, e é particularmente apropriada a uma narrativa simples. Seus pontos fortes são o imediatismo e a "escaneabilidade". Muitos leitores querem informações rápidas, e em pequenas quantidades ou "pedaços" reduzidos, portanto, você precisa garantir que elas sejam apresentadas nas histórias que cria. As informações vitais vêm primeiro, e insights ou fatos adicionais seguem conforme a história progride "pirâmide abaixo". Mapeie o desafio, problema ou questão nos primeiros parágrafos e adicione os detalhes conforme vai percorrendo a história. Quanto mais o leitor prossegue, menos "digno de ser noticiado" o conteúdo se torna.

Técnicas inteligentes para prender o interesse dos leitores podem incluir usar uma analogia no topo da história para chamar a atenção das pessoas, ou a inclusão de uma referência de interesse humano ou estudo de caso para tornar a história mais facilmente identificável.

◢ A abordagem do herói e do vilão

Outra abordagem narrativa que funciona particularmente bem para histórias B2B é a clássica estrutura do herói e do vilão – o bem contra o mal torna as histórias eminentemente mais legíveis.

Tipicamente, uma história de herói *versus* vilão apresenta o drama de personagens em que os leitores desejam investir tempo e emoções. Em geral, essas histórias envolvem um personagem "herói", que embarca em uma "jornada" metafórica e é desafiado por uma crise. O herói responde a essa crise, supera o desafio e, como resultado, se modifica. Esse tipo de estrutura de história gera empatia e um desejo de continuar lendo, para saber o que acontece em seguida. Muitas vezes, a história apresenta justaposições inesperadas ou desafios adicionais em camadas na jornada.[9]

Uma pesquisa do neuroeconomista Paul Zak indica que nossos cérebros produzem cortisol, o hormônio do estresse, durante momentos tensos em uma história, o que nos permite focar, enquanto aspectos relacionados a um fator "bonitinho" libera ocitocina, a substância química do bem-estar que promove conexão e empatia. Outras pesquisas neurológicas revelam que uma história com final feliz ativa o sistema límbico, o centro de recompensa do nosso cérebro, para liberar dopamina, o que causa maior sensação de esperança e otimismo. A pesquisa de Zak demonstra que histórias motivadas por personagens com conteúdo emocional geram melhor compreensão dos pontos-chave que uma pessoa (ou marca) quer atravessar, e que pessoas são inerentemente mais interessadas no propósito transcendente de um produto (como ele vai melhorar vidas) do que em seu propósito transacional (como ele vende bens e serviços).[10]

A lição, portanto, é usar exemplos da vida real onde você pode demonstrar como sua marca resolveu os desafios apresentados aos clientes, ou ao mundo, usando conhecimento ou *expertise*.

ESTUDO DE CASO

SALVANDO O RINOCERONTE INDIANO, UM DRONE POR VEZ, TCS[11]

O site #DigitalEmpowers, da Tata Consultancy Services, apresenta um bom exemplo da técnica de *storytelling* com o vilão e o mocinho. O artigo informa como os drones estão sendo usados por guardas no Kaziranga National Park, da Índia, em seu constante jogo de gato e rato para combater a caça predatória de rinocerontes ameaçados de extinção. Há apenas uma referência ao trabalho da Tata Consultancy Services no material inteiro, mas a mensagem da história é clara – hoje, a tecnologia está salvando a vida de animais e pesquisadores. Uma versão do artigo com texto editado e uma versão em vídeo com bancos de imagens é apresentada na página, e foi compartilhada em plataformas de redes sociais após a publicação.

A abordagem resolução/drama

É uma abordagem similar à do herói/vilão, porém mais relacionada a um protagonista (potencialmente apoiado por uma marca) diante de um desafio específico. Tipicamente, sua estrutura mostra o protagonista apresentando uma solução prática, e lida com uma questão com certo nível de adversidade até sua resolução.

ESTUDO DE CASO

A CENTRAL ELÉTRICA AO LADO: CENTRICA[12]

Esta história está na seção de *hub* de conteúdos (chamada Stories) do site principal da Centrica.com. Em vez de pular para um destaque direto dos fatos, o artigo é "humanizado" e avivado com referência a um dos proprietários de imóveis que fez parte do esquema:

> Suzanne Schutte é funcionária de supermercado – e pioneira em termos de energia elétrica. A mãe de dois filhos de Wadebridge, Cornualha, é a primeira chefe de família a ter painéis solares e tecnologia de bateria de primeira linha instaladas como parte de um investimento de 19 milhões de libras que visa ajudar a destravar o uso de energias renováveis na região do sudoeste da Inglaterra.

É uma maneira simples de dar vida à história antes de entrar nos detalhes corporativos.

ESTUDO DE CASO

O PAÍS AFRICANO PIONEIRO NA PESCA DIGITAL: TCS[13]

Esta história, também no site *#DigitalEmpowers*, aborda o desafio de mulheres que pescam para a própria subsistência no Senegal. O início da história enfatiza o desafio e apresenta a solução antes de seguir em frente com mais informações e contexto:

> Perto das estonteantes praias de areia branca e águas azuladas que banham a cidade senegalesa de Mbour, Anta Diouf e milhares de mulheres como ela trabalham no calor escaldante, destripando e secando peixes para vender no mercado. É um trabalho ingrato de longas horas, mas esse esforço todo está compensando. [...] A chave para o aumento da receita de Anta? Seu smartphone.

◢ A abordagem "E se?"

Como seu nome sugere, esta técnica é muito simples, mas eficaz. A história voltada para o futuro lançará um desafio e dará a resposta de uma marca. O ideal é adicionar um elemento humano para demonstrar a aplicação prática de seu trabalho ou insight. Isso ajuda a audiência a sentir empatia, e atrai o leitor.

ESTUDO DE CASO

**ESTAMOS PERTO DE VOAR EM TÁXIS AÉREOS?
HONEYWELL[14]**

No site do conglomerado internacional dos EUA Honeywell, você vai encontrar a história do futuro da Urban Air Mobility. Apresentada também como uma "história pessoal" do trajeto de um homem na hora do rush na Geórgia, nos Estados Unidos, ela traça um retrato do futuro e as etapas que precisarão ocorrer para nos levar até lá em termos de tecnologia, infraestrutura e regulamentação. É uma forma simples, eficaz e poderosa de pegar poucas informações, pesquisas ou insights e transformá-los em uma história.

Eu também incluiria "desmascarar uma teoria ou ponto de vista comum" nesse grupo em particular. Um exemplo desse tipo de história pode incluir "Por que os kits caseiros de DNA podem não ser tão privativos quanto você pensa"[15] (Fórum Econômico Mundial).

ESTUDO DE CASO

COMO OS ROBÔS VÃO MUDAR O MUNDO: MHI[16]

O material está publicado no site *Spectra*, da MHI, e toma como ponto de partida a atual inquietação sobre o futuro progresso dos robôs. Uma forte premissa para construir conteúdo para clientes de tecnologia, inovação e indústrias, o argumento da utopia/distopia é eficaz e permite às marcas falar sobre como sua própria tecnologia pode ser uma influência positiva para cenários futuros.

◢ A abordagem "Como?"

Usar um desafio comum como pontapé inicial para a elaboração de histórias é outra técnica direta de *storytelling* que é simples para quem está começando a escrever. Muitas vezes, você pode fazer uma única entrevista, ou várias entrevistas, para criar esse conteúdo, e elaborar uma única área temática. Se você escolhe um tópico duradouro com amplo interesse para o público, garantirá que esses artigos ofereçam vantagens constantes à medida que são repetidamente trazidos à tona de seu arquivo, ou compartilhados em um padrão regular constante em suas redes sociais.

◢ A listagem

Uma listagem é um texto ou vídeo que apresenta uma lista de dados, fatos ou conselhos agregados. Essas "listas expandidas" são uma ótima fonte de informações confiáveis e legítimas, além de maravilhosamente simples para leitores ou espectadores acompanharem ou navegarem. Sua apresentação é direta, porque há uma necessidade limitada para qualquer narrativa complexa. Qualquer sinalização também é muito simples.

ESTUDO DE CASO

NOVE COISAS QUE VÃO ARRUINAR SUA CARREIRA: WEF[17]

Postado no site *Agenda* do Fórum Econômico Mundial, este artigo foi escrito pelo autor e acadêmico Dr. Travis Bradberry. Respaldado por estatísticas relevantes e atualizadas para contextualizar a premissa, o material destaca as atividades que podem travar sua carreira em uma simples lista organizada. Esses tipos de listas atraem audiências (atualmente, o apetite por conteúdo on-line sobre carreira e liderança é grande) e são relativamente simples de elaborar.

ESTUDO DE CASO

ESTAS TRÊS FORÇAS ESTÃO MOLDANDO O FUTURO DA ENERGIA MUNDIAL: MHI[18]

Este artigo está publicado na revista *Spectra*, da Mitsubishi Heavy Industries. É técnico, mas o estilo de escrita é acessível, e lida com um interesse amplo e crescente pelos desafios da energia do futuro. A estrutura é uma lista simples, mas o conteúdo é perspicaz e escrito com inteligência.

Ainda que sejam relativamente fáceis de elaborar (muitas vezes de fontes variadas coletadas por um redator ou pesquisador), a atenção aos detalhes é a chave, portanto, garanta que a qualidade de sua pesquisa seja sólida. Pense em listagens que não foram produzidas em outros lugares, ou em uma reviravolta que você pode adotar em uma abordagem convencional.

> As melhores listagens são sensatas, inteligentes e novas, e as piores são repetições de conteúdos de baixa qualidade ou contêm material *clickbait* que já existe aos montes pela internet.

As listagens podem ser variadas, desde como levar uma vida mais eficiente e com mais saúde até como as companhias podem tirar vantagem da revolução digital.[19] Elas podem conter ideias originais (como destacado acima no artigo de Travis Bradberry para o site *Agenda*, do Fórum Econômico Mundial) ou podem ser uma curadoria, reunindo o pensamento, a escrita ou inovação de outras pessoas.

ESTUDO DE CASO

AS CINCO COISAS MAIS LEGAIS DA TERRA: GE[20]

Na *GE Reports*, a consolidada e bem-sucedida revista on-line da GE, a listagem é um formato semanal já consagrado. O formato "As 5 coisas mais legais do mundo esta semana" é uma oportunidade contínua e acessível para unir histórias selecionadas de toda a web sobre inovação, ciência e tecnologia. Essa abordagem de seleção poupa o tempo da audiência oferecendo histórias relevantes, de alta qualidade, somente de fontes confiáveis.

Uma pesquisa da Backlinko[21] sugere que blogs de listas, ao lado de posts "por quê?" e "o quê?", obtêm em média mais compartilhamentos em redes sociais do que outros formatos, assim como títulos mais longos também. Muitas corporações e organizações B2B já estão usando listagens em seus sites de blog. A companhia de seguros do Reino Unido Hiscox, por exemplo, publicou uma lista "Como começar um negócio de fotografia: 9 passos para o sucesso", e a ferramenta de colaboração Slack, por sua vez, postou no seu site *Slack HQ*[22] seu "Cinco estratégias para retenção de funcionários que toda companhia deve implementar".

O artigo *buzz*

Artigos *buzz* são materiais curtos, precisos (com frequência baseados em imagens), que você deve conhecer de sites de notícias como o *Axios*, *Politico* ou o *Buzzfeed*.

Frequentemente eles contêm informações limitadas, mas focadas – vez ou outra, somente fatos cruciais. O *Axios* (que oferece uma mistura de cobertura original e narrada de política, tecnologia, negócios e a mídia), desenvolveu uma abordagem que chama de "Smart Brevity". Os artigos que os leitores veem primeiro no site têm no máximo 300 palavras. E o *Axios* também oferece um resumo mais curto (ou primeira linha com uma imagem embaixo), com a possibilidade de "saber mais" com um único clique para acessar mais informações.

A abordagem do *Axios* foi desenvolvida em resposta à mudança dos hábitos da audiência,[23] ou seja, que as audiências são rápidas na *rejeição*, e tipicamente dois terços saem de um site antes de ler qualquer coisa. Também se descobriu que a audiência muitas vezes compartilhava sem ler (59% compartilhavam conteúdo sem lê-lo por inteiro). Esta pesquisa endossou dados já existentes que descobriram que os leitores liam cada vez menos jornais e passavam mais tempo em sites de redes sociais.[24]

ESTUDO DE CASO

FÓRUM ECONÔMICO MUNDIAL/GRÁFICO DO DIA: ESTAS SÃO AS ECONOMIAS MAIS INOVADORAS DO MUNDO[25]

Este é um exemplo de como você pode usar dados estatísticos ou uma seleção de gráficos relevantes para elaborar uma história. O artigo curto toma como ponto de partida um relatório do Global Innovation Index produzido por um grupo de organizações e universidades. O título instiga a resposta e incentiva o leitor a se aprofundar no material

– listas de países e classificações muitas vezes têm bom desempenho nos canais de redes sociais do Fórum Econômico Mundial.

Artigos *buzz* têm o tipo e a extensão de conteúdo excelentes para jornalismo de marca B2B. Se bem-elaboradas, essas matérias percorrem bem as redes sociais (usando como empurrãozinho o gráfico ou um título bem escrito), além de serem rápidas e fáceis para engajar a audiência. Eles podem dar aos leitores insights rápidos que – assim esperamos – os levarão a percorrer o site e ir além no funil/na jornada de vendas.

O Q&A

Um formato de perguntas e respostas pode oferecer resultados de conteúdo rápidos e significativos – sobretudo se as perguntas forem cuidadosamente planejadas e bem-elaboradas. Se o seu entrevistado ou especialista no assunto for informado e claro, o formato é perfeito para uma distribuição muito mais rápida que artigos padrão. O Q&A envolve entrevistar um convidado ao vivo (ou por telefone ou link de vídeo) e transcrever o conteúdo, ou entrevistá-lo por e-mail ou por outro meio.

Entretanto, vale a pena lembrar que o sucesso ou o fracasso de conteúdos Q&A serão baseados na *autoridade* de seu entrevistado, aliada à *relevância* do insight que ele possui. Você pode entrevistar alguém de fora da sua organização (um parceiro, fornecedor ou aliado), ou pode optar por entrevistar uma pessoa de dentro da organização (membro da diretoria, evangelista interno ou *thought leader*), mas é preciso contextualizar o entrevistado na introdução.

Conteúdo no estilo Q&A também precisa atender a um propósito – i.e., o entrevistado apresentou algo novo? Desenvolveu novos insights? Lançou um produto, criou uma equipe ou revelou uma nova abordagem? Atingiu, talvez, um marco pessoal, demonstrou um propósito, visão ou valores específicos no próprio trabalho?

Antes de organizar um Q&A, garanta clareza no título nocional do seu artigo ou material finalizado. Considere para quem é esse material, o propósito e o valor do conteúdo. Isso também ajudará a moldar sua narrativa de questionamentos.

Aqui estão outros princípios jornalísticos para orientar seus Q&As:

➤ **Faça a preparação:** certifique-se de saber informações sobre seu entrevistado. Garimpe informações básicas de fontes internas.

➤ **Ajude seu convidado a se preparar:** envie perguntas com antecedência, ou converse com seu entrevistado sobre a essência de sua matéria antes de vocês se encontrarem. Isso garantirá que ele se prepare adequadamente e traga estudos de caso, informações, dados estatísticos ou evidências relevantes ou interessantes.

➤ **Use perguntas abertas:** para suscitar mais informações e histórias, use perguntas *por quê?*, *o quê?* e *como?*. Se o foco de sua história é limitado, concentre-se em um tópico específico: "Conte-me sobre isso..." ou "Como você abordou aquilo...?".

➤ **Peça exemplos:** onde for possível, garanta que o convidado dê substância às próprias colocações com exemplos da vida real de onde ou quando ele aplicou um princípio, usou um produto ou uma abordagem.

➤ **Incremente onde for apropriado:** lembre-se de que sua jogada final é oferecer valor à sua audiência ou usuário final. Peça mais informações ou insights para somar ao que já está disponível em domínio público.

➤ **Ouça:** se seu entrevistado fornece alguma informação que você não conhece, ou se ela parece nova ou interessante, trabalhe a partir daí e se aprofunde.

◢ A mesa-redonda

Uma mesa-redonda é semelhante a um Q&A com várias pessoas. É uma oportunidade para obter uma gama de vozes diferentes e insights sobre um tópico de maneira relativamente eficiente em termos de tempo. No entanto, como é de se esperar, organizar esse tipo de reunião sempre será um desafio. Se você estiver tentando reunir especialistas no tema oriundos de diferentes organizações (potencialmente, seus parceiros, fornecedores ou rede), a situação fica ainda mais complexa.

Uma "mesa-redonda virtual" poderia resolver alguns desses problemas de logística, com os convidados participando por links de vídeo ou de áudio. Outro desafio das mesas-redondas é garantir que a discussão seja moderada e conduzida na direção que você precisa para transmitir informações novas, diferentes e coerentes para seu conteúdo de *storytelling*.

Sessões de mesa-redonda terão de ser coreografadas para garantir que tenham um arco narrativo. Moderadores precisam entender que eles devem elaborar e orientar a discussão, a fim de garantir que todas as áreas e tópicos sejam discutidos e resolvidos da melhor forma possível. Se sua mesa-redonda for ao vivo, você pode gravar o evento e editar a discussão em um vídeo estendido, trechos mais curtos ou frases de efeito em formato curto.

◢ Artigos de formato mais longo

A dificuldade para prender a atenção das pessoas no mundo agitado de hoje é real, mas ainda há apetite por conteúdo de formato mais longo – e você ainda deveria considerá-lo parte de seu mix de conteúdo. Um conteúdo mais longo de boa qualidade não somente se destaca no meio da multidão, mas também é compartilhado em grande quantidade.[26] O jornal do Reino Unido *The Guardian*[27] e sites como o *Ernest*[28] e o *Delayed Gratification*[29] são meios que oferecem à audiência histórias em formato longo.

Eis por que você não deve se esquecer de que materiais longos podem ser bons.

Os leitores gostam de formatos longos

Uma pesquisa de Tom Rosenstiel, da Brookings Institution,[30] demonstrou que muitas audiências digitais *preferem* conteúdos de formato longo e gostam de artigos mais extensos. Artigos de formato longo (incluindo listas, pensamentos reunidos de outros especialistas etc.) há muito tempo vêm se revelando mais bem-sucedidos para blogueiros em áreas de conteúdo congestionadas – contanto que sejam novos, diferentes e bem-pesquisados.

ESTUDO DE CASO

COMO COMPETIR EM UM MUNDO DE VANTAGENS TRANSITÓRIAS: ROLAND BERGER[31]

Este artigo do site da revista *Think:Act*, da firma de consultoria mundial Roland Berger, foca o trabalho de Rita Gunther McGrath, especialista em inovações globais; o material se baseia no insight contido no livro de McGrath sobre o tema da inovação. É uma obra substancial, que também inclui uma listagem de formato curto (o processo de três passos para seu próprio ponto de inflexão), imagens e gráficos.

Materiais mais longos estimulam mais tráfego

Dados do Pew Research Center indicam que, enquanto notícias mais curtas são mais preponderantes – e, portanto, obtêm mais volumes de tráfego –, artigos de formato mais longo são acessados por celular praticamente no mesmo ritmo. De maneira interessante, esses dados revelam que o Facebook atrai mais tráfego para artigos em geral, enquanto o Twitter tende a atrair pessoas que passam mais tempo com o conteúdo. Usuários provenientes do Facebook ficam em média 107 segundos com o conteúdo, em comparação com os 133 segundos para quem vem do Twitter. Também se descobriu que, entre o conteúdo de formato curto e longo, é o Facebook que gera mais referências – cerca de 8 a cada 10 primeiras visitas de sites de redes sociais vêm do Facebook, em comparação com 15% do Twitter.[32] Mesmo que essas estatísticas se refiram a notícias de jornal tradicionais publicadas, elas são uma base útil para nosso próprio jornalismo de marca e *storytelling* B2B.

Artigos mais longos podem aumentar o tempo de permanência

Uma análise de dados da Parse.ly feita por pesquisadores da Pew revelou que consumidores passam, em média, mais tempo com artigos de notícias de formato longo do que com artigos de formato curto [no exemplo, formato curto se refere a artigos com menos de mil palavras]. O tempo total de engajamento de leitores em artigos com mais de mil palavras é, em média, duas vezes maior que o tempo de engajamento com histórias de formato curto – uma média de 123 segundos comparada a 57.[33] A pesquisa também descobriu que as pessoas passam mais tempo com histórias mais longas, ou seja, elas estão mais dispostas a se aprofundar em mais informações se estiverem disponíveis. Elas passam pelas histórias mais curtas e seguem adiante.

ESTUDO DE CASO

CENTRICA.COM/STORIES[34]

Muitos dos artigos na seção Stories da Centrica.com possuem milhares de palavras. Eles são divididos em marcadores, citações e conteúdo de múltiplos formatos, como gráficos de rolagem e vídeos incorporados. Esses materiais mais longos incentivam maior tempo de permanência através do engajamento com o vídeo, bem como insights a partir dos artigos bastante pesquisados.

Artigos longos incentivam o sucesso do SEO

Artigos de formato longo não somente podem apoiar suas aspirações em relação a tempo de permanência como, também, vários estudos[35] revelam que também estimulam o tráfego e geram mais *leads* em média que conteúdos mais curtos. Talvez por esse motivo a análise de 2019 do Content Marketing Institute dos profissionais de marketing de conteúdo nos EUA revelou que 74% dos profissionais de marketing de conteúdo B2B afirmam que usaram ou elaboraram conteúdos de formato longo nos últimos 12 meses.[36] Embora conteúdo de formato longo não devesse ser criado por causa disso (esse conteúdo ainda precisa ser bom), os dados parecem respaldar o fato de que, às vezes, coisas mais longas podem ser melhores.

Artigos mais longos permitem que você demonstre conhecimento

Materiais de formato mais longo permitem que você se aprofunde em um tópico específico, a fim de agregar valor máximo ao seu público. Pela própria natureza do espaço disponibilizado para você, é possível incluir mais informações, contexto ou pesquisas, mais palavras-chave para alavancar o sucesso do SEO, e também mais citações, frases de efeito e informações de seu pessoal-chave. Conteúdo de formato mais longo pode demonstrar seu conhecimento ou *expertise* em uma área específica, e constituir a base para um *e-book* que pode ser usado mais abaixo no funil de marketing, conforme seu público for demonstrando interesse por uma área, produto ou tópico específico.

FAZENDO A ROLAGEM PARAR COM SEU CONTEÚDO

Qualquer que seja a técnica e o formato, o principal atributo que tornará suas histórias bem-sucedidas é sua identificação com o público. Parte disso vai depender de como você pesquisou suas histórias e quais tópicos escolheu – eles são relevantes para a audiência que você está atraindo? Parte do sucesso do seu conteúdo vai depender da maneira como você o criou e em qual formato. A forma como ele é escrito e a estrutura da narrativa em si também são cruciais, como já foi dito. Mas parte do sucesso do seu conteúdo vai depender de como ele é escrito – a linguagem, o tom e a estrutura do material que você produz.

Aqui estão algumas orientações sobre como tornar seu conteúdo escrito o mais acessível possível, e, portanto, engajador e relevante para o público:

> **Simplifique:** se você está escrevendo conteúdo corporativo, pode ser tentador ser preciosista e incluir jargões técnicos e linguagem

complexa. É quase certo que essa atitude vai afastar seus leitores. Os melhores repórteres escrevem frases curtas. Eles também usam a linguagem simples do dia a dia. Sua meta é transmitir a história de uma forma fácil para a compreensão dos leitores. Portanto, evite colocar obstáculos no caminho. Use o mínimo possível de adjetivos e evite uma prosa rebuscada.

➤ **Opinião, atribuição e precisão:** a menos que você esteja escrevendo um artigo em primeira pessoa, não há espaço para opiniões antagônicas no seu material. A fonte dos fatos, índices e citações deve estar clara para os leitores. Certifique-se de que as fontes citadas sejam confiáveis. Não use a Wikipédia como única fonte. Onde for possível, ofereça soluções a problemas e desafios, em vez de focar no negativo ou na falta de esperança.

➤ **Use frases ativas:** muitas pessoas têm dificuldades com o conceito de voz ativa e voz passiva. "O gato tomou o leite" é mais simples, acessível e breve do que "O leite foi tomado pelo gato". A primeira é ativa e direta, enquanto a segunda é passiva e cheia de meandros. Frases na voz ativa nos dizem quem fez o quê. Elas conferem clareza à história e, em geral, precisam de menos palavras para dizer a mesma coisa.

➤ **Ortografia e gramática:** a reputação de um redator, e de uma marca, se baseia na boa ortografia e gramática. Se você tiver dificuldade com isso, há ferramentas on-line para ajudar. Todos os computadores contêm um corretor ortográfico simples. Também há ferramentas on-line mais avançadas, como o Grammarly[37] ou o ProWritingAid,[38] que verificam gramática, legibilidade e outros erros de escrita.

➤ **Não sinta necessidade de parafrasear:** não tenha medo de fazer citações diretas. Se você fundamentou seu artigo em entrevistas com funcionários, especialistas ou outros porta-vozes, não sinta receio de incluir suas ideias por inteiro. Deixe que eles falem, e transcreva *ipsis litteris* o que disserem.

Aprimorando a legibilidade na tela

Com tanta competição por atenção, as marcas precisam priorizar a legibilidade de seus textos, sobretudo porque muitos de nós consumirmos conteúdo enquanto andamos.

Há algumas dicas simples que você pode usar para garantir que seu texto fique mais legível na tela (seja do desktop ou do celular) para sua audiência:

> **Atenda sua audiência:** as pessoas querem informações rápidas. Adicione um resumo ou marcadores no topo do artigo. Se elas quiserem mais, vão se aprofundar mais na história.

> **Acrescente subtítulos bem compreensíveis:** isso facilita a navegação e desmembra o texto.

> **Use frases curtas:** semelhante à orientação sobre o estilo de escrita para aprimorar a legibilidade, também faz sentido deixar curtos os parágrafos e as frases; escreva com firmeza e direto ao ponto.

> **Coloque manchetes claras:** escolha uma que estimule, não que confunda – isso também vai ajudar você com o SEO.

> **Desmembre o texto:** use citações, imagens e dados estatísticos para acrescentar variedade, bem como listas com marcadores se forem relevantes.

> **Varie o tamanho das frases para acrescentar ritmo:** mas lembre-se de deixar as frases firmes e incisivas.

> **Evite jargões:** não use palavras compridas, jargões, nem exagere nos acrônimos quando estiver se dirigindo a públicos leigos. Isso reforça as orientações sobre escrita acima, e garantirá que seus leitores possam percorrer seu material com rapidez.

> **Destaques em negrito:** frases ou citações podem ser destacadas em negrito para se sobressair.

◢ Criando conteúdo que tenha autenticidade e emoção

> Seja de forma escrita, verbal ou visual, nós nos comunicamos e influenciamos por meio da linguagem. É assim que contamos histórias, e as melhores delas – e o melhor marketing – repercutem em um nível muito pessoal e emocional. Escritores, palestrantes e cineastas compreendem isso naturalmente, porém, profissionais do marketing não pensam ou fazem o bastante a respeito (Heidi Taylor, Estrategista de Marketing B2B).[39]

Como aprendemos nos capítulos 4 e 5, uma das maneiras mais eficazes para garantir que seu conteúdo chame a atenção necessária é se certificar de que ele seja autêntico. Em um mundo no qual somos inundados de informações, isso pode ajudar a garantir que seu conteúdo se destaque. Seguem mais orientações sobre construir empatia com seu conteúdo B2B:

> ➤ **Evite o anonimato:** onde for possível, cite seus redatores e, idealmente, inclua as opiniões dos seniores; se você não consegue incentivar seu próprio pessoal a escrever, entreviste seus principais talentos e os cite como referência no material que você mesmo assinou.

> ➤ **Foque em resultados reais:** se conseguir encontrar exemplos e histórias humanas que exemplificarão seu trabalho de forma natural, experimente fazer isso. Para se inspirar, veja alguns dos exemplos no início deste capítulo.

> ➤ **Revele mais detalhes sobre a empresa:** conte aos leitores sobre pessoas reais da empresa, usando estudos de caso da vida real. Estudos de caso não precisam ser materiais técnicos da base do funil. Use-os como exemplos para seu produto ou serviço.

> ➤ **Incentive membros do time:** apoie quem estiver ansioso para começar a criar conteúdo com orientações editoriais para permitir que essas pessoas comecem a publicar e mostrem seu sucesso aos outros.

> **Revele histórias honestas e genuínas:** como destacamos no capítulo anterior, use esquemas de palestras para revelar histórias reais sobre desafios, resultados, perdas e ganhos que possam oferecer conteúdo identificável.

> **Abandone imagens de banco sem graça:** é sempre um desafio, mas tente encontrar maneiras menos genéricas para hospedar, exibir e oferecer seu conteúdo. Se tiver que usar imagens de bancos, dê um jeito de tratá-las ou manipulá-las, a fim de acrescentar traços ou personalidade da sua marca.

> **Referencie impacto e resultados:** detalhes importam – referencie tudo o que conseguir demonstrar em termos de resultados (por exemplo, histórias pessoais), não apenas fatos e números.

ESTENDENDO MAIS SEU TEXTO

Você pode reelaborar seu texto para plataformas variadas, garantindo a maximização de seu valor. Considere o seguinte:

> **SlideShare:** separe seu material em slides e elabore um design para eles. Compartilhe com a rede para aumentar o SEO.

> **LinkedIn:** se você for o autor, considere ressignificar seu artigo com um "prisma" mais pessoal. Faça leves ajustes na escrita para que o foco em seu ponto de vista seja mais forte. Essa abordagem subjetiva, ou estilo de escrita mais personalizado, pode não ser apropriada para seu *hub* de conteúdos, mas funcionará para compartilhamentos no seu perfil do LinkedIn.

> **Voz:** considere gravar seus artigos de formato mais longo e compartilhá-los como *podcast* ou uma série de *podcasts*.

Leia mais sobre como estender o conteúdo de seu texto no Capítulo 7, sobre formatos de conteúdo não textuais, e no Capítulo 9, sobre distribuição e amplificação.

Antes de passarmos para outros formatos que hoje estão disponíveis para *storytellings* B2B marcantes, deixarei a palavra final sobre formatos escritos com a líder de equipe de conteúdo global da Red Hat, Laura Hamlyn, que fala muito bem a respeito em uma entrevista concedida para este livro sobre equilibrar conteúdo textual com outros formatos:

> Palavras importam. Mas só se forem relevantes, originais e concisas. Dito isso, as pessoas estão sempre escaneando. No início, elas podem escanear para verificar se você aborda os assuntos pelos quais se interessam. Elas também precisam saber o que você quer que elas façam.
>
> Qual o próximo passo? Tudo isso requer energia e intelecto. Na melhor das hipóteses, as palavras são uma válvula de escape. Elas chamam nossa atenção e nos levam a outro lugar. Quer adoremos ler um post de blog sobre um patch de software ou assistir a um vídeo sobre o futuro da agricultura, palavras e textos podem nos levar aonde queremos ir.

NOTAS

[1] Miller, J. (2018) B2B buyers have spoken: here's what they want from your content marketing, *LinkedIn*, 18 de abril. Disponível em: https://business.linkedin.com/en-uk/marketing-solutions/blog/posts/B2B-Marketing/2018/B2B-buyers-have-s-poken-heres-what-they-want-from-your-content-marketing (arquivado em https://perma.cc/T2PP-NL2T).

[2] An, M. (2017) Content trends: preferences emerge along generational fault lines, *Hubspot*, 6 de novembro. Disponível em: https://blog.hubspot.com/news-trends/content-trends-preferences?_ga=2.79538132.1320947067.1560881037-1945944375.1538653434#-video (arquivado em https://perma.cc/7M8D-Y8RA).

[3] Demand Gen Report (2019) 2019 Content Preferences Survey Report, *Demand Gen Report*, Hasbrouck Heights, NJ. Disponível em: https://www.demandgenreport.com/resources/reports/2019-content-preferences-survey-report (arquivado em https://perma.cc/A3WH-XZEV).

[4] Content Marketing Institute (2019) B2B content marketing 2019: benchmarks, budgets, and trends – North America, *Content Marketing Institute*, 10 de outubro. Disponível em: https://contentmarketinginstitute.com/wp-content/uploads/2018/10/2019_B2B_Research_Final.pdf (arquivado em https://perma.cc/UD9N-C78K).

[5] Demand Gen Report (2019). 2019 Content Preferences Survey Report, *Demand Gen Report*, Hasbrouck Heights, NJ. Disponível em: https://www.demandgenreport.com/resources/reports/2019-content-preferences-survey-report (arquivado em https://perma.cc/A3WH-XZEV).

[6] Enge, E. (2019) Mobile *vs.* desktop traffic in 2019, *Stone Temple*, 11 de abril. Disponível em: https://www.stonetemple.com/mobile-vs-desktop-usage-study/ (arquivado em https://perma.cc/Y49U-BK8F).

[7] An, M. (2017) Content trends: preferences emerge along generational fault lines, *Hubspot*, 6 de novembro. Disponível em: https://blog.hubspot.com/news-trends/content-trends-preferences?_ga=2.79538132.1320947067.1560881037-1945944375.1538653434#video (arquivado em https://perma.cc/7M8D-Y8RA).

[8] Enge, E. (2019) Mobile *vs.* desktop traffic in 2019, *Stone Temple*, 11 de abril. Disponível em: https://www.stonetemple.com/mobile-vs-desktop-usage-study/ (arquivado em https://perma.cc/Y49U-BK8F).

[9] Para mais informações, veja o trabalho de Joseph Campbell: https://www.jcf.org/works/titles/the-hero-with-a-thousand-faces/ (arquivado em https://perma.cc/B7YX-ZNZ8).

[10] Zak, P. J. (2014) Why your brain loves good storytelling, *Harvard Business Review*, 28 de outubro. Disponível em: https://hbr.org/2014/10/why-your-brain-loves--good-storytelling (arquivado em https://perma.cc/N7R8-6R2N).

[11] Muggeridge, P. (2017) Saving the endangered one-horned rhino, one drone at a time, *Digital Empowers*, 8 de janeiro. Disponível em: https://digitalempowers.com/saving-endangered-one-horned-rhino-one-drone-time/ (arquivado em https://perma.cc/PTB2-XWBL).

[12] Centrica (nd) The power plant next door. Disponível em: https://www.centrica.com/platform/the-power-plant-next-door (arquivado em https://perma.cc/PY8P-QKJQ).

[13] McKenna, J. (2017) The African country pioneering digital fishing, *Digital Empowers*, 18 de dezembro. Disponível em: https://digitalempowers.com/african-country-pioneering-digital-fishing/ (arquivado em https://perma.cc/6XTC-N39Z).

[14] Honeywell (2019) How close are we to flying in air taxis? *Honeywell*, 8 de junho. Disponível em: https://www.honeywell.com/en-us/newsroom/news/2019/06/how--close-are-we-to-flying-in-air-taxis (arquivado em https://perma.cc/E2CJ-2BYN).

[15] Fox, C. (2019) Why home DNA tests might not be as private as you think, *World Economic Forum*, 9 de agosto. Disponível em: https://www.weforum.org/agenda/2019/08/home-dna-tests-privacy/ (arquivado em https://perma.cc/46QU-6Y75).

[16] Willige, A. (2017) How robots will change the world, *Spectra*, 28 de novembro. Disponível em: https://spectra.mhi.com/how-robots-will-change-the-world (arquivado em https://perma.cc/4X97-TFMN).

[17] Bradberry, T. (2019) Nine things that will kill your career, *World Economic Forum*, 8 de agosto. Disponível em: https://www.weforum.org/agenda/2019/08/9-career--killers/ (arquivado em https://perma.cc/AV6D-P7RF).

[18] McKenna, J. (2019) These three forces are shaping the future of global energy, *Spectra*, 8 de julho. Disponível em: https://spectra.mhi.com/these-three-forces-are-shaping-the-future-of-global-energy (arquivado em https://perma.cc/E26V-ZYAE).

[19] Leibert, F. (2017) 3 things every company can do to benefit from digital disruption, *World Economic Forum*, 14 de dezembro. Disponível em: https://www.weforum.org/agenda/2017/12/3-things-every-company-can-do-to-avoid-digital-disruption (arquivado em https://perma.cc/Y6HX-U79T).

[20] Worley, S. (2019) The 5 coolest things on earth this week, *GE Reports*, 5 de julho. Disponível em: https://www.ge.com/reports/the-5-coolest-things-on-earth-this--week-10/ (arquivado em https://perma.cc/6LKB-T63A).

[21] Dean, B. (2019) We analyzed 912 million blog posts. Here's what we learned about content marketing, *Backlinko*, 19 de fevereiro. Disponível em: https://backlinko.com/content-study (arquivado em https://perma.cc/C4TF-NWM6).

[22] Slack (nd). Disponível em: https://slackhq.com/ (arquivado em https://perma.cc/BV4W-YYUL).

[23] Seale, S. (2018) Axios reaches today's reader with "Smart Brevity" journalism, *INMA Conference Blog*, 5 de setembro. Disponível em: https://www.inma.org/blogs/conference/post.cfm/axios-reaches-today-s-reader-with-smart-brevity-journalism (arquivado em https://perma.cc/A2WA-A23G).

[24] Nielsen (2019) Time flies: U.S. adults now spend nearly half a day interacting with media, *Nielsen*, 31 de julho. Disponível em: https://www.nielsen.com/us/en/insights/article/2018/time-flies-us-adults-now-spend-nearly-half-a-day-interacting-with-media/ (arquivado em https://perma.cc/V4YY-7FN6).

[25] Hutt, R. (2019) Chart of the day: these are the world's most innovative economies, *World Economic Forum*, 30 de julho. Disponível em: https://www.weforum.org/agenda/2019/07/chart-of-the-day-these-are-the-world-s-most-innovative-economies/ (arquivado em https://perma.cc/F5UX-R593).

[26] Blackwell, J. (2018) Content marketing: beginners guide for maximum success, *Buzzsumo*, 7 de novembro. Disponível em: https://buzzsumo.com/blog/content--marketing-beginners-guide (arquivado em https://perma.cc/N7NA-KKW9).

[27] Tortoise Media (nd). Disponível em: https://www.tortoisemedia.com/ (arquivado em https://perma.cc/59L5-DBJQ).

[28] Ernest (nd). Disponível em: http://www.ernestjournal.co.uk/ (arquivado em https://perma.cc/J9DC-7G3H).

[29] The Slow Journalism Company (nd). Disponível em: https://www.slow-journalism.com/ (arquivado em https://perma.cc/XH4N-PF3T).

[30] Rosenstiel, T. (2016) Solving journalism's hidden problem: terrible analytics, *Brookings Center for Effective Public Management*, fevereiro. Disponível em: https://www.brookings.edu/wp-content/uploads/2016/07/Solving-journalisms-hidden-problem.pdf (arquivado em https://perma.cc/F3XB-5NMN).

[31] Voyles, B. (2019) How to compete in a world of transient advantages, *Roland Berger*, 25 de junho. Disponível em: https://www.rolandberger.com/en/Point-of-View/How-to-compete-in-a-world-of-transient-advantages.html (arquivado em https://perma.cc/CW23-WB5Z).

[32] Eva Matsa, K., Mitchell, A. e Stocking, G. (2016) Long-form reading shows signs of life in our mobile news world, *Pew Research Center, Journalism & Media*, 5 de maio. Disponível em: https://www.journalism.org/2016/05/05/long-form-reading-shows-signs-of-life-in-our-mobile-news-world/ (arquivado em https://perma.cc/E8Y4-JCK4).

[33] *Ibid.*

[34] Centrica Platform (nd). Disponível em: https://www.centrica.com/platform (arquivado em https://perma.cc/7VML-GU7B).

[35] Zalani, C. (2018) Amazing results with long-form content: *5 simple tips*, *Semrush*, 19 de outubro. Disponível em: https://www.semrush.com/blog/amazing-results-long-form-content-5-simple-tips/ (arquivado em https://perma.cc/ K3EX-M42U).

[36] Content Marketing Institute (2019) B2B content marketing 2019: benchmarks, budgets, and trends – North America, *Content Marketing Institute*, 10 de outubro. Disponível em: https://contentmarketinginstitute.com/wp-content/uploads/2018/10/2019_B2B_Research_Final.pdf (arquivado em https://perma.cc/UD9N-C78K).

[37] Grammarly (nd). Disponível em: https://www.grammarly.com/ (arquivado em https://perma.cc/2C2U-3BZ6).

[38] Pro Writing Aid (nd). Disponível em: https://prowritingaid.com/ (arquivado em https://perma.cc/J3WA-R9DG).

[39] Taylor, H. (2017) *B2B Marketing Strategy: Differentiate, develop and deliver lasting customer engagement*, Kogan Page Publishers, p. 32.

Palavras importam. Mas só se forem relevantes, originais e concisas. Dito isso, **as pessoas estão sempre escaneando**. No início, elas podem escanear para verificar se você aborda os assuntos pelos quais se interessam. **Elas também precisam saber o que você quer que elas façam.**

CAPÍTULO 7

Escolhendo o seu **formato**: desenvolvendo **conteúdo visual**, em **vídeo** e **áudio**

Seres humanos têm uma capacidade impressionante para se lembrar de imagens; na verdade, em um estudo crucial, as pessoas foram capazes de recordar mais de 2 mil imagens com pelo menos 90% de precisão[1] em testes de reconhecimento executados ao longo de vários dias. Essa memória para imagens supera consistentemente nossa capacidade de recordar palavras.[2] No relatório de 2019 da Internet Trends de Mary Meeker, Kevin Systrom, o cofundador do Instagram, cita: "As pessoas sempre foram visuais – nossos cérebros são projetados para imagens. A escrita foi uma tática, um desvio. Linguagens pictóricas foram a maneira como todos nós começamos a nos comunicar – estamos quase fechando o círculo".[3]

Quer você acredite ou não no que Kevin Systrom diz, as estatísticas demonstram que, no mundo atual do marketing B2B, a maior parte do *messaging* mais bem-sucedido se baseia em (ou se aproveita de) *storytelling* visual e gráfico. A proliferação dos celulares permitiu que qualquer pessoa se tornasse *storyteller* visual, com câmeras de alta qualidade, filtros e características especiais capazes de transformar a imagem mais básica em algo muito mais impressionante. Ainda que nem todos os formatos sejam adequados para todas as marcas, imagens visuais são cada vez mais usadas pela maioria dos desenvolvedores de conteúdo, de uma forma ou de outra.

De acordo com uma pesquisa da Brookings Institution sobre o apelo atrativo de diferentes estruturas de novas matérias (sem ou com imagens), há evidências marcantes da influência de conteúdo on-line não textual. Matérias apresentadas com uma foto receberam uma pontuação 20% mais alta em termos de engajamento do que matérias sem fotos, enquanto matérias com áudio ou vídeo corresponderam a 36% mais engajamento total.[4]

Volumes de criação e compartilhamento de imagens dispararam nos últimos anos. O advento de ferramentas como os *stories* do Facebook, LinkedIn Live, WhatsApp e *stories* do Instagram como formatos para desenvolvimento de conteúdo (e não somente como ferramentas de amplificação) estão começando a ser usados com regularidade por marcas B2B. Agora, profissionais do marketing não somente têm mais plataformas com que segmentar com precisão suas audiências específicas: hoje, mais do que nunca, podem lançar mão de novos formatos e abordagens mais acessíveis, mais em conta e mais rápidos de testar e desenvolver.

Neste capítulo, falarei sobre marcas que usam e fazem experiências com *storytelling* baseado em vídeo, áudio e imagem em conjunto com (ou no lugar de) textos.

FIGURA 7.1   Formatos para uso em jornalismo de marca B2B: vídeo, áudio e imagem

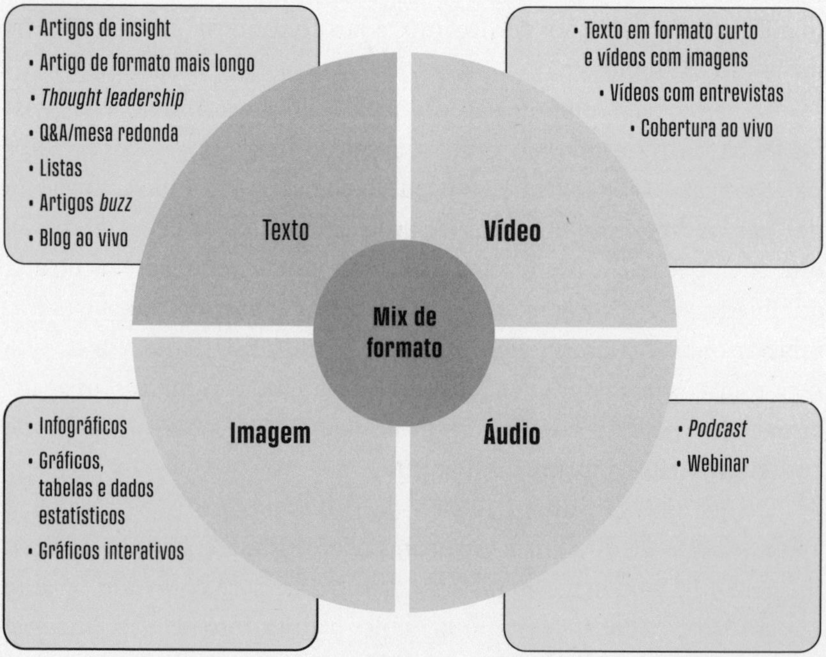

Sua decisão sobre onde começar em termos de formato naturalmente serão baseadas no que você deseja obter com seu jornalismo de marca, bem como os recursos à sua disposição e seu próprio conhecimento e *expertise*, juntamente com a tolerância à experimentação de sua organização.

JORNALISMO DE MARCA POR MEIO DE VÍDEOS

Nos últimos anos, conteúdo de vídeo cresceu exponencialmente em popularidade entre a audiência B2B e B2C, e, de acordo com pesquisas, conseguirão chamar mais atenção do que conteúdo de textos padrão.[5] Portanto, se você tiver os recursos certos ou orçamento suficiente para criá-los, esses conteúdos devem fazer parte do seu mix de marketing de conteúdo, seja conteúdo promocional/de amplificação em redes sociais, uma parte substancial de seu *hub* base de conteúdo ou *storytelling* de conteúdo *cornerstone* (ou conteúdo de sustentação).

Tudo é questão de equilíbrio. Quando você está decidindo sua estratégia, avaliando os hábitos da sua audiência e a reação dela ao conteúdo, o vídeo deve ser apenas um dos formatos a considerar. Você será guiado por recursos e orçamentos em relação a como o conteúdo vai ficar, mas o ideal é que ele faça parte do seu mix de marketing de conteúdo.

Uma pesquisa de um grupo de profissionais de marketing B2B no Reino Unido feita pelo LinkedIn[6] revela que:

➤ **62%** desses profissionais usam vídeo para gerar consciência de marca;

➤ **86%** consideram os vídeos valiosos para explicações sobre produtos e serviços;

➤ **78%** concordam que o engajamento por vídeo os ajuda a identificar *leads* de alta qualidade;

➤ **57%** afirmam que, em geral, vídeos atraem grandes volumes de *leads*.

Audiências de *millenials* tendem a demonstrar preferência por vídeos, e, já que esses *millenials* mudam para posições de compra em organizações ou cargos de influência no ciclo de compras B2B, mudar para conteúdo de vídeo é aconselhável.

Entretanto, ao criar seu conteúdo de vídeo, você precisa considerar as mesmas máximas de quando lida com seu jornalismo de marca em formato de texto – é preciso desenvolver sua narrativa tendo a audiência em mente, criar ideias que ela valorize e pelas quais se interesse, e avaliar como você contará essas histórias com um arco narrativo que incentivará a audiência a compartilhá-las e a se engajar.

◢ Engajando a audiência por meio de vídeos

Muitas vezes, vídeos podem ser uma forma mais potente de engajar e atrair públicos valendo-se de uma mistura poderosa de imagens, cores, som e texto. Antes de delegar e criar seus vídeos orgânicos, considere os resultados que está procurando e se concentre em:

➤ Chamar atenção: queremos contar histórias em que nossas audiências estejam interessadas, para que elas se engajem de alguma forma e, a partir daí, comecem a notar nossa marca.

➤ Engajar sua audiência: como você pode despertar interesse com as histórias que está contando? Certifique-se de atender às necessidades e preocupações da audiência e demonstre logo no início, em qualquer material de conteúdo, por que as pessoas devem notá-lo.

➤ Oferecer informações: assim como em relação ao conteúdo textual, você vai precisar oferecer histórias em vídeo que proporcionem informações ou insights, que ajudarão a audiência na vida e/ou no trabalho. Não perca de vista os requisitos principais do seu jornalismo de marca, mesmo quando estiver usando vídeo, gráfico ou imagens como abordagem preferida.

◢ Quais são as vantagens das mensagens por vídeo?

➤ Vídeos podem facilmente exibir e demonstrar um produto, seu pessoal e local sem a necessidade de textos padrão em uma página.

➤ Imagens em movimento contêm grande quantidade de informações em um período curto de tempo com a interseção de imagens, sons, música e texto sobrepostos.

➤ O jornalismo em vídeo é uma forma de adicionar paixão, emoção e autenticidade.

➤ Coberturas ao vivo trazem imediatismo e autenticidade a seu *messaging*.

➤ Vídeos possibilitam que você crie personagens e envolvimento por meio de pessoas reais.

➤ Novos formatos simples surgem o tempo todo, incentivados pela funcionalidade dos smartphones.

➤ Vídeos oferecem a oportunidade de injetar caráter e emoção em seu conteúdo B2B, com abordagens divertidas e envolventes com filtros, sobreposições, fundo musical e edições inovadoras.

Você deve considerar o vídeo uma ferramenta a ser usada em todo o seu funil de vendas – isso pode ser eficaz para desenvolver interesse (topo de funil), amplificar (nas redes sociais) e se aprofundar (meio do funil) em formatos e entrevistas mais longos, ou em forma de Q&A, ou para oferecer informações mais técnicas (próximo à conversão) e confirmar após a compra.

◢ Que tipo de vídeo de jornalismo de marca?

Certos formatos de vídeo são próprios do jornalismo de marca – o tipo de conteúdo que agrega valor e é motivado por insights de que você precisa no topo de funil e para incentivar a audiência a ir para a etapa de consideração. Você pode reelaborar ou construir as mesmas narrativas e histórias que listou como parte da atividade de *story mining* destacada no Capítulo 5. O vídeo é simplesmente outra abordagem para contar essas histórias.

Aqui está uma visão geral mais aprofundada dessas abordagens com vídeo.

Escolhendo o seu formato: desenvolvendo conteúdo visual, em vídeo e áudio

VÍDEOS CURTOS (*SHORTS*) PARA AS REDES SOCIAIS

Sem dúvida você está ciente da popularidade dos vídeos de formato curto nas redes sociais para *messaging* corporativo, transmissão de notícias e engajamento B2C. Eles têm muitos nomes diferentes, mas frequentemente são imagens de banco editadas com gráficos grandes, nítidos e um fundo musical. Em geral, eles são breves e objetivos.

Vou chamá-los de "vídeos sociais em formato curto", já que são usados sobretudo em plataformas de redes sociais como o LinkedIn, Facebook, Twitter e Instagram, mas podem ser incorporados em posts de blog ou usados em artigos da internet para enriquecer uma história textual. A Mitsubishi Heavy Industries usa essa técnica em seu site *Spectra*, com uma história curta em texto sobre veículos elétricos[7] e um vídeo de formato curto incorporado na página.

QUADRO 7.1	Diferentes formatos de vídeo e suas vantagens	
Formato	**Vantagem e narrativa**	**Canal**
Vídeo social de formato curto	Cada vez mais populares nas redes sociais, onde podem ser visualizados em sua totalidade ou conter um link para versões de formato mais longo ou conteúdos de blog. Aborde um problema atual, um desafio para um público-chave, ou dê explicações sobre um problema corrente social ou mundial.	Redes sociais como Facebook, LinkedIn, Instagram e YouTube.
Entrevista por vídeo	Cria intimidade e autenticidade por meio de histórias de pessoas reais. Esse tipo de produção é relativamente simples, com necessidade limitada de roteiros, filmagens e pós-produção.	Site ou *hub* de conteúdo.
Cobertura ao vivo em vídeo	O engajamento em transmissões ao vivo no LinkedIn é alto, e não ignore o vídeo ao vivo como uma ferramenta poderosa no Facebook para audiências de negócios.	Redes sociais e sites.

Formato	Vantagem e narrativa	Canal
Animação	Animações curtas, de 10 a 30 segundos, podem se destacar como conteúdo para insights ou serem usadas para promover e criar vínculo com materiais jornalísticos de formato mais longo, blogs, entrevistas ou vídeos.	Redes sociais.
	Quando imagens são um desafio, animações de formato mais longo podem ser um formato útil para transmitir informações.	
	Se o tema é complexo, gráficos podem ser um jeito simples de contar sua história.	

Não existe certo ou errado quando o assunto é duração, embora hoje muitos dos vídeos de maior sucesso sejam "*snackable*" (de fácil consumo) – curtos, precisos e diretos, e, idealmente, com cerca de um minuto ou menos de duração. A duração de sua escolha dependerá da profundidade e da complexidade de sua mensagem e dos objetivos de seu resultado ou campanha de vídeo; sempre é bom testar e aprender conforme você vai adquirindo mais experiência com ativação e criação de vídeo. Com o advento de ferramentas movidas a inteligência artificial e bibliotecas de filmes, há menos barreiras do que nunca quando o assunto é criar esses vídeos simples para usar em seus canais de marketing ou para distribuição e promoção.

FIGURA 7.2 Criando vídeos de formato curto

Passo 1: Crie um roteiro

O ideal seria você conseguir extrair a fonte narrativa para seu vídeo de um blog, artigo ou documento técnico já existente. Isso dará o fluxo narrativo a partir do qual trabalhar. Simplifique a linguagem e elabore uma frase simples que reflita cada etapa da sua história. Essa frase aparecerá no vídeo como um gráfico, como parte do processo de edição.

Passo 2: Fotos e vídeos

Use uma biblioteca de imagens se não tiver acesso a vídeos ou fotos em sua organização. Tente escolher imagens que contenham pessoas ou ação. Se você tiver uma imagem muito marcante, use-a no início do vídeo para chamar a atenção das pessoas. Você precisará trocar de imagens a cada 3 ou 5 segundos para manter o ritmo do vídeo em andamento.

Passo 3: Frases de efeito/entrevistas

Não se sinta obrigado a incluir entrevistas ou frases de efeito, mas, se tiver algumas, elas podem deixar seu vídeo mais impactante. Como a maioria dos espectadores assistirá sem o som ativado, certifique-se de acrescentar legendas claras e fáceis de ler.

Passo 4: Música

Há múltiplas fontes de bibliotecas musicais que têm bom custo-benefício e são fáceis de acessar on-line. Combine o tipo de música com o tom de sua história – para uma história ousada e impactante sobre viagens espaciais, procure uma trilha ousada; opte por um tom mais leve para histórias mais diretas. Se você tiver acesso a edição profissional, o ideal, quando possível, é editar conforme o ritmo da música.

Passo 5: Gráficos

Seus gráficos precisam ser criados com uma fonte clara e ampla, que seja fácil de ler. Garanta que eles se sobressaiam em suas imagens ou vídeos de fundo. Se necessário, coloque texto escuro sobre um fundo claro (ou vice-versa) para torná-los legíveis.

Passo 6: Edição

A edição final vai misturar esses aspectos variados para criar seu vídeo social de formato curto. Você pode criar versões mais curtas para usar no Instagram e no Twitter (agora X), ou versões estendidas para colocar no seu site ou *hub* de conteúdo. Adicione um *call-to-action* no fim de cada vídeo.

ESTUDO DE CASO DE VÍDEOS SOCIAIS

FÓRUM ECONÔMICO MUNDIAL

O Fórum Econômico Mundial teve enorme sucesso em usar vídeos curtos nos seus canais digitais para construir audiências de milhões. Os vídeos são minuciosamente elaborados, e as imagens causam impacto real. Muitas vezes, eles começam com uma pergunta, um desafio ou um fato inusitado. Visite a página de vídeos no Facebook do Fórum Econômico Mundial[8] para ver muitos exemplos desse formato.

Se possível, encontre um dispositivo de produção ou abordagem original para alavancar seu conteúdo de vídeo e faça-o se destacar entre os muitos vídeos que vemos hoje. Pense em alguns dos formatos de texto para artigos de formato curto que abarquei no Capítulo 6, e pense também no poder que os vídeos podem conferir a resultados novos e diferentes:

Listagem de vídeos	Uma lista numerada ou completa é uma forma simples de abranger um tópico e acrescentar exemplos não relacionados.
Thought leadership	Fortaleça seus *thought leaders* internos e influenciadores com entrevistas *in-house* em vídeos de formato curto e estendido.
Vídeo explicativo	Encontre um especialista em sua empresa para falar sobre um tema ou problema desafiador e destaque uma potencial solução no vídeo.
Q&A	Um simples Q&A pode ser um formato eficaz de vídeo, fácil de produzir e que proporciona insights instantâneos.

ESTUDO DE CASO SOBRE VÍDEO NO INSTAGRAM

GOLDMAN SACHS

A Goldman Sachs, empresa global de investimentos e bancos, está inovando com vídeos em seu feed do Instagram. Um formato se chama "3 Coisas", aprofundando tópicos como aceleração híbrida, sensores de saúde e tendências alimentícias do consumidor na hora do lanche. Usuários deslizam para a esquerda e visualizam três vídeos sociais curtos que são reproduzidos ao passar o dedo e oferecem mais informações sobre o assunto por meio de gráficos. A Goldman também usa a funcionalidade de deslizar para a esquerda dentro de um formato que contém um gráfico estático com uma citação-chave de um porta-voz; deslizar para a esquerda mostra essa pessoa em um vídeo curto.

VÍDEOS DE ENTREVISTAS

Vídeos de entrevistas são simples de produzir e podem conferir valor instantâneo ao espectador. São uma forma simples de desenvolver conteúdo de *thought leadership* que cause impacto instantâneo, pois as filmagens permitem que a audiência se identifique imediatamente com o ser humano por trás da mensagem. Certifique-se de usar legendas em todas as entrevistas por vídeo, já que a maioria dos vídeos on-line e em plataformas sociais são visualizados com o som desligado.

Muitas vezes, eles são usados para insights mais longos e reflexivos, e podem assumir vários formatos (muitos dos quais você reconhecerá por assistir aos noticiários noturnos), por exemplo:

➤ Entrevista com frase de efeito única: curta, precisa, direta. Editada com legendas e, em geral, usada nas redes sociais para oferecer um insight único e incentivar a audiência a descobrir mais.

➤ Uma pessoa entrevista ou conversa com outra ("um mais um"): formato mais longo em que uma única pessoa entrevista outra. Rastreie essas entrevistas nas redes sociais e coloque-as no seu site ou no YouTube.

➤ Se você tem acesso a várias câmeras ou confiança no formato e no apresentador, considere entrevistas múltiplas ("um mais dois") com base em eventos ao vivo.

❯ Seleção de frase de efeito: pegue uma seleção de clipes com entrevistas e edite-os juntos em uma narrativa ou montagem para destacar um tema ou experiência particular.

O ideal é filmar o vídeo com uma pessoa em um enquadramento em "meio *close-up*" mostrando sua cabeça e ombros, ou a parte de cima do corpo. Você pode dar um zoom maior quando estiver terminando o vídeo. Vídeos com rostos em *close-up* engajarão seu público mais que uma filmagem mais ampla, em que só é possível ver de longe o entrevistado ou a imagem.

DICA DA REDAÇÃO

ENQUADRE CERTO

Para suas entrevistas de jornalismo de marca, filme seu entrevistado falando "*off camera*" (isto é, olhando ligeiramente para a esquerda ou para a direita da lente), em vez de direto para a câmera. Considere o uso de gráficos de "títulos de capítulos" para dividir respostas ou seções de conteúdo oferecidas pelo entrevistador. Se a mensagem a ser transmitida é marcante, contendo um senso único de urgência, considere ajustar o campo de visão de quem está falando para "a mira" (isto é, diretamente para a lente), para intimidade e impacto.

Estendendo seus vídeos com entrevistas

Se você está usando uma agência externa ou equipe de filmagem profissional para criar seu vídeo, isso pode ser um compromisso de grande porte, tanto em termos de tempo como de dinheiro. Elabore com antecedência um plano para extrair o maior valor possível de seu conteúdo, considerando formatos extras e alternativos que você pode criar com base em suas filmagens originais cruas (*rushes*).

Vídeos com entrevistas são versáteis em termos de pegar o material original e usá-lo de maneiras variadas:

> Preparar com cuidado suas perguntas, para que consiga extrair o áudio do vídeo com a entrevista e editá-lo em formato de *podcast*.

> Fazer uma transcrição do vídeo para *upload* a fim de incentivar o SEO e proporcionar maior acesso a seu material.

> Usar o insight dos vídeos com entrevista para elaborar materiais paralelos, ou reunindo assuntos ou avaliando um único tópico.

> Edite frases de efeito marcantes para *teasers* de formato ainda menor para compartilhamento em redes sociais.

COBERTURA DE VÍDEO AO VIVO

Se sua empresa ou organização consegue tolerar o estresse das transmissões ao vivo – e quaisquer potenciais riscos associados a esse meio –, as coberturas ao vivo são uma ferramenta e uma abordagem de jornalismo de marca realmente poderosas. Assim como notícias mostram reportagens ao vivo de eventos e histórias locais, por que você, como marca, não faria coberturas ao vivo em seus próprios canais? O advento de ferramentas como o LinkedIn Live e o Facebook Live tornaram a transmissão de marcas mais simples do que nunca.

Vantagens do jornalismo de marca ao vivo

> Construir relacionamento com públicos diversificados.

> Demonstrar o valor de seus produtos e insights.

> Aumentar a consciência da sua marca usando seu próprio pessoal como influenciadores, jornalistas e comentaristas.

> Construir imediatismo em sua mensagem de marca – demonstrar seu conhecimento.

Hoje em dia, há um sem-número de opções para o profissional do marketing B2B oferecer cobertura ao vivo pelo mix de plataformas.

A combinação de smartphones com um kit técnico bastante rudimentar, como um microfone externo e um tripé, permite que todas as marcas façam transmissões ao vivo. Se o orçamento e os recursos permitirem, você pode elaborar uma solução com várias câmeras e locações.

◢ Quando entrar ao vivo

Coberturas ao vivo em tempo real de seus eventos corporativos (pequenos ou grandes) são um meio altamente eficaz de chamar atenção para sua marca e alavancar a energia de um evento ou experiência específicos. A situação ideal é oferecer insights e informações de um evento com vários convidados, uma audiência engajada e um leque de potenciais entrevistados – pode ser um evento interno, como de um fornecedor ou um vendedor, ou um evento patrocinado em que você, a marca, tenha reunido vários *stakeholders* ou parceiros para discutir uma questão específica, desafio ou tendência empresarial.

Tente ter alguma atividade na área, ou algo de valor a dizer, já que o cerne de sua cobertura ao vivo – como a que você assiste no noticiário noturno – é uma atividade ou um insight. Existem dezenas de eventos mundiais no seu setor em larga escala que você pode considerar como pano de fundo para sua cobertura ao vivo. Você terá de avaliar qual o melhor evento que pode dar a oportunidade para elaborar sua própria produção de notícias ao vivo e como será elaborada essa produção. Não se deixe intimidar pela tarefa – a tecnologia atual dos smartphones permite que até o menor protagonista B2B "entre ao vivo", ainda que com uma aspiração mais restrita que a de uma multinacional.

ESTUDO DE CASO

A GARTNER NO LINKEDIN LIVE

A empresa de consultoria Gartner lançou sua série *Smarter with Gartner* no LinkedIn Live como outra plataforma para engajar audiências com seus insights e *thought leadership*. O episódio mais recente

> – uma entrevista de meia hora com um vice-presidente sênior da empresa de pesquisas – obteve mais de 80 mil visualizações e mais de 800 comentários.

◢ Onde transmitir coberturas ao vivo

Há vários métodos de transmitir com facilidade vídeos, informações e entrevistas de seus próprios eventos internos, ou eventos externos que você esteja visitando, exibindo ou dos quais participe:

> **Site:** dependendo do propósito de sua cobertura de vídeo ao vivo, você pode fazer transmissão ao vivo para seu próprio site usando um serviço como o YouTube com um software incorporado, ou uma alternativa como a tecnologia Livestream da Vimeo. De qualquer forma, a configuração é relativamente direta para seu time de tecnologia ou agência de vídeos terceirizada.

> **Redes sociais:** mais plataformas estão acrescentando funcionalidades ao vivo ou próximas disso. Cada vez mais, vemos marcas B2B ao vivo no:

- **Facebook:** use a funcionalidade Facebook Live para interagir com a audiência. A empresa de segurança de redes Juniper Networks usa a funcionalidade para sessões de Q&A com seus especialistas. Dê, também, uma olhada na página do Facebook do Fórum Econômico Mundial para sessões regulares ao vivo do Encontro Anual em Davos e o Clube do Livro do Fórum.

- **LinkedIn:** inscreva-se diretamente para recursos de transmissão ao vivo pelo LinkedIn Live e use a plataforma para transmitir ao vivo conteúdos como entrevistas e eventos corporativos.

- **Instagram:** os *stories* do Instagram permitem que você publique e rastreie suas atividades, e podem ser úteis para coberturas de eventos; ao contrário de outros posts do Instagram, eles permitem a inclusão de um link. O recurso ao vivo do Instagram também está disponível.

ESTUDO DE CASO

A CISCO NO LINKEDIN LIVE

A Cisco está usando o recurso do LinkedIn Live para transmitir entrevistas ao vivo com seu pessoal para sua audiência de 2,5 milhões de pessoas, a fim de discutir a cultura da companhia. Tópicos incluem equilíbrio entre vida pessoal e trabalho e entrevistas com estagiários.

USANDO IMAGENS PARA *STORYTELLINGS* COMPLEXOS

Imagens, gráficos e infográficos têm bom desempenho, como já comentei, quando aliados a conteúdos escritos, mas também são um formato óbvio do qual lançar mão diante da crescente popularidade das redes sociais focadas em imagens e recursos visuais. Idealmente, formatos com imagens e compartilhamento social devem ser desenvolvidos em paralelo com o material original, que ou seria incorporado ou usado como parte de suas campanhas de redes sociais no LinkedIn, Twitter, Facebook, Instagram e outros sites sociais.

Infográficos

Há um imenso leque de infográficos que você pode usar para contar histórias complexas em seu mix de jornalismo de marca. Eles são uma alternativa ao texto, e podem ajudar a alavancar ou suplementar um artigo puramente textual.

Infográficos podem ser um investimento substancial de tempo e dinheiro, mas também podem se revelar um excelente formato para "esmiuçar" como imagens adicionais de redes sociais em seu design maior. Infográficos podem ser úteis como uma ferramenta para otimização de mecanismos de busca em termos gerais, como recursos visuais, mas também podem ser usados no funil para se engajar com audiências muito específicas sobre tópicos precisos de interesse mais restrito. Seja qual for o resultado que você estiver buscando, aqui estão alguns princípios-chave para considerar antes de elaborar um infográfico:

Permanência: escolha um assunto que terá vida longa e que você possa continuar a usar durante um certo tempo. Não faz muito sentido investir em um infográfico grande e amplo se ele terá só uma janela pequena de uso.

Estrutura: crie um rascunho de roteiro ou *storyboard* para seu infográfico o mais cedo possível no processo. Pode ser algo que você encarregue sua agência ou departamento gráfico de fazer, mas garanta (independentemente de quem faça isso) uma visão clara da "jornada" pelo gráfico antes que ele seja elaborado ou finalizado.

Pesquisa: verifique o que outras pessoas projetaram e construíram para decidir o que você deseja criar antes de encarregar ou lançar orientações. Muitas vezes, infográficos serão produzidos por uma agência ou uma equipe de design gráfico terceirizada. O maior desafio das agências é visualizar o que um cliente está imaginando – o infográfico de uma pessoa pode ser muito diferente do de outra.

Investimento: invista tempo e dinheiro em pesquisas adequadas para sustentar a informação do seu infográfico. Certifique-se de se aprofundar o suficiente nos dados que você pretende usar. Dados rasos não produzirão bons resultados.

EM TERMOS DE FORMATAÇÃO, LEMBRE-SE:

➤ Rolagem de cima a baixo funciona para infográficos, portanto, certifique-se de elaborá-los para serem lidos de cima para baixo, já que a audiência os visualiza no desktop e no celular.

➤ Arco narrativo: garanta que haja um arco narrativo em seu infográfico – que você esteja expondo sua história (talvez um desafio, com soluções e um resultado) com a mesma clareza que utilizaria em um material escrito ou em vídeo.

- ▶ **Cores da marca:** onde possível, trabalhe com a paleta de cores da sua marca para garantir consistência visual e nocional em todos os seus canais.

- ▶ **Legibilidade:** há um excesso de infográficos difíceis de ler e digerir. Garanta legibilidade máxima de cores, escolha da fonte e tamanho do material.

◢ Gráficos, tabelas e dados estatísticos

Você e seu time podem criar gráficos simples para suplementar ou contar suas histórias. Tabelas e dados estatísticos podem constituir a base de seus artigos *buzz* curtos, conforme destaquei no capítulo anterior. Algumas tabelas – ou um aprofundamento em um relato mais longo usando gráficos como meio principal para se contar uma história – podem ser uma opção para uma forma alternativa de transmitir sua mensagem. Tabelas também têm ótimo desempenho nas redes sociais como meios compartilháveis para aumentar a consciência de suas histórias.

Certifique-se de que todas as tabelas tenham boas referências e provenham de uma fonte confiável, se não for de sua própria pesquisa. Garanta que elas sejam claras e fáceis de ler, e transmitam uma mensagem visual clara em pouco tempo. Da mesma forma, garanta que elas tenham um título específico destacando o que está contido na imagem.

ESTUDO DE CASO

5G EM OPERAÇÕES INDUSTRIAIS: CAPGEMINI[9]

Esse artigo baseado em tabelas mapeia com clareza a história do 5G e seu impacto nas operações industriais. Ele foi construído como uma extensa lista de fatos independentes com tabelas e gráficos, mas também funciona como uma narrativa completa, refletindo o conteúdo de um relatório detalhado no qual os usuários podem clicar.

ESTUDO DE CASO

FÓRUM ECONÔMICO MUNDIAL[10]

Essas 12 tabelas mostram como a população mundial explodiu nos últimos 200 anos. Frequentemente, o Fórum Econômico Mundial agrega tabelas e imagens de organizações parceiras ou fontes legítimas para reunir materiais de jornalismo de marca em seu site *Agenda*. Este é um exemplo de um grupo de uma dezena de tabelas e animações variadas que, juntas, contam uma história composta do crescimento populacional.

◢ Gráficos animados e interativos

Inserir animações em seus artigos mais longos, ou complementar seus artigos e materiais textuais, pode aumentar o tempo de permanência e ajudar no compartilhamento e no engajamento. Considere extrair um tema do material mais longo ou encapsular a história integral em suas animações.

ESTUDO DE CASO

A IA ESTÁ PERSONALIZANDO A ENERGIA PARA OS CLIENTES. VEJA COMO: CENTRICA, STORIES[11]

O gráfico de rolagem neste artigo de longo formato conta a história do número de dispositivos IoT conectados mundo afora. Ele fica animado à medida que o usuário vai rolando e apresenta fatos simples de uma forma mais atraente em termos visuais.

ESTUDO DE CASO

LIMIAR, NÉVOA OU NUVEM? COMO A INTERNET DAS COISAS ESTÁ MUDANDO A FORMA (E O LOCAL) COMO OS DADOS SÃO TRATADOS: THE ONE BRIEF, AON[12]

Este artigo da Aon analisa a fundo como lidar com a ampla quantidade de dados gerados pela Internet das Coisas. Para ilustrar com maior clareza onde diferentes conjuntos de dados são analisados e processados, os editores criaram um gráfico interativo simples, mas eficaz, que oferece cenários de jornadas em que você pode clicar para ler mais.

ÁUDIO: A ASCENSÃO DO *PODCAST*

Conteúdo em áudio está ficando mais popular à medida que as audiências buscam novos formatos para consumir materiais extensos. Os *podcasts* cresceram muito, particularmente nos EUA e no Reino Unido, em que a audiência busca esse recurso para ampliar a experiência com o rádio.[13,14]

Mais de um terço dos entrevistados pela Edison Research afirmaram ter ouvido um *podcast* no último mês – índice que vem aumentando a cada ano desde 2013 –, e o ouvinte médio consome sete *podcasts* por semana. De acordo com algumas pesquisas, mais de 60% dos compradores B2B descrevem *podcasts* como um formato de conteúdo que valorizam nas etapas iniciais do processo de compra.[15]

Os números estão crescendo, e quem gosta de *podcasts* tende a se viciar cada vez mais neles; mas, na realidade, muitas marcas não têm o mesmo compromisso com esse meio de divulgação que um "divulgador regular" teria. Em primeiro lugar, *podcasts* levam uma quantidade surpreendente de tempo para serem desenvolvidos e criados – desde elaborar a estratégia, encontrar locais para a gravação, escolher e agendar com um convidado disponível, até planejar as perguntas, gravar, editar e, então, publicar.

Laura Hamlyn, líder da equipe de conteúdo global da companhia de softwares Red Hat, me explicou como a empresa extrai ideias e se mantém focada na audiência com seu *podcast, Command Line Heroes*.[16] Uma das metas da série é construir consciência de marca e afinidade utilizando-se de vozes da Red Hat e fora dela.

> Para nosso *podcast*, começamos a fazer uma turnê para escutar diferentes eventos técnicos pelo mundo. Conduzimos centenas de entrevistas com nossa audiência-alvo, perguntando às pessoas sobre suas carreiras, como elas começaram (suas histórias de origem), onde estão trabalhando no momento e o que as inspira. Também compartilhamos ideias para *podcasts* com uma ampla variedade de funcionários da Red Hat de toda a empresa, pois muitos deles representam nossa audiência-alvo. Nossa equipe também monitora influenciadores para saber o que eles acham importante, e tentamos sair um pouco da narrativa principal para verificar se existe um ponto de conexão tangencial que possamos Flashman estabelecer.

◢ Criando um *podcast* de sucesso

Você pode angariar um grupo leal e sólido de seguidores por meio de *podcasts* (conteúdos de voz contêm um quê de intimidade e autenticidade), mas para a maioria dos profissionais de marketing B2B e corporativos o desafio é manter a consistência e o fluxo desse formato. Como podem confirmar todas as pessoas que já criaram um programa de rádio, conteúdo de áudio de alta qualidade leva tempo, esforço e energia para ser feito – e, se você está atrelando sua marca a esse resultado, é importante fazer as coisas direito. Seguem algumas considerações antes de começar:

➤ **Comprometa-se com uma série:** se você pretende se arriscar nos *podcasts*, comprometa-se com uma série curta em vez de lançar um *podcast* semanal e depois não conseguir mantê-lo. É possível promover uma série em curto prazo, e, se você ficar sem material (ou não atingir os alvos ou KPIs), sempre pode direcionar recursos de outros lugares.

> **A audiência em primeiro lugar:** o que seu público precisa ou quer saber, e como você pode ajudá-lo? Assim como quando estamos procurando desenvolver histórias para nosso jornalismo de marca em termos gerais, é preciso considerar o assunto abordado (e seus motivos) a cada semana ou episódio, e garantir que esteja oferecendo valor.

> **Deixe claros seus resultados:** qual é seu objetivo com o *podcast*, e como o conteúdo será transmitido? Se você sabe com clareza a quem o *podcast* se destina e sobre o que vai falar, o sucesso será mais garantido. A transmissão da Trader Joe's, por exemplo, é para equipes internas e de comunicação, e o nome, assim como o conteúdo, reflete isso. Ele recebe ótimas avaliações de membros da equipe interna em *apps* do *podcast* onde está disponível.

> **Arrume um apresentador:** se você conseguir um membro interno que seja desinibido e carismático o suficiente para apresentar seu *podcast*, excelente – se vasculhar os departamentos de marketing e comunicação, é até possível que encontre duas pessoas assim. No entanto, se não conseguir um "talento" interno, use um *freelancer*, ou, melhor ainda, um influenciador ou blogueiro para conseguir credibilidade instantânea. O departamento de marketing da Red Hat – que observou mais de meio milhão de downloads de seu *podcast* após a segunda temporada[17] – usa a embaixadora e especialista Saron Yitbarek para contar a história da empresa no *podcast*.

> **Concentre-se na qualidade:** assim como em relação a qualquer conteúdo que você produz e vincula à sua marca, é preciso produzir resultados de qualidade. Certifique-se de que você, seu apresentador ou produtor (ou uma agência, se tiver terceirizado o trabalho) fizeram a tarefa de casa e prepararam perguntas para garantir uma apresentação da história adequada ao público, com o tom de voz certo e as mensagens corretas.

> **Encontre suas vozes:** avalie quem você vai entrevistar no seu *podcast* e sobre o que essa pessoa vai falar. Garanta que o tema se estenda por vários episódios e sua audiência continue interessada

nele. Idealmente, uma marca buscaria boa parte dos entrevistados (o anfitrião ou os convidados) no próprio ramo de atuação, mas a autenticidade e os méritos do jornalismo de marca também aumentam caso se entrevistem outras pessoas que tenham afinidade com os valores de sua marca, ou então ofereçam insights valorizados pelo público.

ESTUDO DE CASO - *PODCAST*

DELL LUMINARIES

O *podcast* Dell Luminaries se destaca. Os títulos da programação incluem episódios com foco na indústria, como "O 5G está a caminho... de transformar a conectividade", além de conteúdos amplos, ao estilo de notícias, como "Promovendo a diversidade no setor tecnológico... com design". Esse *podcast* é um ótimo estudo de caso para imitar. Por quê?

- Ele é consistente e regular, e inclui convidados da Dell, de seus parceiros e rede de analistas.

- Conta com anfitriões esclarecidos e profissionais (Mark Schaefer e Douglas Karr), que agregam valor à programação e às discussões em geral.

- Uma ampla gama de formatos e resultados está incluída – há uma transcrição, além de introdução detalhada e informações básicas completas.

- É fácil de acessar e digerir – as descrições incluem, por exemplo, itens demarcados sobre o que você vai aprender, incentivando-o a se engajar.

- O texto de acompanhamento é fácil de ler, com variedade, citações, foco na qualidade etc.

- Há uma biografia para cada convidado, informando quem eles são e por que você deveria ouvi-los.

◢ Aprenda com estes outros exemplos de *podcast*:

➤ **Home Depot: Give me an H:**[18] visão geral do trabalho de sustentabilidade e credenciais da Home Depot, sua cultura baseada em valores e o que ela está fazendo para garantir uma cadeia de suprimentos robusta. Também funciona como parte de seu time interno de marketing e comunicação, e tem milhares de engajamentos.

➤ **Inside Trader Joe's:**[19] cultura e bastidores. O *podcast* da Trader Joe's adentra os bastidores e entrevista pessoas que trabalham ali. É bem-humorado e leve, e consulta os departamentos para revelar aspectos dos valores e da cultura da empresa. Internamente focado, ele oferece valor à equipe interna e a potenciais funcionários.

➤ **Leadpages.net: The Lead Generation:**[20] a série apresenta conversas com empreendedores que são honestos ao falar de seu trabalho e desafios. É consistente, e o formato e o design da página de abertura são claros. Cada página de *podcast* inclui:

- Cinco itens marcados sobre os principais pontos a serem tratados no *podcast*;

- Uma transcrição da conversa (facilitando o trabalho para o SEO);

- Links e listas de todos os recursos mencionados no *podcast*;

- Sugestões de tópicos de discussão para os ouvintes do *podcast*;

- *Calls-to-action* na sequência.

NOTAS

[1] Standing, L., Conezio, J. e Haber, R. N. (1970) Perception and memory for pictures: single-trial learning of 2500 visual stimuli, *Psychonomic Scien*ce, 19 (2), p. 73-74 .

[2] Shepard, R. N. (1967) Recognition memory for words, sentences, and pictures, *Journal of Verbal Learning and Verbal Behavior*, 6 (1), p. 156-63.

[3] Bondcap (2019) Internet Trends 2019, *Bondcap*. Disponível em: https://www.bondcap.com/report/itr19/ (arquivado em https://perma.cc/C96Z-YR5E).

[4] Rosenstiel, T. (2016) Solving journalism's hidden problem: terrible analytics, *Brookings Center for Effective Public Management*, fevereiro. Disponível em: https://www.brookings.edu/wp-content/uploads/2016/07/Solving-journalisms-hidden--problem.pdf (arquivado em https://perma.cc/D94E-NDRT).

[5] An, M. (2018) Content trends: preferences emerge along generational fault lines, *Hubspot*, 14 de dezembro. Disponível em: https://blog.hubspot.com/news-trends/content-trends-preferences?_ga=2.79538132.1320947067.1560881037-1945944375.1538653434#video (arquivado em https://perma.cc/T5PV-JBPF).

[6] Bunting, J. (2018) Welcome to the era of B2B video, *LinkedIn Business*, 16 de abril. Disponível em: https://business.linkedin.com/en-uk/marketing-solutions/blog/posts/B2B-video/2018/welcome-to-the-era-of-b2b-video (arquivado em https://perma.cc/24CD-Z43T).

[7] Mitsubishi Heavy Industries (2019) Electric cars are powering buildings from parking lots, *Spectra*, 12 de junho. Disponível em: https://spectra.mhi.com/electric-cars-are-powering-buildings-from-parking-lots (arquivado em https://perma.cc/4FTN-AHAS).

[8] Vídeos do Facebook do Fórum Econômico Mundial (sd). Disponível em: https://www.facebook.com/WEFvideo/ (arquivado em https://perma.cc/ADC4-GMXE).

[9] Capgemini (2019) 5G in industrial operations: how telcos and industrial companies stand to benefit. Disponível em: https://www.capgemini.com/wp-content/uploads/2019/06/5G_Infographic.pdf (arquivado em https://perma.cc/R9MK-Y7VV).

[10] Bostock, B. (2019) These 12 charts show how the world's population has exploded in the last 200 years. World Economic Forum, 15 de julho. Disponível em: https://www.weforum.org/agenda/2019/07/populations-around-world-changed-over-the--years/ (arquivado em https://perma.cc/UJW2-W4FW).

[11] Centrica (nd) AI is personalizing energy for customers. Disponível em: https://www.centrica.com/platform/ai-personalising-energy (arquivado em://perma.cc/A2TF-FLKL).

[12] The One Brief (nd) Edge, fog or cloud? How the Internet Of Things is shaking up how – and where – data are handled. Disponível em: https://theonebrief.com/edge-fog-or-cloud-how-the-internet-of-things-is-shaking-up-how-and-where-data-is-handled/ (arquivado em https://perma.cc/G2S4-USPV).

[13] Ofcom (2018) Podcast listening booms in the UK, *Ofcom*, 28 de setembro. Disponível em: https://www.ofcom.org.uk/about-ofcom/latest/media/media-releases/2018/uk-podcast-listening-booms (arquivado em https://perma.cc/MSC8-ALCR).

[14] Edison Research (2017) The Infinite Dial 2017, *Edison*, 9 de março. Disponível em: https://www.edisonresearch.com/infinite-dial-2017/ (arquivado em https://perma.cc/WQD8-W38G).

[15] Miller, J. (2018) B2B buyers have spoken: here's what they want from your content marketing, *LinkedIn*, 18 de abril. Disponível em: https://business.linkedin.com/en-uk/marketing-solutions/blog/posts/B2B-Marketing/2018/B2B-buyers-have-spoken-heres-what-they-want-from-your-content-marketing (arquivado em https://perma.cc/4G6B-PW9X).

[16] Red Hat (nd) Red Hat Command Line Heroes. Disponível em: https://www.redhat.com/en/command-line-heroes (arquivado em https://perma.cc/3GXE-D83M).

[17] McHugh, A. (2019) What making a podcast taught us about branded content, *Red Hat*, 6 de março. Disponível em: https://www.redhat.com/en/blog/what-making-podcast-taught-us-about-branded-content (arquivado em https://perma.cc/62FR-F7YX).

[18] The Home Depot (nd) Give me an H. Disponível em: https://podcasts.apple.com/us/podcast/give-me-an-h/id1321640155 (arquivado em https://perma.cc/4SZR-6PWR).

[19] Trader Joe's (nd) Inside trader Joe's. Disponível em: https://podcasts.apple.com/gb/podcast/inside-trader-joes/id1375630453 (arquivado em https://perma.cc/3CK8-ZQSR).

[20] Leadpages (nd) Podcast: The Lead Generation. Disponível em: https://www.leadpages.net/blog/category/podcast-the-lead-generation/ (arquivado em https://perma.cc/5R3X-UJLW).

CAPÍTULO 7

Escolhendo o seu formato: desenvolvendo conteúdo visual, em vídeo e áudio

CAPÍTULO 8

Hubs de conteúdo: encontrando um **lugar** para as suas **histórias**

Encontrar o lugar certo para hospedar conteúdo jornalístico de boa qualidade pode ser desafiador. Se sua organização está começando a desenvolver *thought leadership* regular ou conteúdos com base em histórias, será necessário dedicar um espaço potencialmente mais amplo que uma simples página de blog em um site corporativo. Suas histórias corporativas exigem uma taxonomia ou um sistema estruturado que seja fácil para os usuários navegarem. Isso ajudará a atrair mais público para o seu site, aumentando o tempo de permanência ou o tempo passado no site e, portanto, construindo sua consciência de marca e consequentes resultados. Cada membro da audiência que se engajou com seu conteúdo e voltou a clicar no seu site é uma oportunidade para conversas e possíveis conversões.

Um espaço, *hub* ou microsite exclusivo é uma forma de garantir a mensuração do engajamento e tráfego das histórias; você também pode ter uma audiência interessada em uma área, ramo de atuação ou tópico específico, ou que vai se afiliar à sua marca ou mensagem. Um *hub* de conteúdo exclusivo permitirá uma ampliação por meio de distribuição de newsletters e postagens nas redes sociais, atraindo a audiência até um *hub* de conteúdos em vez de, simplesmente, uma única história sediada em um site não proprietário em que se perde a potencial jornada até uma venda.

Muitas marcas experientes em espaços para conteúdos possuem uma aba específica na barra de navegações para histórias de marca. Depois que as empresas passaram pelo desenvolvimento de conteúdo e pela curva de maturidade da *thought leadership*, agora estão mais propensas a rotular essas páginas com mais criatividade. Assim, vemos a *Eniday*

(Eni), *Insights* (da Agilitylogistics.com), a *enterprise.nxt* (HPE),[1] a *Knowledge Centre* (da UPS),[2] a *Walmart Today*[3] ou a *Perspectives* (da Dell Technologies & IBM UK Think).[4] Outras marcas possuem *hubs* de conteúdo para audiências-alvo específicas, divisões ou áreas de conteúdo específicas – veja a Txchnologist (da GE).

LEVANDO O BLOG PARA O PRÓXIMO NÍVEL

Em vez de apenas publicar um "blog" no seu site, sua organização pode optar por dedicar mais recursos, foco e orçamento a um site-base com mais cara de publicação – seu design pode se parecer mais com uma revista digital, ou pode ter uma abordagem de publicação que garanta o desenvolvimento de um "site dentro de um site" básico.

De uma forma ou de outra, o *hub* pode ser uma sede para seu conteúdo temático, que pode ser rotulado ou marcado para se alinhar com os principais valores de sua marca e se engajar com suas audiências-alvo. Depois que você tiver elaborado um fluxo regular de materiais e ampliado sua audiência, terá construído uma base para desenvolver engajamentos pagos e de marca. Entrevistado para este livro, o estrategista líder de conteúdos Robert Rose enfatiza a necessidade de comprometimento corporativo com o conteúdo, não importa o formato:

> O que não consigo entender é as marcas deixarem de fora a construção de uma plataforma, de uma publicação, de um centro de gravidade ao redor do conteúdo. O que elas fazem é tão somente construir um recurso atrás do outro, que no site acabam ficando com um formato desagregado. Assim, o conteúdo número 1 não funciona melhor que o conteúdo número 473. Construir a biblioteca, a revista, o centro de recursos ou de gravidade onde o conteúdo será descoberto é, de fato, a parte mais importante. As pessoas não se inscrevem apenas para ler conteúdo individual; elas se inscrevem para insights e mensagens regulares. Essa é a chave para angariar audiência, e é o que a maioria das marcas não faz. Em vez disso, elas consideram o conteúdo um recurso que incentiva uma transação, o que, para elas,

pode ser um registro ou uma inscrição em uma base de dados de marketing – e, a isso, elas chamam de audiência.

Isso não é uma audiência, é só alguém que fez uma transação em troca de um conteúdo. Um assinante é alguém que deseja receber o próximo material do conteúdo. Essa mudança de perspectiva é o aspecto mais importante sobre como angariar público hoje em dia, ao contrário de um mero conjunto transacional de cadastros de marketing na sua base de dados.

O NOME DE MARCA INDEPENDENTE

Ao adequar a aparência de uma revista ou publicação on-line a um nome independente da marca, não somente você mapeia com clareza seus temas para uma experiência do usuário mais agradável como, também, o incentiva a entrar no site e estimula mais engajamento com seus artigos, sem ser afetado por outros conteúdos que possam ser uma distração em sites corporativos.

Sites como o *i-CIO* (Fujitsu) ou a revista *CMO* (Adobe) são bons exemplos de *hubs* de conteúdo com foco puro e valor claro para o público. Os sites não são abarrotados de *branding* altamente visível, mas proporcionam valor nos insights e informações que oferecem, embora respaldados por exemplos de marca e um leve toque ou promoção proprietária. Em geral, o conteúdo e as histórias nesses sites – e em outros como o *GE Reports*,[5] já bem consagrado – são informativos, de alta qualidade e de interesse e valor independentes.

A maioria desses sites possui uma primeira página ousada e impactante, com imagens marcantes em um design responsivo para *mobile*. Em geral, a revista tem como marca um nome distinto, e é separada do site principal da empresa; o ideal é você procurar um *branding* discreto (frequentemente no rodapé da página ou no topo, à direita, como um logo simples). Se você optar por um formato on-line de revista, lembre-se de que a primeira página é uma oportunidade para misturar imagens chamativas e títulos excelentes que não somente sintetizem sua história, mas também engajem seu usuário ou leitor.

| FIGURA 8.1 | Abordagens para estruturar o *hub* de histórias |

HUBS DE CONTEÚDO

MARCA INDEPENDENTE	MARCA NO SITE	ALTERNATIVAS
Estes polos são elaborados para se parecerem com revistas on-line - visuais, com imagens, estilo tabular, títulos chamativos, conteúdo guiado por valores. Estes sites são construídos em uma URL independente e têm pouco branding. Em geral, é preciso considerável esforço, tempo e energia para construí-los e mantê-los. EXEMPLOS Eni: *Eniday* Aon: *The One Brief* TCS: *Digital Empowers* MHI: Spectra	Espaço agregado para seu conteúdo que fica dentro da principal URL corporativa ou aparece nela, usando uma URL personalizada. Muitas vezes, haverá uma marca separada com um nome relevante. Atualizações regulares de conteúdos geram tráfego para o site principal e atraem o público para dentro do funil de vendas. EXEMPLOS Centrica: *Stories* Dell: *Perspectives* UPS: *Knowledge Centre*	Outras abordagens incluem hospedar seu conteúdo em uma simples página de blog, semeando conteúdo por variadas páginas em seu site corporativo ou usando sua página de entrada ou inicial como janela de conteúdo. EXEMPLOS McKinsey.com BCG.com

Muitas vezes, as equipes desses *hubs* de conteúdos são como as de revistas – haverá uma equipe dedicada de conteúdo orientada por um editor com uma noção clara de missão e propósito, e um orçamento independente com que comprar ou delegar conteúdo. Alguns dos melhores exemplos de sites assim estão na estrada há muitos anos e construíram públicos consideráveis durante esse tempo, muitas vezes atraídos por conhecimento especializado e tom de voz consistente e qualidade de conteúdo. O site independente *Eniday*[6] (descrito como um projeto da fornecedora de energia Eni.com, com um leve *branding* da Eni) conta as histórias das "novas fronteiras no setor e das pessoas que trabalham todos os dias para transformar os recursos naturais da Terra em energia". Seu foco é promover histórias positivas sobre energia.

A revista *The One Brief*,[7] da Aon, se descreve como um espaço que leva à audiência "perspectivas provocativas de especialistas do mundo todo". A publicação oferece conteúdo de nível profissional e especializado, com foco em um público de líderes empresariais. A gerente sênior de conteúdo e marketing global Venetta Linas Paris afirma que a companhia projetou *The One Brief* como uma "campeã de jornalismo de marca", que auxilia a empresa a articular com mais clareza sua narrativa sob vários pontos de vista para oferecer um amplo conjunto de insights das audiências sobre tópicos variados e importantes.[8] Em vez de uma visão geral da marca Aon, Paris quis que a audiência tivesse uma compreensão clara da amplitude de temas que a equipe cobre.

ESTUDO DE CASO

GE REPORTS

Como se comunicar com audiências amplas e do mundo todo se você é uma empresa com mais de 120 anos de história e mais de 280 mil funcionários no mundo todo? Esse é o desafio da GE, conhecida por sua inovadora abordagem de conteúdo. Há muito tempo considerado o "garoto-propaganda" do *storytelling* corporativo, o *hub* GE Reports está no cerne do marketing de conteúdo da GE, atraindo centenas de milhares de leitores por mês com seus artigos estilo *Wired* com foco em ciência, tecnologia e inovação. Tomas Kellner, editor-chefe da GE, diz que sua vontade era garantir que a revista contasse coisas novas às pessoas. Ele falou sobre concentrar "100% no *storytelling*", criando histórias com "protagonistas de verdade" e "resultados de verdade".[9] Kellner também assevera que todo o material publicado no *GE Reports* deve contar ao leitor algo novo, que ele ainda não conheça. Kellner é autor de várias matérias do *GE Reports*, e viaja pelo mundo para buscá-las e relatá-las, mas a rede de sites regionalizados também conta com o apoio de agências de mercado e parceiras para oferecer conteúdo mais direcionado e regionalizado. Kellner escreve:

> Trata-se de um *hub* de notícias que milhares de leitores consultam todos os dias, em busca de notícias e opiniões sobre os últimos lançamentos e desenvolvimentos em tecnologia, incluindo o futuro da medicina, geração de energia e aviação. Também é um local em que investidores ficam sabendo como a GE ganha dinheiro.[10]

◢ Revista no próprio site ou independente?

As marcas citadas acima se comprometeram em construir uma marca externa com manchetes claras. É um comprometimento de recursos de longo prazo. Muitas outras marcas optaram por hospedar seu *hub* de conteúdo no site principal – ou como uma marca independente (por exemplo, o site *Agenda*, do Fórum Econômico Mundial) ou, simplesmente, apresentado como Insights ou Perspectivas.

Talvez esses sites não tenham a vantagem de ser uma marca independente, mas mesmo assim podem ser convenientes para abrigar seu jornalismo de marca.

◢ Defina uma missão e visão claras

A maioria dos *hubs* destacados neste capítulo têm bons recursos e existem há algum tempo. Eles ampliaram e engajaram audiências, e provaram seu valor para times de comunicação e marketing.

Como em todo o seu jornalismo de marca, definir uma missão clara para os resultados é importante desde o início. Se você deseja se comprometer com uma publicação regular e direcionada (seja com temas restritos ou de interesse geral), vai precisar de tempo e recursos substanciais para o projeto. Reveja os capítulos sobre "definição de estratégia" para compreender como mapear metas e audiências, bem como os resultados.

Seja qual for o caráter, tamanho ou história de vida da sua audiência, as pessoas precisam sentir que o conteúdo abrigado no site é relevante, direcionado e de valor. Certifique-se de ter feito o trabalho de campo antes de começar nas áreas de interesse. O conteúdo deve abordar uma área de interesse específica, nicho ou prioridade industrial – ou uma história que pareça relevante para elas ou sua empresa – e precisa oferecer soluções ou insights. Faça uma auditoria da concorrência (descubra como fazer isso no Capítulo 5, sobre *story mining*) antes de começar a mapear com exatidão um lugar de foco ou área de interesse.

A Centrica, empresa de energia e serviços com sede no Reino Unido, desenvolveu seu *hub* de conteúdo – chamado Stories e hospedado no site principal da Centrica – tendo em mente audiências segmentadas específicas e uma abordagem para vencer em longo prazo, como explicou a ex-diretora de comunicação digital Laura Price:

> Quando criamos nosso *hub* de conteúdo, nossa intenção nunca foi fazer dele uma vitória rápida; nunca seria algo em que escreveríamos algumas histórias e, depois, voltaríamos a nossos antigos métodos de comunicação. Levamos o hub realmente a sério, e ele se tornaria o cerne de nossa atividade de comunicação. A grande sacada disso foi que muitas vezes, em uma organização, espera-se que as notícias cheguem internamente por meio de unidades empresariais que, em seguida, você pode publicar, ou fica aguardando alguma coisa acontecer. Ao delegar e criar seu próprio conteúdo para o seu *hub* de conteúdo, você tem controle total do que está publicando e de quando será publicado – para nós, é sempre uma jogada de longo prazo.

A multinacional global de TI Tata Consultancy Services criou seu *hub* de conteúdo independente, o *Digital Empowers*, como cerne de uma única campanha, lançando-a no Fórum Econômico Mundial em Davos. O tema é a necessidade de demonstrar onde a tecnologia pode "fazer o bem", de acordo com o líder de comunicação e marketing da TCS (Global Markets) Abhinav Kumar:

> Lançamos a campanha Digital Empowers e o site para promover uma visão mais progressista e positiva do potencial das tecnologias digitais. Hoje em dia, a maior parte da narrativa atual sobre tecnologia na mídia é negativa (perda de empregos por conta da automação, invasão de privacidade, violações de segurança cibernética etc.), e nossa vontade era expor o outro lado da moeda – todas as coisas boas que a tecnologia permitiu à humanidade. O foco da plataforma era apresentar nossas histórias e de nossos parceiros sobre onde a tecnologia está sendo usada para o bem. Construímos um aplicativo *mobile* para agricultores e

pescadores que lhes dá acesso a informações que talvez eles não tivessem no passado, oferecendo, por exemplo, informações sobre preços, mercado e clima. Munidos de uma melhor compreensão dos preços, eles conseguem garantir melhor valor para seus produtos e reduzir a dependência de intermediários que, historicamente, se aproveitaram deles. Queremos trazer à tona o impacto positivo da tecnologia. Usar histórias para transmitir mensagens não é uma tendência nova – conhecemos o impacto das histórias desde que éramos caçadores-coletores, e a conexão emocional conferida pelas histórias não é novidade. Queremos que essas histórias chamem e prendam a atenção das pessoas.

ENCONTRE AS HISTÓRIAS CERTAS

Como encontrar as histórias certas para seu *hub* de conteúdo? No Capítulo 4 há mais detalhes sobre "Encontrar a narrativa", mas segue uma visão geral sobre como começar:

1 Comece pelas metas ou prioridades da sua empresa – qual é o rumo que a empresa ou a organização está tomando e quais produtos, regiões ou serviços ela está oferecendo?

2 Mapeie os interesses do seu público usando ferramentas como a Onalytica, Radarly ou Pulsar. Há muitas outras ferramentas no mercado, todas capazes de segmentar em que sua audiência-alvo tem interesse e em que as pessoas estão discutindo on-line.

3 Elabore uma lista que represente no mínimo dez desafios que seu público enfrenta na vida empresarial nos quais seu ponto de vista seria bem-vindo ou possa servir como um propósito:

a. Pense em assuntos mais amplos primeiro:

- Como eles se mantêm por dentro no cenário inconstante?

- Como eles garantem as ferramentas e o conhecimento certos para ter sucesso no ambiente de trabalho futuro?

- Como eles compreendem alguns dos desafios-chave do próprio ramo de atuação? Quais são esses desafios?

b. Passe para tópicos mais específicos, relacionados à área de *expertise* ou ramo de atuação específico:

- Quais são os principais influenciadores no cenário empresarial?

- Como outras pessoas estão respondendo a essas influências e desafios?

- Quais são as boas práticas nessa área, indústria ou setor?

4 Depois que tiver elaborado suas narrativas ou áreas de interesse principais, você pode construir seu time editorial ou de redação para apoiar o *story mining* e o surgimento de histórias de dentro da sua organização. No Capítulo 5, você pode ler mais sobre essas técnicas.

◢ Conteúdo de alta qualidade para audiências especializadas

Hubs de conteúdo bem-sucedidos contêm histórias com impacto, oferecem valor para audiências específicas e sinalizam com clareza o que há no seu site. Um *hub* como o *D!gitalist*,[11] da SAP, oferece uma vasta gama de conteúdo direcionado para executivos e diretores da área de tecnologia, mas boa parte do seu conteúdo é ampla, variada e de interesse geral para muitas outras audiências. Elaborando histórias que são simplesmente interessantes e fáceis de ler, o time do *D!gitalist* criou um excelente *hub* que oferece valor constante e um motivo genuíno para se inscrever. O conteúdo varia de insights empresariais de alto nível, lidando com questões como diversidade e o futuro do trabalho, passando por áreas de interesse alinhadas mais de perto com o setor tecnológico amplo (conhecimento de CIO e de CFO) até histórias muito mais intimamente conectadas às ofertas empresariais da SAP, como nuvem e cibersegurança. As matérias são segmentadas no site usando-se dois menus indexados abarcando experiência do cliente, economia digital, aprendizado de máquina e a Internet das Coisas.

Um site como o *D!gitalist*, da SAP, aproveita conteúdos de toda essa grande organização, com contribuições de todas as áreas, setores e regiões, e é capaz de oferecer conteúdo relevante para todos os tópicos abordados pelo site. Krista Ruhe, até recentemente, era editora-chefe da *D!gitalist Magazine* para a SAP, e me explicou o conceito e a abordagem do site:

> Acho essencial engajar clientes e potenciais clientes de maneiras que vão além do marketing, com informações sobre produtos e serviços. Uma das abordagens que adotamos no *D!gitalist* é oferecer múltiplos pontos de vista acerca de assuntos complexos com que nossa audiência-alvo está tentando lidar. Se pudermos oferecer conteúdo de que eles precisam para estarem mais bem-informados no trabalho, acrescentamos valor às suas vidas. Esse valor constrói confiança, passando para a consideração sobre compras.

> Fazemos uma pesquisa anual com nossos leitores. Nela, pedimos que comparem o *D!gitalist* com outras publicações em que eles buscam informações sobre transformação digital. Eles mencionaram publicações como a *Harvard Business Review*, *Forrester* e a *McKinsey*. É excelente ser comparado a elas.

> [Também] descobrimos que o marketing de conteúdo é uma ótima forma de construir credibilidade sobre um tópico. É preciso ter credibilidade antes de se engajar com sucesso em um movimento de vendas ou, mesmo, de marketing. O papel do marketing de conteúdo é muito eficaz no topo de funil, em que uma pessoa com autoridade de compra ou influência está colhendo informações confiáveis para compreender tópicos complexos ao longo de sua jornada do cliente.

Sites como o *The One Brief*,[12] da AOL, publicam mais de três histórias por tema a cada mês, construindo uma biblioteca aprofundada e robusta de materiais para leitores. O site não contém nenhuma data explícita de publicação, o que pode ser útil se seu conteúdo é duradouro e você precisa que ele tenha um tempo longo de exposição no site. Se seu conteúdo é datado e precisa ser atual e atualizado, faz sentido inserir a data de publicação e atualizar com regularidade referências, dados ou informações sobre moedas correntes.

Quando você e seu time tiverem determinado o ritmo, atenha-se a ele; planejar seus recursos ao longo do ano e gerenciar orçamentos de acordo com eles garantirá que você não gaste todos os recursos ou o orçamento nos primeiros meses do ano fiscal.

Usar um cronograma, ou um simples calendário, conforme você elabora sua estratégia vai permitir manter o ritmo e planejar campanhas específicas ou segmentadas além de resultados de fluxo de conteúdo.

De acordo com Amy Hatch, o talento editorial e jornalístico por trás do *The Future of Customer Engagement and Commerce* (FCEC) da SAP Hybris, a chave para o sucesso do site foi o oferecimento de artigos de qualidade e valor elevados, produzidos com regularidade e consistência.[13] A newsletter que acompanha o site possui taxas de abertura de 21% a 23%, de acordo com Michael Mischker, vice-presidente global de marketing digital da SAP – mas a maioria dos inscritos vai se engajar com sete a oito artigos do site antes de optar pela inscrição. Eles levam um tempo para analisar se o conteúdo é relevante, se tem qualidade e valor antes de se comprometerem com uma inscrição.

◢ Expandindo o *storytelling* corporativo

Sites como o da BCG.com, da Boston Consulting Group, apresentam um modelo ligeiramente diferente de *hub* de conteúdo. Esse site constrói *storytelling* e jornalismo de marca no site inteiro – começando pela página inicial – integrando manchetes corporativas diretas, como resultados recentes de performance, com jornalismo de marca, conteúdos temáticos e *storytelling*. Ainda que tecnicamente não seja um *hub* de conteúdo, a página *Newsroom* do site da BCG é mais uma revista do que um RP – com artigos sobre tendências em tecnologia financeira e microfinanças, feitos sob medida para a audiência especializada em finanças.

O site da BCG[14] contém insights e conteúdo sobre *thought leadership* como centro – uma imagem e uma história dominam a página frontal, oferecendo múltiplos ângulos e pontos de contato de um material de pesquisa. Oferecendo insights aprofundados sobre o valor da diversidade, o impacto do *big data* sobre a vida corporativa, a disrupção do varejo, a equipe por trás da plataforma *Perspectives* da BCG está trabalhando a todo vapor para apresentar temas engajadores e insights com base na parceria global. As histórias são amplificadas e distribuídas por múltiplas plataformas de redes sociais, construindo uma audiência orgânica de alta qualidade com quem a empresa pode se comunicar.

◢ Temas incentivados pela audiência

Se você quer construir uma empatia genuína com a audiência, certifique-se de estar por dentro das histórias importantes para ela. Se você analisar o *hub* de conteúdo da Duke Energy (com sede na Carolina do Norte, EUA), chamado *Illumination*,[15] verá que ele promete oferecer histórias que "esclareçam, informem e inspirem". Lançado em 2016, o site abarca histórias de economia e fornecimento de energia e orientações sobre eficiência, além de um vislumbre dos bastidores de quem trabalha na companhia. A impressão que ele transmite é de empatia e autenticidade, provenientes de um site interno voltado para os funcionários. Greg Efthimiou, coeditor do *Illumination* no lançamento, disse que esse jornalismo de marca é uma forma de se conectar diretamente com as audiências da companhia, estimulando o crescimento por meio de redes sociais e uma lista de distribuição de e-mails.[16]

ESTUDO DE CASO

HPE ENTERPRISE.NXT – UMA AUDIÊNCIA ESPECIALIZADA

A Hewlett Packard Enterprise lançou seu *hub* de conteúdo direcionado *enterprise.nxt*[17] para engajar uma audiência técnica especializada (os chamados "pros da TI") com o tipo de conteúdo de revista que chamaria a atenção desse nicho. O conteúdo varia de técnicos gerais a especialistas. O cerne de todo o conteúdo desenvolvido é a acessibilidade, além do tom vibrante e engajador – mais uma vez, os redatores e os editores estão tentando tornar o conteúdo "identificável" e relevante aos leitores. O site se intitula "a última palavra em análise, pesquisa e orientações práticas dos principais especialistas", e ostenta 1,2 milhão de inscritos em sua newsletter semanal. As subseções focam tópicos como tecnologias emergentes, contentores e inovação, e o conteúdo é elaborado com imagens visuais atraentes e títulos chamativos para prender a atenção de leitores e inscritos. O *branding* não somente é sutil como, também, o visual é elegante e sofisticado, e o tom de voz, acolhedor e engajador. Só mais um exemplo de onde o setor tecnológico/de engenharia levou vantagem sobre outros setores industriais quando o assunto é jornalismo de marca.

CRIE UMA ESTRUTURA CLARA

Para garantir que a audiência tenha clareza sobre o que vai ler e ver constantemente no seu *hub* de conteúdo, elabore uma estrutura temática simples que possa se adequar às necessidades e requisitos da sua empresa.

O ideal é começar segmentando os públicos e identificando as necessidades e requisitos deles. Use o que você sabe sobre essas necessidades para desenvolver matérias que sejam relevantes e previdentes, e que se vinculem ao seu negócio principal. Exemplo: a Aon, uma firma de serviços profissionais e seguradora, aborda o tema do risco e da inovação, pessoas e organizações, capital e economia no seu *hub* de conteúdo, *The One Brief*.[18] São temas bastante flexíveis quando necessário, e permitem mudança de conteúdo quando as prioridades empresariais se modificam.

Aumente ainda mais o interesse no seu tópico – e demonstre suas credenciais de curadoria – acrescentando uma barra de navegação à direita com mais materiais de leitura do seu próprio *hub* de conteúdo, e considere incluir uma lista de leituras complementares de vários artigos relevantes no fim de cada artigo do seu site. O conteúdo pode ser de sua propriedade, mas também deve incluir links para sites externos que ofereçam insights aprofundados na mídia padrão, como a revista *Fortune* ou o *Washington Post*.

São inúmeras as vantagens de se desenvolver uma revista de marca independente, mas não se deve subestimar o comprometimento em termos de tempo, foco e orçamento. Assim como em relação a qualquer produto no ambiente digital atual, os leitores vão esperar uma conversa constante bidirecional e atualizações regulares de conteúdo. Se você adotar essa abordagem, trata-se de um comprometimento de relativo longo prazo e investimento em conteúdos decentes, não importa se suas fontes são externas ou internas. As marcas que se comprometeram com esse tipo de conteúdo certamente saíram ganhando, mas, para isso, conseguiram a adesão dos escalões mais altos para um investimento sério e substancial.

NOTAS

[1] Hewlett Packard Enterprise (nd) enterprise.nxt. Disponível em: https://www.hpe.com/us/en/insights/topics.html (arquivado em https://perma.cc/9CW8-N3EL).

[2] Ups (nd). Disponível em: https://www.ups.com/us/en/services/knowledge-center/landing.page (arquivado em https://perma.cc/9JT5-WYG7).

[3] Walmart Today (nd). Disponível em: https://blog.walmart.com/ (arquivado em https://perma.cc/A5FF-5ACS).

[4] IBM Perspectives (nd) IBM. Disponível em: https://www.ibm.com/blogs/think/uk-en/category/perspectives/ (arquivado em https://perma.cc/E7LT-NJPX).

[5] GE Reports (nd) GE. Disponível em: https://www.ge.com/reports/ (arquivado em https://perma.cc/7U8G-7XUW).

[6] Eniday (nd). Disponível em: https://www.eniday.com/en/ (arquivado em https://perma.cc/JF62-MFUH).

[7] The One Brief (nd). Disponível em: https://theonebrief.com/ (archived at https://perma.cc/3KNQ-XGCV).

[8] Johnson, A. (2018) Aon shares why its content scorecard is a must, *Content Marketing Institute*, 3 de agosto. Disponível em: https://contentmarketinginstitute.com/2018/08/aon-content-scorecard/ (arquivado em https://perma.cc/AZA2-FPPD).

[9] Lazauskas, J. (2015) "We Believe in Stories": GE Reports' Tomas Kellner reveals how he built the world's best brand mag, The Content Strategist, *Contently*, 11

de fevereiro. Disponível em: https://contently.com/2015/02/11/we-believe-in-s-tories-ge-reports-tomas-kellner-reveals-how-he-built-the-worlds-best-brand-mag/ (arquivado em https://perma.cc/JT82-8YUN).

[10] Kellner, T. (2015) GE Reports makes best branded content list, *GE*, 28 de dezembro. Disponível em: https://www.ge.com/reports/ge-reports-makes-contentlys-best-con-tent-marketing-of-2015-list/ (arquivado em https://perma.cc/AP38-GNNW).

[11] D!gitalist Magazine (nd). Disponível em: https://www.digitalistmag.com/ (arqui-vado em https://perma.cc/735F-C66P).

[12] The One Brief (nd). Disponível em: https://theonebrief.com/ (arquivado em https://perma.cc/3KNQ-XGCV).

[13] Papandrea, D. (2017) How SAP Hybris' content marketing drives conversions, leads + ROI, *Newscred Insights*, 17 de maio. Disponível em: https://insights.newscred.com/sap-hybris-content-marketing/ (arquivado em https://perma.cc/7UUA-T36K).

[14] BCG.com (nd). Disponível em: https://www.bcg.com/ (arquivado em https://perma.cc/86LT-X3WJ).

[15] Duke Energy (nd) Illumination. Disponível em: https://illumination.duke-energy.com/ (arquivado em https://perma.cc/U2MB-USR5).

[16] Boraks, D. (2016) Duke Energy feature site aims to build brand, *Duke Energy*, 23 de fevereiro. Disponível em: https://www.wfae.org/post/duke-energy-feature-site--aims-build-brand#stream/0 (arquivado em https://perma.cc/R4CJ-TFQ8).

[17] Hewlett Packard Enterprise (nd) enterprise.nxt. Disponível em: https://www.hpe.com/us/en/insights/topics.html (arquivado em https://perma.cc/9CW8-N3EL).

[18] The One Brief (nd). Disponível em: https://theonebrief.com/ (arquivado em https://perma.cc/3KNQ-XGCV).

CAPÍTULO 9

Distribuição e amplificação: cultivando audiências leais

Não faz sentido criar conteúdo bem pesquisado, cuidadosamente elaborado, escrito com destreza e produzido de forma adequada se ele não for consumido. A meta do seu jornalismo de marca é atingir as audiências que devem conhecê-lo. Melhor ainda: ele gera seu próprio impulso, sendo divulgado nas redes de outras pessoas por leitores comprometidos e altamente engajados. Trocando em miúdos, conteúdo precisa de distribuição e, depois, de amplificação. Conteúdo precisa adquirir tração própria; precisa encontrar seus próprios caminhos até a audiência e, idealmente, expandi-los conforme os percorre.

Distribua bem seu conteúdo (inclusive por meios pagos – verifique mais adiante) e tenha a chance de obter amplificação "conquistada" de maneira orgânica, à medida que as pessoas a quem você o distribui vão avançando por ele. O ideal é começar com o "sistema de compartilhamento sem atrito", que vai incentivar seu conteúdo a fazer o equivalente B2B de "viralizar".

Você pode começar seu método de distribuição aproveitando a eficácia simples do engajamento orgânico e do compartilhamento em suas principais plataformas, ampliando-o com o suporte do SEO direcionado e uma abordagem de pesquisa completa. A amplificação de redes sociais em canais relevantes para você vai aumentar a audiência, e promoções pagas vão alavancar, mais uma vez, as quantidades, e também ajudar a apresentar seu conteúdo para audiências muito específicas.

FIGURA 9.1 Distribuindo seu conteúdo

OTIMIZE A DISTRIBUIÇÃO ORGÂNICA

Poucos anos atrás, bastava produzir materiais de conteúdo altamente qualificados que funcionassem por si sós e obtivessem tração orgânica; hoje em dia, contudo, com raras exceções, é preciso mirar audiências específicas em cada plataforma logo no início do processo e, em seguida, incentivar essas audiências a agirem como distribuidores para você.

Para isso, naturalmente, você precisa criar conteúdo que atenda às necessidades ou aos interesses da audiência, e que seja valioso para ela (veja, no Capítulo 4, "Encontrando a narrativa"). Você também precisa esperar que, com o tempo, sua audiência cresça (com o auxílio de um fluxo regular de conteúdo em seu *hub*). O melhor da otimização do crescimento orgânico é que seus leitores fazem o trabalho árduo de amplificar seu conteúdo para você. Mas eles só farão isso se você atender às expectativas e satisfizer as necessidades deles. A seguir, veja o que você precisa fazer para garantir que o crescimento orgânico aconteça.

Crie consistentemente resultados de qualidade

É óbvio, mas nunca é demais bater nessa tecla. Como escreveu o autor Jonah Berger no livro *Contágio: Por que as coisas pegam*: "As pessoas não querem compartilhar coisas que se pareçam com anúncios. Elas não querem dar a entender que são propagandas ambulantes de uma empresa. Mas vão compartilhar conteúdo realmente engajador, ainda que se relacione a uma marca...". Ele acrescenta: "Você precisa projetar conteúdo como um cavalo de Troia. Por fora, eles precisam ser empolgantes, notáveis e com valor social ou prático".[1]

Aprimore suas listas

Conteúdo e *thought leadership* marcantes, originais e constantes possuem significativamente mais chances de crescer de maneira orgânica se suas redes de distribuição iniciais e listas de e-mails forem inigualáveis.

Desde 2018 (com a introdução da regulamentação GDPR que restringiu o armazenamento de dados pessoais sem permissão), muitas editoras tiveram de reformular suas listas do zero. As que já direcionam conteúdo a audiências em larga escala já terão segmentado suas listas, a fim de garantir que sejam cuidadosamente segmentadas. Feito isto, no entanto, a única vantagem das regulamentações é que os profissionais do marketing podem, pelo menos, segmentar novos conteúdos com regularidade para cada uma dessas audiências diferentes.

O processo de alinhar certos conteúdos a listas específicas deve destacar o fato de que suas listas são conjuntos de dados eficazes por si sós. Vale muito a pena analisar quais histórias são mais bem-sucedidas para apresentar ou oferecer a certos grupos.

Parte do sucesso de uma lista será a maneira como as histórias serão inicialmente apresentadas em e-mails disparados aos usuários. Taxas de cliques em e-mails ainda são mais altas do que muitos outros métodos de distribuição (variando de 6% a 16%, dependendo do setor em que você se encontra),[2] portanto, lembre-se de manter as newsletters compactas, contendo uma introdução e descrições de matérias. Atenha-se a um formato simples, com quantidade mínima de imagens, e, é claro, certifique-se de otimizá-la para *mobile*.

Você deve acompanhar o que outras organizações B2B estão fazendo em termos de distribuição de newsletters. A maioria dos líderes da indústria do jornalismo de marca deixa suas newsletters simples, claras e eficazes. Faça as pessoas sentirem que não estão recebendo *spams* e dê ao seu público opções para parar de receber seus e-mails.

Exemplos resumidos de newsletters de jornalismo de marca no espaço B2B são:

➤ A Eni, um conglomerado global de petróleo e gás, envia um e-mail com três histórias (normalmente sobre tópicos de energia em termos gerais, inclusive renováveis) por semana, em suas atividades de jornalismo de marca chamadas *Eniday Newsletter*.

➤ A McKinsey distribui uma "lista" semanal de conteúdo, claramente resumido como "Nossas melhores ideias, rápidas e com curadoria".

➤ O *The One Brief*, da Aon, frequentemente promoverá apenas uma história principal em sua newsletter regular, focando uma das histórias mais importantes do seu *hub* de conteúdo.

➤ A equipe de atendimento ao cliente da SAP envia dois a três materiais selecionados, e também perfis com foto de seus colaboradores.

➤ A *Redshift*, da Autodesk, apresenta duas histórias principais em seu resumo semanal, com imagens e um vídeo promovido.

➤ A *Forecast*, da Nutanix, tem uma introdução editorial seguida de links para as principais histórias da semana.

◢ Revise e republique

Nem todo conteúdo que você produz precisa ser original, e ele também não tem de ser "novo" em termos de ideias que encapsula ou aproveita. Toda estratégia de conteúdo que necessite de volume (especialmente se você desenvolveu um *hub* de conteúdo com muitas transmissões) sempre deve incluir um plano para republicar materiais de natureza duradoura.

Luke Kintigh, líder de distribuição de conteúdo e redes sociais da Autodesk, a empresa por trás da revista on-line *Redshift*, diz que a maioria do conteúdo que a empresa produz é publicado mais de uma vez. "Nossa estratégia não é dar notícias", afirma Kintigh. "Nossa estratégia é encontrar o espaço em branco em uma tendência. Não criamos muita cobertura de eventos em tempo real; o conteúdo é mais profundo e instigante, e muitos deles são duradouros."[3]

Para garantir que conteúdos reciclados aumentem a audiência, não deixe de:

> **Definir um sistema para publicar conteúdo repetido:** use seus dados e aplique uma varredura retrospectiva consistente (depois de um, três ou seis meses, por exemplo), a fim de pesquisar e descobrir conteúdo que possa ser repostado.

> **Verificar cada material:** pode ser que referências a datas e/ou a nomes ou títulos agora estejam desatualizadas ou sejam irrelevantes. Avalie como novos eventos podem ter mudado o contexto ou algum comentário.

> **Reelaborar materiais:** sobretudo os que possuem dados numéricos robustos mas que provavelmente precisem de atualização ou renovação. Mudar o título, atualizar referências, substituir imagens ou dados estatísticos importantes e incluir uma nova entrevista podem revitalizar um material e dar a ele outra chance com novos leitores.

Use seu pessoal para amplificar

Nunca subestime o valor de uma de suas melhores ferramentas de amplificação: seu próprio time. Pode ser desafiador incentivar funcionários a compartilhar consistentemente seu conteúdo nas próprias redes, mas eles são um recurso excepcionalmente frutífero para ampliar conteúdos orgânicos. Você pode começar assim:

> **Encontre os evangelistas:** primeiro, analise suas equipes para saber quem são os principais pensadores e influenciadores em sua

organização. Quem está compartilhando as próprias histórias, ideias e materiais escritos de forma bem-sucedida?

- **Compartilhe internamente:** use seu centro de comunicação ou newsletters internas para compartilhar links e ideias para histórias, e coloque-as em redes sociais ou *hubs* como o Facebook Workplace.

- **Elabore um kit de ferramentas:** para lançamentos, campanhas e estratégias, você pode considerar a elaboração de kits de ferramentas que incorporem conteúdo para modelos, *messaging*, imagens e ideias para apoiar postagens pessoais.

- **Faça sessões de treinamento:** compartilhe seu conhecimento e insights do que funciona bem nas redes sociais com o restante de seu(s) time(s) e pessoas ávidas para se envolverem. Desenvolva o treinamento, grave-o e compartilhe por meio de ferramentas de colaboração interna para amplificar a mensagem internamente.

- **Implemente uma ferramenta:** organizações de grande porte devem considerar usar ferramentas como o LinkedIn Elevate – que foi integrado ao LinkedIn Page em 2021 – ou uma ferramenta SaaS como suporte interno ao compartilhamento multiplataforma de seu próprio conteúdo.

- **Faça sessões de *brainstorming*:** em suas sessões de *brainstorming* para *story mining*, incentive a equipe a reportar como itens individuais de conteúdo se saíram e qual *feedback* eles receberam quando publicaram histórias.

- **Gamifique o processo:** estimule o compartilhamento usando a gamificação quando possível, inserindo alvos e metas. Crie competições e premie compartilhamentos bem-sucedidos.

BUSCA INTEGRADA

Duas organizações aparecem com regularidade neste livro – o Fórum Econômico Mundial e a SAP. E por um bom motivo. Há muitos anos, ambas têm tido enorme sucesso em usar conteúdo de jornalismo de marca para incentivar uma audiência orgânica.

Em particular, seus times de criação de conteúdo garantem a maior facilidade possível para o conteúdo ser encontrado por pesquisas – com aplicação inteligente de dados e uso do SEO (*search engine optimization*, otimização de mecanismo de busca). Estes são apenas alguns dos aspectos que eles se certificam de abordar:

> ➤ **Escrever e reescrever títulos:** os melhores criadores pensam de forma inovadora sobre como enquadrar os títulos, incluindo o uso de listas onde adequado. Uma dica é incluir termos de pesquisa de *long tail* onde for possível.

> ➤ **Pesquisa aprofundada para oferecer tópicos melhores:** conteúdos fáceis de encontrar foram bem-pesquisados, tendo-se em mente uma audiência-alvo. Use buscas do Quora e do Google para descobrir como as pessoas pesquisam conteúdo, o que o ajudará a ter novas ideias ou novos pensamentos/abordagens.

> ➤ **Mantenha-se informado:** criadores de conteúdo de alto nível assistem ao conteúdo a que sua audiência está assistindo, vão aos eventos em que essas pessoas dão palestras e leem os assuntos que elas postam ou repostam em blogs.

> ➤ **Newsjack:** no Capítulo 2, enfatizei como é possível usar *newsjacking* para criar e apresentar ótimas ideias para histórias. Reveja algumas sugestões para seu próprio conteúdo.

> ➤ **Cobertura de eventos:** criadores de conteúdo analisam eventos em larga escala de acordo com o ramo de atuação (ou, melhor ainda, eles os frequentam) para desenvolver conteúdo próprio. Eles ouvem o que *thought leaders* do setor estão discutindo e debatendo, e usam esses insights como pontos de partida para seu próprio conteúdo.

Você se lembra do SEO ao elaborar seus artigos? Boas práticas incluem:

➤ **Focar na palavras-chave:** escolha palavras-chave como parte de sua estratégia de conteúdo principal – quais temas você está focando e que áreas desses temas serão prioridade? Se, por exemplo, o impacto do 5G na telefonia é uma área pela qual você se interessa, crie manchetes e conteúdo que reflitam esse termo de pesquisa. É possível construir uma audiência, especialmente para conteúdo duradouro, usando métodos de pesquisa de *long tail* como esse. O *hub* de conteúdo FCEC, da SAP, predomina em mais de 250 termos de pesquisa de *long tail* especializados, por meio de foco consistente em qualidade e compromisso com temas e tópicos-chave. Para mais informações, Neil Patel escreve detalhadamente sobre as vantagens de palavras-chave de *long tail*[4] para SEO.

➤ **Procurar termos-chave:** há muitas ferramentas por aí para ajudar você a procurar informações sobre tópicos em alta e que interessem ao público. No Google Analytics ou no Google Trends, você pode encontrar orientações imediatas sobre termos de pesquisa. Outras ferramentas, como a BuzzSumo, a Pulsar e a Parse.ly, oferecem grande quantidade de dados, e sua única limitação é saber como usá-las melhor para responder às suas perguntas. Saber quais perguntas fazer é meio caminho andado.

➤ **Usar metadescrições:** escreva uma metadescrição que identifique com clareza o que seu material contém e que aproveite seus termos de SEO.

DESTAQUE-SE NAS REDES SOCIAIS

Nos Estados Unidos, a National Public Radio ficou famosa por criar o acrônimo "COPE" – ou Create Once, Publish Everywhere (Crie uma vez, publique em todos os lugares, em tradução livre) –, uma forma bem legal de considerar sua abordagem para estender seu conteúdo o máximo possível, tanto em seus próprios *hubs* de conteúdo como nas redes sociais.

Há um bom motivo para isso ser relevante. De acordo com uma pesquisa da DemandBase e da DemandGen (em seu B2B Buyers' Survey Report[5] de 2018), mais da metade dos compradores B2B afirmam recorrer a redes sociais para pesquisar fornecedores e soluções. Além disso, mais de um terço deles diz que pediu sugestões e recomendações de outros usuários de redes sociais, e, em particular, se conectaram diretamente com *thought leaders* para perguntar quais eram as opiniões deles sobre certos assuntos.

Antes de começar, você vai precisar criar uma história de marca coerente em todos os seus canais de amplificação, à medida que procura extrair retorno máximo de seu conteúdo jornalístico de alta qualidade. Consulte as *personas* de sua audiência para saber onde elas estão, como consomem conteúdo e quais plataformas preferem nas variadas regiões em que você quer se engajar com elas. Também é provável que sua tolerância a riscos e inovações tenha papel importante em relação a qual(is) plataforma(s) você escolhe usar para sua amplificação nas redes sociais.

Gary Vaynerchuk, CEO da VaynerMedia, uma agência de publicidade *full-service*,[6] construiu seu próprio método de "pirâmide reversa" para aproveitar conteúdos e reaproveitá-los em múltiplas plataformas. Seu time pegou apenas uma de suas palestras e a reaproveitou em mais de 30 materiais de conteúdo posterior para distribuição em seus canais de redes sociais, atingindo, subsequentemente, mais de 35 milhões de visualizações.

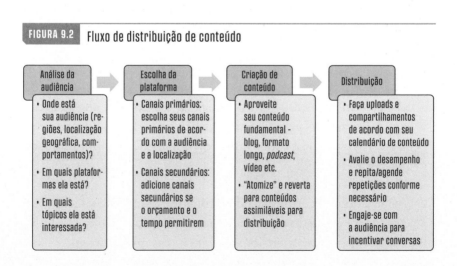

FIGURA 9.2 Fluxo de distribuição de conteúdo

Para fazer isso por conta própria, cada canal precisará de uma abordagem ou gancho específico para engajar a audiência, independentemente de você criar posts orgânicos com ou sem apoio de anúncios ou propaganda direta. O que aprendemos sobre como elaborar essas mensagens foi o seguinte:

➤ **Refinamento do título:** trabalhe os títulos com afinco para deixá-los curtos, claros e incisivos. Use frases na voz ativa e verbos de ação no início das seções e no texto principal.

➤ **Imagens:** rostos são uma boa pedida, assim como imagens claras, ousadas e marcantes. Não use fotos muito distantes. Utilize gráficos e dados estatísticos, que funcionam especialmente bem no Facebook, no LinkedIn e no Twitter.

➤ **Teste tamanhos:** o tamanho dos posts dependerá do canal, e precisará ser testado conforme você elabora e amplia suas atividades. Posts no Facebook podem ser curtos e diretos, mas talvez seja bom testar posts mais longos no Instagram, possivelmente até 200 palavras com links para leituras complementares.

➤ *Trackable shortlinks* **(links curtos rastreáveis):** se sua marca é maior e distribui conteúdo em grandes quantidades, você pode considerar criar um "link curto personalizado" que inclui o nome de sua marca. Se o orçamento não permite, há vários provedores que fornecem links curtos para compartilhamento nas plataformas.

➤ *#hashtags:* onde for apropriado – especialmente em plataformas como o Instagram –, use todas as *hashtags* relevantes e úteis para construir engajamento com a audiência e incentivar engajamento com seu conteúdo. Se você estiver trabalhando com influenciadores ou pessoas específicas com seguidores ou audiência on-line próprios, mencione-os usando o "@".

Crie múltiplos recursos que lidem com diferentes linhas de notícias, ou pegue dados estatísticos e crie um gráfico correspondente. Use frases de várias pessoas-chave mencionadas ou citadas no seu artigo.

CRESÇA POR MEIO DE TRÁFEGO PAGO

Audiências orgânicas crescerão ao longo de um período monitorado de tempo, mas, se você está com pressa, ou tem uma campanha ou um projeto muito direcionado para promover, precisará ampliar sua audiência usando distribuição paga de conteúdo. Por ser possivelmente desafiador construir uma audiência do zero, a vantagem de usar uma abordagem paga é direcionar suas audiências-alvo com muita tática, concentrando-se em seguida em ampliar sua audiência orgânica.

Minha principal recomendação é usar uma seleção de canais e construí-los em paralelo, fazendo testes conforme você progride. Focar demais um só canal não é uma estratégia sensata; no marketing de redes sociais nada permanece o mesmo por muito tempo, portanto, é muito melhor testar e aprender. Lembre-se de que você está construindo suas audiências em plataformas alugadas, e estará à mercê dessas plataformas se elas mudarem ou ajustarem os algoritmos.

Não se esqueça, também, de definir um orçamento claro antes de embarcar em estratégias sociais pagas. Com o teste, pelo menos você pode descartar canais que não ofereçam os resultados de que precisa e aumentar a atividade nos canais que demonstrem resultados.

O Quadro 9.1 mostra as principais plataformas a considerar para crescimento orgânico e B2B pago.

QUADRO 9.1 Plataformas-chave para crescimento B2B orgânico e pago

	Detalhes	Atividade: Orgânica	Atividade: Paga
Facebook	54% dos profissionais de marketing B2B usam o Facebook como uma ferramenta para seu negócio, e a idade média do usuário dessa rede social está aumentando. Mais bem utilizado como parte de uma abordagem orgânica mais ampla e paga.	O alcance orgânico vem declinando desde 2014, mas o alcance orgânico médio de um post no Facebook equivale a 6,4% das curtidas de uma página – então, ainda existe engajamento. Em média, o engajamento com um post (comentário ou compartilhamento) é de 3,9%. Use vídeos nativos, se tiver, bem como texto e posts com imagens; os stories do Facebook e o FB Live também são opções para cobertura B2B.	Escolha posts com bom desempenho orgânico, que atraiam sua audiência, e alavanque esses posts, possivelmente executando uma série de campanhas em sequência para descobrir qual tem melhor desempenho. Considere recicioná-las a públicos semelhantes com os anúncios do FB.

	Detalhes	Atividade: Orgânica	Atividade: Paga
LinkedIn	No mundo todo, há mais de 550 milhões de usuários profissionais no LinkedIn, compartilhando informações, notícias e atualizações pessoais. Use essa rede para amplificar a qualidade da marca e se engajar com histórias temáticas de marca.	Use as páginas de sua empresa para amplificar seu material de jornalismo de marca em uma agenda ou cronograma regular, usando conteúdos textuais, de vídeo ou vídeos ao vivo, se disponíveis. Empresas como a PwC, a WeWork e a Siemens estão usando versões nativas de vídeos sociais, vídeos ao vivo ou animações para transmitir mensagens na plataforma.	Use seu orçamento para promover posts específicos a audiências-alvo, pessoas específicas ou funções e cargos, ou regiões geográficas.
Instagram	O *app* de compartilhamento de fotos e vídeos tem um bilhão de usuários mensais e vantagens, por conta do crescente apelo dos vídeos e de conteúdo baseados em imagens. Use essa rede para apresentar versões em formato curto de sua *thought leadership* e jornalismo de marca. Não o considere uma mera ferramenta para audiências B2C.	Use vídeos onde puder, mas não despreze textos e imagens marcantes para chamar a atenção para sua marca B2B. Dê uma olhada no canal da *Economist*, da GE ou nos canais da *Harvard Business Review* para verificar como apresentar conteúdos inteligentes em uma versão curta. Não deixe de usar posts textuais mais longos acompanhados de imagens marcantes e chamativas. Para eventos ao vivo, use os Stories.	Use anúncios pagos e baixe promoções de *click-through* (cliques) para compartilhar materiais mais aprofundados, incentivar inscrições e downloads, ou para aumentar as inscrições.
Twitter	Você precisará de grandes quantidades de posts de redes sociais no Twitter para engajar seu público e incentivar tráfego relevante – por engajamento em posts.	Se seus tuítes não alcançarem uma porcentagem alta da audiência disponível, elabore um cronograma de repetição robusto, sem excesso de promoções ou repetições. Inclua citações clicáveis ou tuitáveis no seu material a fim de facilitar o compartilhamento e adicionar *bites* de compartilhamento social em cada artigo, vídeo ou *hub* de conteúdo.	Crie campanhas pagas direcionadas a grupos de sua audiência-alvo.

ESTUDO DE CASO

REDSHIFT: CONSTRUINDO UMA AUDIÊNCIA DE QUALIDADE COM UMA ABORDAGEM PAGA DIRECIONADA

A *Redshift*, da Autodesk, é um *hub* de conteúdo on-line que publica jornalismo de marca de alta qualidade sobre o "futuro da criação". A missão da *Redshift* é "explorar como produtos, prédios e cidades serão construídos amanhã e no futuro". Seu líder de distribuição de conteúdo e redes sociais na Autodesk é Luke Kintigh, e, em uma entrevista para este livro, ele explicou de que maneira, em sua opinião, é preciso angariar uma audiência paga para aumentar o engajamento no início de qualquer volume de conteúdo:

> Na Autodesk, nossa meta é publicar três artigos por semana. No início, é preciso usar amplificação paga para começar a angariar audiência. Recomendo usar amplificação paga no início, mas com objetivo de utilizar o dinheiro investido para converter, aos poucos, cada leitor pago em leitor recorrente – por meio de e-mails, por exemplo, ou fazendo-o se inscrever na sua lista. Depois, essa pessoa pode se tornar seu cliente.
>
> O truque é olhar além dos números. Na Autodesk, as *personas* são claras em termos do pessoal que estamos tentando conquistar. Tentamos usar ferramentas e dados para compreender nossa audiência – por exemplo, de 10 mil visualizações, estamos alcançando as pessoas que desejamos influenciar? Acredito que certos profissionais de marketing de conteúdo só pensam em tráfego, e não em quem está por trás dos números.

OUTRAS ESTRATÉGIAS PAGAS

Amplie seu alcance com publicidade nativa

A publicidade nativa permite que você use acordos pagos para publicar seu jornalismo de marca nas plataformas de editoras tradicionais.

Publicações como a *BrandVoice*, da Forbes, tomam conteúdos editoriais das marcas e os publicam na revista on-line *Forbes*. Porém, ela é providencialmente separada do conteúdo editorial sem marca. Muitas outras editoras tradicionais – como o *New York Times* (T Brand Studio), o *Wall Street Journal* (Custom Studios) e o *Washington Post* (WP BrandStudio) também estão oferecendo esse tipo de serviço, muitas vezes com estúdios *in-house* ou redações criando os conteúdos multiplataformas para marcas intimamente alinhadas com o conteúdo produzido para a seção sem patrocínio de seu jornal, site ou publicação.

Em geral, marcas que criam publicidade nativa buscam amplificação para audiências direcionadas, que elas sabem que terão afinidade com seu *messaging*. Ao publicar em uma plataforma terceirizada, e não na própria, as marcas se beneficiarão da rede mais ampla e da amplificação diferenciada que isso pode oferecer. Muitas editoras tradicionais oferecem esse tipo de veiculação (ou uma versão dele), inclusive o *Guardian* e o *Financial Times* no Reino Unido.

Na *Forbes*, a Siemens e a Mitsubishi Heavy estão entre os anunciantes, que possuem seus próprios mini *hubs* de conteúdo no site para se engajar diretamente com a audiência da *Forbes*, apresentando histórias de alta qualidade. A técnica da publicidade nativa é semelhante ao jornalismo de marca, na qual os jornalistas focam histórias que se baseiam na interseção dos interesses do público, com o foco da marca ou prioridades do negócio. Contudo, vale a pena notar que a veiculação e a produção envolverão um compromisso orçamentário substancialmente mais alto do que publicações em sua própria plataforma.

◢ O surgimento (e a ascensão) do marketing de influenciadores

Outro canal a se considerar para a criação e a amplificação de seu jornalismo de marca é o influenciador B2B. Tem havido muitos questionamentos sobre a legitimidade de influenciadores para fins de marketing no espaço B2C, mas eles podem ter uma boa função no seu arsenal de marketing, sobretudo com o foco atual em *thought leadership* e engajamento *one-to-many*.[7]

Frequentemente essas pessoas já serão usuárias ou defensoras de seu negócio – e, nesse caso, estou me referindo a influenciadores de fora da sua organização, e não de dentro. No entanto, assim como você pode encontrar indivíduos mais aclamados e de alto escalão em seu ramo de atuação, também pode descobrir influenciadores dentro da própria empresa a quem incentivar e que, com suporte e orientação, vão progredir. Para mais informações sobre influenciadores internos, consulte o Capítulo 10 sobre *thought leadership*.

O palestrante de marketing global e autor Neal Schaffer me explicou o seguinte:

> Uma área promissora que a maioria das empresas deixa passar batido é o potencial que o engajamento com influenciadores pode ter para o seu negócio, mesmo que você seja uma marca B2B. O trabalho com influenciadores no espaço B2B geralmente se relaciona a conteúdos (postagens de convidados, entrevistas etc.) ou a eventos (convite para participar, moderar ou até falar em um evento), mas os dois métodos podem gerar resultados fantásticos para empresas inteligentes construírem relacionamentos com influenciadores B2B e colaborarem com eles, e nesses relacionamentos todo mundo sai ganhando.

Ainda que a maioria dos gastos de alto escalão no marketing de influenciadores do momento esteja na esfera B2C, há muitas marcas B2B que há algum tempo vêm usando influenciadores e especialistas para engajamento. Um alinhamento tático pode posicionar sua marca, com avaliações honestas e autênticas, *thought leadership* e insights. Ele também pode servir para ajudar sua marca a amplificar sua mensagem durante um período de crise – mas isso só pode funcionar se você construiu relacionamento e estabeleceu conexão. Influenciadores autênticos e especializados são um pré-requisito; trata-se de profundidade e substância.

ESTUDO DE CASO

REDE DE INFLUENCIADORES DA VMWARE[8]

A empresa de softwares possui um grupo de blogueiros e evangelistas altamente técnicos, engajados e ativos que escrevem e comentam seus produtos. A rede tende a discutir informações extremamente técnicas, oferecendo insights e ajudando um conjunto mais amplo de usuários a resolver problemas. A VMW é um site da comunidade que agrega todo o bate-papo com influenciadores em múltiplas plataformas sociais. Os influenciadores de primeira linha são "premiados" com acesso a testes beta e relacionamento aprimorado com equipes de produtos, e também com visitas ao site.

Os relacionamentos com influenciadores possuem diferentes roupagens:

> **Hospedagem de conteúdo:** considere usar um influenciador, autor ou jornalista respeitado no seu espaço para hospedar um *podcast*, um vídeo ou Q&A.

> **Teste de serviço ou produto:** entre em contato com um influenciador para considerar usar seu produto. Certifique-se de que essa pessoa seja adequada para você (em termos culturais e profissionais)[9] e que ela esteja aberta à sua marca ou produto.

> **Criação de conteúdo:** entre em contato com pensadores B2B – internos ou externos – para parcerias em artigos ou conteúdos, vídeos em prol da sua marca, ou para que eles se tornem "embaixadores".

> **Discussão sobre seu produto:** você pode migrar, do off-line para o on-line, seu engajamento com um influenciador valendo-se de mesas-redondas, participação em eventos ou palestras.

ESTUDO DE CASO

REDE DE INFLUENCIADORES DA ADOBE

Há algum tempo, a Adobe usa influenciadores como parte de seu mix de marketing, utilizando especialistas em todos os setores da empresa. Mais de 50 influenciadores – incluindo jornalistas renomados, profissionais do marketing, colunistas e blogueiros – foram levados para o recente Adobe Summit de 2019[10] e incentivados a postar conteúdo ao longo do evento. "Não definimos, necessariamente, metas individuais para os influenciadores", disse Rani Mani, líder de capacitação de influenciadores sociais da Adobe, em um *podcast* recente.[11] "De acordo com o programa ou o departamento, há metas diferentes que cada departamento tem e com que cada influenciador contribui de várias maneiras. Nosso principal objetivo é atuar conforme os pontos fortes pessoais do influenciador."

Em última instância, é preciso abordar com cuidado e estratégia quaisquer parcerias – pense em engajamentos de qualidade e confiáveis, que combinem com as aspirações da sua marca. São pessoas que devem ter conhecimento e credibilidade entre públicos técnicos e especializados – elas podem ser jornalistas ou analistas. Mas dê uma conferida em outros lugares também. Você pode encontrar outros influenciadores se engajando na Reddit, em salas de bate-papo ou fóruns do setor.

PROCURANDO INFLUENCIADORES E ENGAJANDO-SE COM ELES

Influenciadores dão vida a conteúdo ou insights que, de outra forma, seriam técnicos. Eles podem oferecer um viés mais prático e significativo à sua oferta ou produto, mas precisam alinhar os próprios objetivos com os de sua marca, senão, é improvável que o relacionamento dê certo.

O consultor de marketing de redes sociais Mark Schaefer é diretor-executivo da Schaefer Marketing Solutions e recentemente publicou o livro *Marketing Rebellion*, em que salienta a importância de uma nova abordagem de marketing que seja centrada no ser humano e sempre comece com o cliente. Schaefer acredita nas múltiplas vantagens de programas de alcance com influenciadores. Quando bem-elaborados, argumenta o autor, eles podem ajudar a aumentar a confiança criando uma defesa autêntica e acelerando a tração com uma mensagem. Em nosso mundo desconfiado, o influenciador pode tornar o conteúdo uma "prova social", e também oferecer consciência imediata às marcas.[12]

CONSTRUINDO RELACIONAMENTOS COM INFLUENCIADORES B2B

Passo 1: Descoberta

Use redes sociais, membros de times internos e pesquisa externa para encontrar influenciadores e microinfluenciadores que estejam interessados ou engajados com o tópico que você está focando. Certifique-se de trabalhar com pessoas confiáveis e atenciosas. Muitas vezes, as que são ativas on-line podem ser jornalistas e analistas já afiliados, ou com publicações em que divulgam o próprio conteúdo.

Passo 2: Qualificação

Percorra sua extensa lista de influenciadores e analise o nível de *expertise*; certifique-se de que os influenciadores incorporem seus valores e tenham sólida presença nas redes sociais. Faça uma correspondência entre influenciadores ou profissionais e os principais campos para os quais você está buscando parceiros. Isso pode se dividir em grupos ou divisões específicas em sua organização, portanto, pode ser necessário *expertise* específica em cada um desses grupos.

Passo 3: Abordagem

Considere como ou por que esse influenciador poderia ser relevante para sua marca. Aborde-o com respeito e educação para dar início à conversa. Seja claro desde o começo sobre suas expectativas e o que você vai querer do seu time de influenciadores. Isso faz parte de seu mix de marketing e, se esse for o ganha-pão dos seus especialistas, eles devem ser pagos pelo tempo, experiência e *expertise*.

> **Passo 4: Engajamento**
>
> Após definir quem é a pessoa de que você precisa, entrar em contato e trazer seus influenciadores para seu time, você deve ser criativo em relação ao trabalho que espera que eles façam. Isso inclui se – ou como – você deseja que eles endossem sua marca. O ideal é que isso seja feito da maneira mais sutil e transparente possível – como em qualquer campanha de conteúdo, considere esse um relacionamento de longo prazo que trará benefícios conforme vai crescendo organicamente e, com o tempo, atingirá maturidade. Idealmente, garanta que seu influenciador se atenha ao próprio *messaging* autêntico e áreas de interesse, a fim de se manter a autenticidade.

OUTRAS ABORDAGENS PAGAS

> **Marketing de mecanismo de busca (SEM - *Search Engine Marketing*)**: se seu orçamento permitir e você quiser dar um impulso tático para um conteúdo em um novo mercado ou audiência, considere usar marketing de mecanismo de busca para conteúdos importantes ou grupos de conteúdos em áreas específicas.

> **Distribuição para plataformas de publicação**: serviços como o *Taboola* e o *Outbrain* pegarão seu conteúdo e o postarão em outros sites que você escolher. O conteúdo será marcado como "pago" ou promocional, e será postado ao lado de outros conteúdos de marca de publicitários.

> **Publicidade de parceiros ou publicidade de *banner***: se você realmente quer direcionar a audiência para conteúdo de qualidade, sempre é possível considerar oferecer anúncios direcionados ou anúncios em sites parceiros.

A lista acima não se pretende exaustiva, e, enquanto escrevo, alguns dos principais canais de redes sociais sem dúvida ajustarão seus algoritmos ou mudarão sua metodologia de publicidade para refletir suas aspirações empresariais em constante mudança.

Mas a meta não muda: com um aumento de investimentos pagos criteriosamente localizados, você pode iniciar o engajamento e construir uma base eficaz a partir da qual aumentar e construir seu alcance.

NOTAS

[1] Wharton (2013) "Contagious": Jonah Berger on why things catch on, *Knowledge at Wharton*, 13 de março. Disponível em: https://knowledge.wharton.upenn.edu/article/contagious-jonah-berger-on-why-things-catch-on/ (arquivado em https://perma.cc/NB4L-4QEW).

[2] Constant Contact (2019) Average industry rates for email as of June 2019, *Constant Contact*, 9 de julho. Disponível em: https://knowledgebase.constantcontact.com/articles/KnowledgeBase/5409-average-industry-rates?lang=en_US#compare (arquivado em https://perma.cc/Z9C3-ZWUF).

[3] Citação de entrevista concedida em uma sexta-feira, 7 de junho de 2019.

[4] Neilpatel.com (nd) 5 Steps to building a successful organic traffic pipeline. Disponível em: https://neilpatel.com/blog/5-steps-to-building-a-successful-organic--traffic-pipeline/ (arquivado em: https://perma.cc/76PH-VPY5).

[5] Demand Gen (2018) 2018 B2B Buyers Survey Report, *Demand Gen Report*, 2018. Disponível em: http://e61c88871f1fbaa6388d-c1e3bb10b0333d7ff7aa972d-61f8c669.r29.cf1.rackcdn.com/DGR_DG081_SURV_B2BBuyers_Jun_2018_Final.pdf (arquivado em https://perma.cc/5UKZ-KYCY).

[6] garyvaynerchuck.com (2019) The Garyvee Content Strategy: how to grow and distribute your brand's social media content. Disponível em: https://www.garyvaynerchuk.com/the-garyvee-content-strategy-how-to-grow-and-distribute-your-brands-social-media-content/ (arquivado em https://perma.cc/5ML8-AFHT).

[7] Weed, K. (2018) The only solution to fake follower fraud is total eradication, *Marketing Week*, 18 de setembro. Disponível em: https://www.marketingweek.com/2018/09/18/keith=-weed-fake-follower-fraud-total-eradication/?cmpid-em-newsletter-breaking_news-n-n&utm_medium=em&utm_source=newsletter&.utm_campaign=breaking_news&eid=6199809&sid=MW0001&adg=-85454879-9956-450A-B43D-B0A487FD0D56 (arquivado em https://perma.cc/V6HV-2DLK).

[8] Troyer, J. M. (2017) The top 50 overall VMware influencers, *Medium*, 7 de março. Disponível em: https://medium.com/influence-marketing-council/the--top-50-overall-vmware-influencers-7fc7ec32500e (arquivado em https://perma.cc/GN89-XDBR).

[9] Convince & Convert (nd) How to Create a Thriving B2B Advocacy Community, Convince & Convert. Disponível em: https://www.convinceandconvert.com/podcasts/episodes/how-to-create-a-thriving-b2b-advocacy-community/ (arquivado em https://perma.cc/3ZH2-4TRH).

[10] Adobe Blog (nd) Introducing the 2019 Adobe Summit Insiders. Disponível em: https://theblog.adobe.com/introducing-the-2019-adobe-summit-insiders/ (arquivado em https://perma.cc/N7EP-WYAX).

[11] O'Shea Gorgone, K. (2019) A B2B case study in influencer marketing: Adobe's Rani Mani on marketing smarts, *Marketing Profs*, 29 de agosto. Disponível em: https://www.marketingprofs.com/podcasts/2019/41716/b2b-influencer-adobe-rani-mani-marketing-smarts?adref=nl082919 (arquivado em https://perma.cc/VP85-V24E).

[12] Schaefer, M. W. (2015) *The Content Code: Six essential strategies for igniting your content, your marketing, and your business*, Grow Publishing, p. 130.

CAPÍTULO 10

Thought leadership:
insights de seu pessoal

Utilizada em excesso, a expressão *thought leadership* (liderança de pensamento) muitas vezes promete muito e cumpre pouco. Boa parte do que se denomina *thought leadership*, na verdade, não é nada do tipo – nem bem refletido nem de vanguarda. Mas o pensamento inovador que faz seu pessoal ou sua marca se destacarem é um complemento óbvio ao seu planejamento de marketing e comunicação, que pode funcionar excepcionalmente bem no topo do seu funil de vendas.

Insights e informações proporcionados por líderes e especialistas respeitados em seus respectivos campos causam uma força e um impacto que outros conteúdos não causam. Como revelou recentemente uma pesquisa da Edelman/LinkedIn em 2018, 45% dos mil tomadores de decisão entrevistados disseram que convidariam uma organização para apresentar propostas sobre um projeto, mesmo sem as considerarem antes, após se engajarem com conteúdo de *thought leadership*.[1] Cerca de 55% também consideraram *thought leadership* uma forma útil de investigar potenciais prestadores.

Pensamentos inovadores conferem destaque ao seu pessoal e sua marca, e uma *thought leadership* de excelência deve ser exatamente assim – inteligente, inspiradora e portadora de mensagens por natureza. Como revelou uma pesquisa recente da Forrester, conteúdos empáticos e autênticos são mais confiáveis que outras fontes.[2]

ESTABELEÇA A SUA VISÃO E OS RESULTADOS

Uma boa liderança de pensamento não é nada disso – e a notícia ainda pior é que os leitores reconhecerão uma liderança de pensamento fraca.

A mesma pesquisa da Edelman revelou que somente 18% da *thought leadership* com que eles se deparavam era de "excelente" qualidade.[3] A Edelman descobriu que uma *thought leadership* de baixa qualidade não só prejudica a reputação de uma organização, mas também seu potencial de angariar negócios. Ambos os dados estatísticos são uma prova clara de que toda estratégia de criação e oferecimento de *thought leadership* deve ser cuidadosamente planejada. Como qualquer tipo de conteúdo, o sucesso não vem sem considerável quantidade de tempo, energia e investimento.

De acordo com uma pesquisa da Barry e Gironda,[4] líderes de pensamento são frequentemente descritos como pessoas capazes de fazer uma (ou mais) das seguintes coisas:

➤ Promover diálogos sobre paixões compartilhadas;

➤ Incentivar novas direções ou ideias;

➤ Explorar o poder do intelecto;

➤ Oferecer instruções consistentes sobre temas relevantes;

➤ Estimular novas mentalidades para lidar com desafios iminentes;

➤ Comunicar com clareza de que forma novas ideias se tornam realidade;

➤ Desenvolver estratégias acionáveis.

Não é à toa que pessoas descritas como *thought leaders* são "recursos ideais em suas áreas de *expertise*". Idealmente, elas seriam as autoridades de maior destaque em questões do setor. Elas devem ter algo novo, ou talvez diferente, para dizer. Também devem ter estatura, visão ou experiência que as tornem confiáveis.

Conteúdos de *thought leadership* devem atender a um propósito – responder às dores do cliente, apresentar uma solução ou tática que possa ajudar a audiência a resolver um desafio de negócios, ou, então, ser uma narrativa mais ampla ou "conduzida por um propósito" que respalde o ponto de vista ou as crenças do negócio mais amplo.

Independentemente das alternativas que você escolher, compreender o que uma ótima *thought leadership* deve fazer é basicamente um exercício que envolve responder a perguntas importantes, refletindo a abordagem de desenvolvimento de estratégia destacada no Capítulo 3:

➤ Por que você está criando *thought leadership*?

➤ Com quem você está dialogando?

➤ O que você vai dizer?

➤ Como você vai oferecê-la?

➤ Como vai manter o fluxo?

DESENVOLVENDO O SEU *POOL* DE TALENTOS

Uma ótima *thought leadership* pode construir engajamento de marca para sua empresa no início da jornada do cliente, antes que surja uma necessidade real. Como já lemos, isso é extremamente importante no B2B, sobretudo quando as jornadas de vendas duram muitos meses ou até anos.

Vale dizer, desde já, que no mundo corporativo a *thought leadership* não precisa vir de pessoas em cargos executivos. No entanto, é preciso que essas pessoas consigam desenvolver energia e engajamento em torno do que pensam. *Thought leaders* corporativos podem ser divididos entre os seguintes grupos mais amplos:

Visionários	Técnicos	Refletores
Pensadores macro com ideias amplas que oferecem insights ao explorar o *zeitgeist*.	Possuem insights técnicos, conhecimento especializado e inovação.	Pessoas que refletem sobre a própria experiência, pensamentos ou trabalho para dar orientações ou congregar pensamentos alheios.

Escrever bem não é a única habilidade que você deve buscar – e o texto escrito não é o único formato que defendo para se oferecer uma ótima *thought leadership*. Sem dúvida, o maior desafio é encontrar pensadores que possam construir relacionamentos sustentados com suas audiências-alvo. Sugiro que você proceda da seguinte maneira:

> **Encontre evangelistas já preparados:** faz total sentido ter como base pessoas que já se estabeleceram como *thought leaders* em sua organização. Se elas forem especialistas técnicas, é provável que já tenham uma rede pronta ou uma audiência apaixonada pela própria área técnica. Encontrá-las pode ser simples como olhar ao redor pela sala, mas, em organizações maiores, identificar essas pessoas pode ser uma operação bem mais trabalhosa. Para ajudar, busque pessoas que publicam muito no LinkedIn e no Twitter dentro de sua organização, e entre em contato com divisões e gerentes para que eles recomendem pensadores ou membros de equipes.

> **Consulte sua diretoria executiva:** apesar de nem todos os CEOs serem engajadores, carismáticos ou inovadores no que pensam, pode haver outra pessoa nas equipes seniores que você pode apoiar e encorajar a se tornar líder de pensamento. Enxergue além do óbvio. Busque vozes novas e diferentes que reflitam os valores da organização de uma forma autêntica. Elas não precisam criar conteúdo próprio – você pode aliá-las a um produtor de conteúdo que as entreviste e transforme o que dizem em um esquema de Q&A ou um post de blog.

> **Cultive seu próprio pessoal:** mapeie e analise pessoas de seu time que tenham quantidades grandes de seguidores em seus canais de redes sociais, engajamento sólido ou perfis com publicações bem-sucedidas. Incentive-as a criar mais conteúdo e trabalhe com elas para gerar narrativas e fluxos de conteúdo realmente importantes para si. Nutrir talentos pela organização ajudará a incentivar o engajamento, compartilhamento e distribuição de seu conteúdo. O ideal é você ter como meta encontrar vozes de todas as áreas, regiões e níveis que possam representar sua organização.

OS FUNCIONÁRIOS SÃO A CHAVE

Sarah Goodall é consultora-líder em alavancar o poder da defesa e da influência dos funcionários. Com muita frequência, ela sente que o trabalho de *thought leadership* se restringe ao departamento de marketing: "Viemos de uma cultura em que o marketing detém o conteúdo, no entanto, o marketing – e posso dizer isso com propriedade, pois sou profissional da área – está a anos-luz da fonte dos ótimos conteúdos, que são os funcionários e os clientes", ela me conta. Sarah acredita que os profissionais do marketing devem ficar de olho na empresa, a fim de encontrar os especialistas para criar conteúdo-chave, já que essas pessoas estão mais próximas das dores do cliente: "Os especialistas em conhecimento são os que você deseja identificar primeiro; em seguida, você pode começar a ajudá-los a construir suas marcas sociais e a se tornar especialistas visíveis, não somente especialistas internos e ocultos".

Sarah aponta que conteúdo escrito por especialistas tem maior probabilidade de ser compartilhado por colegas do que conteúdo vindo diretamente da organização, e que as empresas deveriam procurar descobrir formas eficazes de ativar seu pessoal:

> Acredito piamente que os funcionários têm o controle para criar esse conteúdo humano, esse jornalismo de marca. Se você começa a colocar o propósito atrás da atividade, e ajudar a voz do funcionário a se sobressair, a situação fica muito mais autêntica, você obterá maiores taxas de conversão e o conteúdo vai gerar mais tráfego para o seu site. Tudo tem a ver com o contato de ser humano para ser humano.

INSPIRAÇÕES PARA A *THOUGHT LEADERSHIP*

Além da habilidade de refletir o "lado humano" da empresa, quais outras qualidades de *thought leadership* devem ser buscadas? O ideal seria que a *thought leadership* proporcionasse pensamentos originais consistentes e contínuos, mas na realidade há poucos líderes de destaque capazes de oferecer esclarecimentos autênticos e embasados, em um formato pronto para o consumo. Dito isto, existem algumas ferramentas e perguntas que você pode fazer sobre seus líderes de pensamento que podem ajudar a ter ideias:

> **Tenha como referência uma história pessoal:** muitos líderes de empresas atualmente trazem as próprias histórias autênticas para o ambiente de trabalho, construindo empatia e ajudando a garantir que suas equipes e funcionários se identifiquem com elas. Um dos ótimos exemplos de pessoas que trouxeram o pessoal para a vida profissional é o atual CEO da Microsoft, Satya Nadella. Ele escreveu e falou exaustivamente sobre sua vida familiar e como ela impactou a si mesmo e seu trabalho. Ainda que trazer esse nível de franqueza para o domínio público possa não se adaptar a todas as pessoas, a atitude ajudará a desenvolver empatia e confiança.

> **Envolva-se na conversa global:** quando líderes de pensamento leem notícias sobre o setor e se munem de todo tipo de narrativas mais amplas que incomodam empresas e governos, eles se conectam num instante com os temas que definem o contexto de toda a nossa vida. Estar familiarizado com fundações e instituições de caridade também pode garantir que líderes de pensamento ampliem seu entendimento sobre um tópico. Da mesma maneira, pode ser vantajoso verificar o que concorrentes e fornecedores de conteúdo publicaram.

> **Use eventos da vida para ativar pensamentos inovadores:** Richard Branson, fundador do Virgin Group, oferece de forma consistente conteúdo e pensamentos originais. Uma técnica frequentemente usada por seu time é criar conteúdo ativado por um acontecimento particular da vida – por exemplo, ele acabou de comemorar o Ano Novo (momento para pensar em coisas novas); um novo neto acaba de chegar (tempo para refletir); acabou de lançar um novo produto (o caráter variável das necessidades do cliente) etc. A questão é: esses artigos e blogs não são simplesmente comunicados de RP; eles se transformam em histórias que parecem mais engajadoras e relevantes porque se entrelaçam à vida real, além de serem cheias de presença e personalidade.

> **Use eventos da empresa para criar conteúdo:** se a ideia de refletir sobre a vida pessoal não sintoniza com seus *thought leaders*, talvez eles se sintam mais à vontade criando conteúdos relacionados à própria empresa. Não se trata de utilizar o conteúdo de maneira forçada como um exercício de RP, e sim como um "ponto de partida" para outra história ou uma reflexão pessoal.

USANDO O LANÇAMENTO DE UM PRODUTO COMO "PONTO DE PARTIDA"

O lançamento de um produto é o evento perfeito para ser usado como ponto de partida. Para torná-lo impactante, você pode usar qualquer uma das perguntas a seguir como base para elaborar histórias de produtos pessoais:

> Quanto tempo levou para um produto ser lançado e quais foram as pessoas envolvidas?

> Onde a ideia surgiu pela primeira vez?

> Como ela mudou ao longo do período de desenvolvimento?

> Quem incentivou a mudança, e por quê?

> O que a equipe de lançamento aprendeu ao longo do processo?

> Quais são as histórias pessoais?

> Quais desafios apareceram?

> Como você, ou o time, os superou?

> Como os times que desenvolveram o novo produto colaboraram?

> Quantos times diferentes se envolveram e em quantos países?

> Até que ponto eles foram para atingir essa meta?

> **Use pesquisa secundária como ponto de partida:** se o próximo evento de sua empresa vai demorar muito para acontecer, é possível

usar pesquisas ou insights alheios para criar um ponto de partida alternativo. É ótimo pesquisar novos setores, pois isso lhe dá liberdade para extrair um insight ou um fato novo que seja interessante ou relevante. A partir daí, *thought leaders* podem elaborar um artigo mais amplo, acrescentando a própria opinião ou a do executivo ao qual está direcionado. Uma publicação recente do *Agenda*, do Fórum Econômico Mundial – "Parques eólicos disponibilizam 14% da energia nos Estados Unidos – o país está assumindo a liderança"[5] – é um exemplo perfeito dessa proposta em ação. Outro exemplo, de outro artigo: "7 das 10 cidades mais poluídas do mundo ficam na Índia",[6] que se baseou em uma pesquisa feita pela Organização Mundial da Saúde.

➤ **Utilize pesquisas originais como a base de uma história:** por que usar pesquisas alheias se você pode usar as próprias? Pesquisas originais são um excelente ponto de partida para uma série de materiais de liderança de pensamento baseados nas descobertas de pesquisas sólidas e aprofundadas. Isso não somente aumenta a credibilidade de sua organização como, também, é uma ótima forma de obter tração em múltiplas plataformas. Além de hospedar a reportagem principal, *thought leaders* têm a chance de separá-la em seções assimiláveis ou imagens compartilháveis, citações e artigos. Quando a pesquisa é original, *thought leaders* podem se apropriar legitimamente dos insights para contextualizar argumentos ou questões mais gerais que desejam salientar.

➤ **Faça uma jornada pessoal ou estrutura moral:** qual foi sua maior falha? O que você aprendeu durante sua carreira? Quando percebeu que estava ultrapassando limites? Como você teve que se adaptar para ter sucesso? Audiências adoram respostas a esse tipo de pergunta.

➤ **Use uma paixão ou missão para educar:** uma vantagem de conhecer bem seus *thought leaders* é que você pode descobrir potenciais interesses colaterais ou paixões em que eles sejam confiantes e articulados. Ainda que suas paixões se conectem apenas tangencialmente ao negócio, estar aberto a coisas diferentes demonstra que eles têm profundidade. Jeff Weiner, CEO do LinkedIn, posta em seus canais de redes sociais temas como liderança, estratégia e visão, e também cultura no ambiente de trabalho. Suas postagens são sinceras (às vezes, apenas breves), e os leitores raramente têm a sensação de que elas estão sendo criadas por outra pessoa. Elas são autênticas e sua voz é humana.

> **Acrescente originalidade:** se *thought leaders* têm dificuldades para apresentar pesquisas originais, ou um ângulo radicalmente novo ou diferente em seu ramo de atuação, eles podem considerar desenvolver pensamentos de liderança agregando opiniões de outras pessoas. Ao assumirem o papel de curadores de outros pensamentos originais, *thought leaders* ainda podem construir uma série de trabalhos passíveis de comentários que sejam relevantes e interessantes.

FATORES DE SUCESSO PARA CONTEÚDO

Considerando as orientações anteriores e produzindo conteúdo somente quando ele atende a um (ou a alguns) critério(s), sua *thought leadership* terá automaticamente uma chance muito melhor de ter um alto impacto. Também se deve considerar as orientações seguintes ao criar seu próprio conteúdo, ou trabalhar com os membros de seus times seniores para ajudá-los a produzi-lo por conta própria.

1. Seja autêntico e sincero

Nunca é exagero citar a necessidade de ser autêntico. Pesquisas indicam que 80% dos consumidores dizem que a "autenticidade de conteúdo" é o fator mais influente quando decidem seguir uma marca.[7] Em termos de como isso se traduz para artigos sobre *thought leadership*, o lema é que o conteúdo deve tentar se conectar – e com uma voz "humana" (isto é, sem ser corporativa demais). Se houver a mínima suspeita de que o conteúdo não é autêntico, seu impacto será reduzido. Pode ser que um blog tenha sido escrito por um *ghostwriter* após uma entrevista detalhada, ou que os trechos de conversas sejam mapeados de um *podcast*, mas mesmo assim é essencial que toda a emoção original permaneça. A opinião deve ser a do *thought leader*, não importa o formato como é apresentada.

Thought leadership: insights de seu pessoal

2. Garanta que os líderes conectem suas paixões com as necessidades da audiência-alvo

Embora seja possível deixar a criação de conteúdo inteiramente nas mãos dos seus especialistas no assunto (e muitas organizações fazem isso), é provável que, se eles pensam no tema o tempo todo, talvez não o traduzam de uma forma que os leitores achem engajador ou que aborde problemas aqui e agora. Portanto, é essencial que suas paixões se conectem com as audiências, e de maneira coerente.

Muitos executivos seniores têm ótimas ideias e insights, mas não têm tempo ou habilidade para transformá-las em narrativas escritas interessantes. É aí que a existência de um departamento de marketing, uma equipe de comunicação, uma agência externa ou um redator profissional pode ajudar. Essas pessoas podem entrevistar seus *thought leaders* para revelar informações valiosas cruas, sem cortes e não lapidadas que podem ser desenvolvidas e transformadas em conteúdo. É aí que a arte do jornalismo de marca mostra de fato a que veio – pegando ideias não lapidadas, descobrindo seu potencial e sabendo o que precisa ser feito para ampliá-las e transformá-las em ótimas histórias.

DICA DA REDAÇÃO

PROCURE UM "GANCHO" NA NOTÍCIA

Nas redações, os jornalistas procuram um "gancho" – o motivo pelo qual uma história é relevante para a audiência em um momento específico. Um ótimo conteúdo encontra um ângulo diferente ou uma abordagem distinta para uma história que as pessoas já estão discutindo. Se você acha difícil fazer isso, use ferramentas de tendências de pesquisa, entre elas, a AnswerThePublic ou a BuzzSumo, para avaliar quais tópicos são atualmente populares a fim de saber como fazê-los circular. Isso não precisa estar vinculado a um evento ou acontecimento importante – pode ser, simplesmente, que haja amplo interesse ou ressurgimento de um assunto, tema ou produto.

3. Faça postagens contínuas

Postagens regulares de pensamento de liderança são cruciais para fomentar, manter e desenvolver audiências. Se seus leitores gostam do seu conteúdo, eles esperam que o material seja publicado com previsibilidade e regularidade. Isso não quer dizer que você deva fazer publicações diárias, mas, independentemente do seu cronograma, atente-se às datas planejadas de publicação.

4. Peça comentários

O *Passion Projects*,[8] da IBM, e o *Research Blogs*,[9] da Microsoft, atraem a sabedoria da sua audiência. Os blogs da Microsoft demonstram a profundidade e o engajamento de seu pessoal com entrevistas exclusivas que revelam o ser humano por trás do trabalho. No caso do *Passion Projects*, os artigos não são escritos pelas pessoas *per se*; na maioria dos casos, os insights e opiniões são apresentados por meio de entrevistas elaboradas em blogs usando frases em primeira pessoa.

5. Escolha o formato certo

Se o seu CEO ou outros *thought leaders* se apresentam muito bem em vídeo, tire proveito dessas habilidades e use esse formato, em vez de focar somente nos textos. Há exceções, mas a maioria das pessoas não fica à vontade ou se mostra incisiva em vídeos, ou sequer demonstra qualquer energia, portanto, não force seus *thought leaders* a se adaptar a formatos com que eles não se sintam confortáveis. Mas faça testes, a fim de ao menos verificar do que eles gostam e do que não gostam, e o que funciona melhor para o seu conteúdo.

A *thought leadership* tem muitas roupagens – a Microsoft Research, por exemplo, desenvolveu uma esclarecedora série de *podcasts*, entrevistando um amplo leque de seu próprio pessoal sobre trabalho e interesses gerais.[10] Títulos incluem temas amplos e baseados em valores, como "Fazendo o futuro do trabalho trabalhar para você" e "Discurso e linguagem: a joia da coroa da IA".

◢ 6. Não force a venda

Considerando que o jornalismo de marca tem como propósito angariar defensores (e, em última instância, novos negócios), em algum ponto do processo pode ser tentador transformar a *thought leadership* em uma venda forçada.

Lembre-se de que o principal objetivo da *thought leadership* efetiva é demonstrar conhecimento e insight sobre sua área temática ou área de foco – e sem exigir uma adesão direta de seu leitor. Artigos, *podcasts* ou vídeos devem simplesmente alinhar a personalidade ou a marca à eficácia de um campo ou setor em particular. Dessa forma, líderes de pensamento podem amparar a consciência de marca para sua organização, demonstrando que seu pessoal sênior pensa de maneira mais inovadora que a concorrência.

Como diz Amanda Rubin, colíder de estratégia de conteúdo e marca da Goldman Sachs, a ideia de conteúdo dessa empresa é criar "troca de valores" no ambiente digital, para que a audiência pense de forma mais positiva na marca Goldman Sachs.[11] O site da Goldman Sachs tem sua própria plataforma de *podcast*, a *Exchanges*, que oferece insights gerais de líderes de pensamento e consultores da empresa. Os títulos são variados, desde "O que faz as seguradoras ficarem acordadas à noite?"[12] até "Como a tecnologia está remodelando o horizonte da cidade?".[13] Esse material exclusivo é apresentado em uma plataforma constante e acessível, hospedada pelo diretor global de comunicação corporativa da Goldman Sachs, Jake Siewert.

DICA DA REDAÇÃO

PERGUNTAS ABERTAS

Perguntas abertas são elaboradas para suscitar respostas completas e detalhadas ao se entrevistar alguém para conteúdo de vídeo ou de texto. Uma pergunta aberta vai começar com "o quê?", "por quê?", "como?" ou "quem?", a fim de garantir que as respostas não sejam um monte de "sim/não".

APOIO À IDEAÇÃO E À CRIAÇÃO

Já discutimos neste livro como o conteúdo de jornalismo de marca *pode* ser terceirizado se isso poupar tempo ou melhorar padrões. Pelo caráter mais pessoal da *thought leadership*, há quem diga que esse tipo particular de conteúdo é menos adequado para a terceirização. A principal preocupação é que a "pessoa real" (sua conexão, empatia, paixão) fique obscurecida pelo filtro da escrita do redator. Na realidade, muitos dos *thought leaders* mundiais do mais alto escalão usam uma equipe de comunicação, *ghostwriter* ou agência como alguma forma de apoio à constante criação de conteúdo.

Se você delega conteúdos de liderança de pensamento a membros de equipes internas, ou se está procurando uma agência para criar esse tipo de conteúdo, o Quadro 10.1 mostra um procedimento que você pode seguir para ajudá-lo a criar e oferecer conteúdo contínuo que seja autêntico, e apresente as ofertas e o *messaging* da organização, sem comprometer a integridade da entrega e dos resultados.

QUADRO 10.1	Procedimento para criação de conteúdo de *thought leadership*
1. Pesquisa e elaboração de ideias	Investigue o ambiente e o trabalho ou atividade do seu pensador-alvo. Elabore uma série de ideias para potenciais matérias que você possa concretizar com o entrevistado ou o especialista no assunto.
	O ideal é que essas ideias provenham diretamente dos próprios entrevistados, mas às vezes – sobretudo se eles tiverem pouco tempo disponível – isso pode ser um desafio.
	Desenvolva uma série de tópicos em potencial que possam ser abordados e faça um acordo com o time de executivos, de comunicação ou RP.
2. Perguntas	Depois de decidir os tópicos que vai abordar, é importante que seu entrevistado tenha as perguntas para que possa se preparar adequadamente.
	O ideal é trabalhar com o resumo do seu artigo ou estrutura de vídeo (ou qualquer outro formato que escolher) para garantir obter as informações corretas nas respostas.
	Se o formato da *thought leadership* for entrevista por vídeo ou *podcast*, forneça as perguntas com antecedência para que seu entrevistado possa se preparar; o ideal é fazer o mesmo com as entrevistas em formato de texto.

Thought leadership: insights de seu pessoal

3. Logística	Certifique-se de estruturar a entrevista com bastante antecedência, agendando-a com tempo suficiente para um diálogo ou discussão real.
	Reserve tempo suficiente no cronograma para ter a opção de abarcar todas as áreas relevantes. Isso também vai aliviar a pressão dos entrevistados.
	Considere agrupar dois conjuntos de perguntas a fim de ter material para blogs, artigos ou insights extras. Aproveite o tempo disponível da melhor forma possível.
4. Entrevista	Entrevistas que objetivam extrair informações para escrever artigos podem ser feitas por telefone ou pessoalmente. Sejam *in-house* ou externas, entrevistas cara a cara são sempre preferíveis.
	Estar na sala com o entrevistado constrói vínculos e deixa menos margem a mal-entendidos.
	Pessoalmente ou por telefone, grave a entrevista e explore-a em busca de ideias para histórias adicionais – para seu *thought leadership* ou conteúdo mais amplo.

Dependendo das metas e resultados buscados para cada conteúdo criado, a distribuição de materiais de insight pode se dar por meio de redes sociais ou do site da pessoa, e também dos sites e canais corporativos, amplificados em suas redes sociais corporativas.

Você também deve considerar sites de terceiros para publicar ou republicar artigos textuais, como o *Medium*,[14] que podem ajudar a amplificar sua produção, assim como a publicação ou a distribuição em sites como o *Forbes, Inc* e *Huffington Post*. Em última instância, vender é uma experiência de ser humano para ser humano, e explorar a rica junção de pensamentos dentro de sua organização – não importa o tamanho dela – ajudará a construir relacionamentos duradouros com suas audiências-alvo.

NOTAS

[1] Edelman (2019) 2019 B2B Thought Leadership Impact Study, *Edelman*, 5 de dezembro. Disponível em: https://www.edelman.com/research/2019-b2b-thought-leadership-impact-study (arquivado em https://perma.cc/7SLF-DVLJ).

[2] Ramos, L. (2017) Peer stories and credible data attract and engage B2B buyers use short-form interactive content to capture customers' attention, *Forrester*, 7 de setembro. Disponível em: https://on24static.akamaized.net/event/16/73/65/8/rt/1/documents/

resourceList1528136053847/forrestercomplimentaryreportpeerstoriesandcredible-data1528152417373.pdf (arquivado em https://perma.cc/6E6G-HW53).

[3] Edelman (2019) 2019 B2B Thought Leadership Impact Study, *Edelman*, 5 de dezembro. Disponível em: https://www.edelman.com/research/2019-b2b-thought-leadership-impact-study (arquivado em https://perma.cc/7SLF-DVLJ).

[4] Barry, J. M. e Gironda, J. T. (2017) Operationalizing thought leadership for online B2B marketing, *Industrial Marketing Management*, 81, p. 1-22.

[5] Fleming, S .(2019) Wind farms now provide 14% of EU power – these countries are leading the way, *World Economic Forum*, 6 de março. Disponível em: https://www.weforum.org/agenda/2019/03/wind-farms-now-provide-14-of-eu-power-these-countries-are-leading-the-way/ (arquivado em https://perma.cc/ K33P-B42U).

[6] Thornton, A. (2019) 7 of the world's 10 most polluted cities are in India, *World Economic Forum*, 5 de março. Disponível em: https://www.weforum.org/agenda/2019/03/7-of-the-world-s-10-most-polluted-cities-are-in-india/ (arquivado em https://perma.cc/CR9M-P2US).

[7] Sweezey, M. (2015) 5 content engagement questions answered, *Slideshare*, 16 de dezembro. Disponível em: https://www.slideshare.net/MathewSweezey/5-content--engagement-questions-answered (arquivado em https://perma.cc/Q4KM-E894).

[8] IBM Passion Projects (nd). Disponível em: https://www.ibm.com/thought-leadership/passion-projects/ (arquivado em https://perma.cc/AJT8-SE3V).

[9] Microsoft (nd) Microsoft Research Podcast. Disponível em: https://www.microsoft.com/en-us/research/blog/category/podcast/ (arquivado em https://perma.cc/8Y5X-4DJN).

[10] *Ibid.*

[11] Baker, D. (2017) How finance brands like Goldman Sachs use content to build trust and win customers. contently, *Contently*, 20 de abril. Disponível em: https://contently.com/2017/04/20/goldman-sachs-build-trust-win-customers/ (arquivado em https://perma.cc/6CSR-T2PR).

[12] Siegel, M. (2019) Episode 124: What's keeping insurers up at night? *Goldman Sachs*, 7 de maio. Disponível em: https://www.goldmansachs.com/insights/podcasts/episodes/05-07-2019-mike-siegel.html (arquivado em https://perma.cc/XB66-U54T).

[13] Garman, J. (2019) Episode 120: How is tech reshaping the city skyline? *Goldman Sachs*, 1º de abril. Disponível em: https://www.goldmansachs.com/insights/podcasts/episodes/04-01-2019-jim-garman.html (arquivado em https://perma.cc/7GD9-8XRT).

[14] Medium (nd). Disponível em: https://medium.com/ (arquivado em https://perma.cc/XW24-39BH).

Thought leadership: insights de seu pessoal

CAPÍTULO 11

Mensurando o **impacto**: **construindo** um **modelo** de **mensuração**

Abordamos como desenvolver e distribuir seu conteúdo de jornalismo de marca para impacto máximo, mas rastrear com sucesso os resultados continua sendo um grande desafio. Se você tem a sorte de trabalhar com um sistema de gestão de conteúdo ponto a ponto, ou um único canal integrado, sua mensuração será relativamente direta, mas a realidade tende a ser um misto de canais e ferramentas variados, e uma grande quantia de dados que você precisa compreender.

Além da complexidade de múltiplos canais de conteúdo, também há o desafio de mapear onde seu conteúdo termina. Redes de distribuição e compartilhamento significam que nem sempre podemos rastrear como nosso conteúdo e mensagens acabam chegando à audiência. Mensurações precisam ser feitas sob medida, desenvolvidas especificamente para trabalhar com uma marca ou canal de marca. Elas não têm de ser complicadas se você estiver lidando com uma quantidade limitada de atividades, mas têm de ser consistentes e acompanhadas no longo prazo para evidenciar tendências, bem como sucessos ou engajamento de curto prazo.

A sua atenção às métricas deve ser orientada pelos objetivos específicos que pretende atingir e avaliada para os alcançar. Muitas vezes os profissionais de marketing focam o curto prazo, buscando resultados imediatos de posts e *uploads* de conteúdo – sem dúvida você pode usar métricas-chave para mensurar esse tipo de atividade, mas isso não vai dar o panorama completo, mesmo porque seu conteúdo (se direcionado com cuidado e estratégia às necessidades da audiência) continuará causando impacto sobre aspectos de sua estratégia, como o SEO, muito tempo depois de ser postado e compartilhado.

> Os times de conteúdo do futuro não são somente equipes de capacitação para vendas no topo de funil. Não são apenas equipes focadas em SEO incentivando consciência de marca. Não são somente organizações de atendimento ao cliente, gerenciando vídeos de procedimentos ou eventos do cliente. Equipes de conteúdo do futuro são especialistas em oferecer valor ao público em cada etapa da jornada do cliente.
>
> *Robert Rose, autor de marketing de conteúdo e fundador da Content Advisory*[1]

Todo método de mensuração deve avaliar o sucesso como você o vê, com base nos seus objetivos precisos de conteúdo, definidos na etapa de elaboração de estratégia e criação de conteúdo. Minha recomendação é adotar uma abordagem ampla e holística para mensurar seus resultados e avaliar os dados. Como escreve Rebecca Lieb, estrategista e consultora de conteúdo:

> Fazer mensurações só para vendas e *leads* – ou simplesmente se ater a métricas de volume ou vaidade, como "curtidas" e "visualizações" de pouco valor de negócio – reduz e desvaloriza o investimento em tempo, mídia, funcionários, tecnologia e relacionamento com vendedores.[2]

INVESTINDO NO LONGO PRAZO

Em uma entrevista para este livro, o especialista em marketing Michael Brenner destaca como aborda o ROI (*Return on Investment* – retorno sobre o investimento), tomando como ponto de partida o conceito de marketing de conteúdo como uma anuidade – algo em que se investe por um período mais longo de tempo e oferece valor no fim do ciclo:

> Se você publica constantemente, como uma editora, com o tempo percebe um aumento no tráfego e, como consequência, o retorno aumenta. Se escrevo conteúdo focado

no cliente que atrai uma audiência, e se consigo engajá-la com mais profundidade à minha marca, talvez com ofertas dirigidas, inscrições em newsletters, ou com cursos e livros, posso gerar *leads* que, em última instância, podem se converter em receita. Isso é uma anuidade, um ativo financeiro. Para obter essa anuidade, esse retorno sobre o investimento a uma taxa de retorno composta, é preciso fazer investimentos consistentes.

A Mitsubishi Heavy Industries integrou seu jornalismo de marca em várias de suas comunicações globais em seus próprios sites (no site corporativo, o *MHI.com*, e no *hub* de conteúdo, *Spectra*[3]), em paralelo a publicidade nativa e parcerias de conteúdo em plataformas de divulgação mundial como a *Forbes*, o *Wall Street Journal* e o *Financial Times*. Há várias abordagens para mensurar esse tipo de conteúdo. A atividade de conteúdo global da MHI é apoiada por campanhas locais, específicas e ativações pagas, quando necessário. No *Spectra*, os materiais sobre *thought leadership* têm como foco "deixar o cliente mais inteligente" proporcionando insights sobre temas relevantes, como indústrias globais, o caráter mutável do ambiente de trabalho, e desafios gerais energéticos e ambientais. Onde possível, oportunidades de relacionamento com a mídia apoiam campanhas e ativações em andamento nos canais pagos e adquiridos.

Ao integrar intimamente os planejamentos de marketing e de comunicação, o diretor global de comunicação e marketing Dan Lochmann garante que todo o conteúdo e as histórias estão se esforçando para construir consciência de marca, que ao mesmo tempo é aproveitada (como parte da geração de *leads* e do material de conversão) mais abaixo no funil de vendas:

> É importante, desde o início, ter clareza sobre os objetivos de seu conteúdo, e que esses objetivos estejam intimamente ligados à sua estratégia de negócio. Se o objetivo for globalizar rapidamente uma empresa, por exemplo, você precisa começar a comunicá-lo de maneira global. Na MHI, queremos nos aprofundar na história do que fazemos, do que produzimos, e o conteúdo é uma maneira perfeita para fazer isso.

Em termos de mensuração, precisamos focar nos resultados que ofereçam retorno sólido sobre nosso investimento. Para mim, se consigo provar que um conteúdo "no topo de funil", por assim dizer, um item de *thought leadership*, engajou um cliente que percorreu a jornada do cliente e acabou comprando ou recomendando um produto da MHI, esse é um retorno perfeito sobre o investimento. Mas, ao mesmo tempo, também estamos construindo reputação [com esse conteúdo] e valor de marca.

◢ Não existe fórmula mágica

O que fica claro é que não existe maneira simples de resolver o desafio da mensuração. O ambiente moderno do marketing é complexo, como observaram Dzamic e Kirby,[4] que escreveram sobre o "tsunami MarTech", com milhares de operadoras já em atuação e mais a caminho. Essa fragmentação do ambiente gerou uma imensa variedade de técnicas e abordagens de mensuração, mas nenhuma oferece uma solução abrangente que funcione para cada cliente. Como afirmou a IBM em seu relatório *2019 Marketing Trends*, estamos presenciando o surgimento do *Marketer 4.0: the tech-savvy martecheter** (Profissional do Marketing 4.0: o *martecheter* que entende de tecnologia).[5]

Minha experiência é que todos os fornecedores de software acreditam que sua plataforma ou solução pode mensurar tudo aquilo de que você precisa como agência ou cliente – mas nenhuma delas chegou a conseguir isso. Em última análise, nos encontramos em uma situação em que precisamos "selecionar e misturar" resultados para fazer nossas aspirações ou resultados se aproximarem de uma imagem verdadeira do retorno sobre o investimento, ou, para ser mais explícito, um "retorno sobre objetivos".[6]

A solução é desenvolver uma abordagem híbrida de mensuração que capte o que você está tentando alcançar com suas audiências variadas. Nosso lema seria "menos é mais" – deixe claro o que você quer mensurar e por quê, e reduza isso ao menor número possível de mensurações.

---

* Technical marketing talent (talento de marketing técnico). (N.E.)

Comece pelos objetivos, e, para cada atividade ou campanha, escolha um conjunto de métricas e meça com base nelas; reveja e atualize suas métricas regularmente conforme os KPIs que você escolheu.

◢ O sucesso de histórias orgânicas

É claro que você pode medir qualquer coisa, mas nem todos os dados mensurados serão relevantes, e, se você não tomar cuidado, acabará adotando rotas múltiplas de mensuração. Campanhas pagas mostrarão resultados refinados, que podem revelar informações sobre quem consumiu seu conteúdo, onde e quanto você pagou por cada engajamento em toda a plataforma paga ou execução escolhida. Engajamentos orgânicos constantes podem ser mais difíceis de mensurar, e boa parte do seu jornalismo de marca pode estar nesse espaço orgânico com pouco ou nenhum apoio pago.

Para Melanie Deziel, ex-jornalista, fundadora da StoryFuel e conselheira de estratégia de conteúdo em muitas das principais organizações mundiais, é importante mensurar o jornalismo de marca de uma forma diferente. Entrevistada para este livro, ela explicou:

> Muitas vezes, é instintivo mensurar conteúdo e iniciativas de *storytelling* do mesmo modo que mensuramos nossas campanhas de anúncios, e com frequência isso deixa a desejar. Nosso conteúdo, de formato mais voltado para o consumidor, é mais parecido com jornalismo, portanto, devemos tentar mensurá-lo de forma similar a como outros criadores de conteúdo mensuram as próprias histórias. Ou seja, tendemos a focar menos nas métricas de conversão, como cliques ou vendas, e mais nas métricas de consciência e engajamento que indicam que nosso conteúdo está atingindo a audiência pretendida, fazendo com que parem e passem um tempo conosco. Eu recomendaria analisar itens como alcance, visualizações, tempo engajado, engajamento social, comentários, respostas e outros sinais de aprovação da audiência.
>
> Em todo caso, é crucial conversar sobre mensuração e indicativos importantes de performance antes de começar

qualquer iniciativa de conteúdo, a fim de garantir que todos estejam de acordo, que estamos otimizando o conteúdo para a audiência pretendida, e que temos a infraestrutura pronta para medir as métricas apropriadas.[7]

O time editorial digital do Fórum Econômico Mundial mensura e mapeia o desempenho de histórias todos os dias úteis, durante a reunião de avaliação interna e a reunião diária com o editorial. Também se mensuram tendências em reuniões de avaliação semanais e sessões de estratégia.

Essa é uma oportunidade para compreender quais histórias "viajaram pela rede" e fizeram sucesso com as audiências-alvo. Tópicos populares podem ser focados com mais detalhes; abordagens e sentimentos que fazem sucesso com a audiência (por exemplo, otimismo e positividade) podem ser acrescentados. Formatos que funcionam bem com a audiência podem ser rastreados.

A chave para o sucesso do jornalismo de marca do Fórum e do método de publicação de material é o monitoramento constante e próximo do resultado e dos ajustes de acordo com o sistema e o conteúdo/tópicos. Não é viável para todo mundo investir esse comprometimento de tempo e recursos em tópicos e temas, mas uma avaliação regular (semanal ou mensal) pode atender ao propósito de trazer à tona os melhores temas editoriais para suas audiências-alvo.

◢ Histórias individuais: o que mensurar?

Você pode aprender muito com seu sucesso e métricas orgânicas se não estiver apoiando seu jornalismo de marca com engajamento pago nas suas redes sociais e de busca:

➤ **Tópicos de sucesso:** algum tópico ou área de discussão específicos fazem mais sucesso que outros?

➤ **Influenciadores individuais:** há pessoas específicas do seu time que obtêm mais tração com o conteúdo que produzem? É por causa do tópico ou da rede e da capacidade de compartilhamento?

- **Tempo de permanência:** certos artigos atraem as pessoas por mais tempo? Você consegue perceber algo em termos de tópico, estilo de escrita ou formato de conteúdo como resultado?

- **Comentários, curtidas e compartilhamentos:** qual conteúdo (formato, tópico) está obtendo engajamento no seu *hub* ou nas redes sociais? O que as pessoas estão dizendo? Elas estão tendo discussões de qualidade?

- **Tempo de visualização:** quais vídeos estão sendo visualizados e compartilhados várias vezes em seus canais? Quantos são abandonados após cinco ou dez segundos, em comparação com os que são vistos na íntegra?

> O conteúdo é o meio, não o fim. O objetivo não é ser bom em conteúdo. O objetivo é ser bom no negócio por causa do conteúdo.
>
> *Jay Baer, Convince & Convert[8]*

MENSURAÇÃO AO LONGO DA JORNADA DO CLIENTE

Mensurar somente para ter consciência pode não ser o suficiente para sua organização ou para demonstrar com clareza o ROI no jornalismo de marca. Outra abordagem é combinar seus resultados com a etapa em que seu conteúdo está "funcionando" na jornada do cliente. É possível começar aumentando a consciência e, depois, passar para a construção do interesse, aumentar a confiança e incentivar uma venda ou uma conversão – com o conteúdo de jornalismo de marca, você pode continuar mensurando resultados e o ROI pós-vendas, quando a defesa continua sendo importante.

QUADRO 11.1 Mensuração ao longo da jornada do cliente

Etapa da jornada do cliente	KPIs: Qual é o papel de nosso conteúdo ou histórias?	Métricas
Consciência	O conteúdo precisa ALCANÇAR as pessoas certas.	• Visualizações de páginas, artigos e vídeos específicos (incluindo tempo de permanência); • Tráfego direto geral para o seu site • Menções feitas nas mídias; • Taxa de crescimento da audiência por plataformas de redes sociais próprias; • Alcance de artigos em plataformas de redes sociais.
Interesse	O conteúdo precisa ENGAJAR as pessoas para construir reconhecimento de marca.	• Taxa de engajamento: compartilhamentos e comentários em artigos, posts, *podcasts* e vídeos; • Site: tempo na página, visualizações na página por visita, taxa de rejeição; • Pós-engajamento nas redes sociais: curtidas, comentários, cliques no site, compartilhamentos sociais; • *Share of voice* social: comparação com concorrentes ou campanhas importantes; • Aumento de seguidores em redes sociais em todas as plataformas.
Consideração	Para se tornarem uma consideração real, as marcas precisam provar que ENTENDEM as necessidades e crenças de uma pessoa.	• Taxa de inscrições por e-mail e engajamento; • Taxas de conversão e *click-through*; • Inscrições em blog, em *podcasts* e canais de vídeo; • Pesquisas dentro da página sobre sentimento de marca.
Intenção	Para construir confiança, marcas e pessoas precisam COMPARTILHAR valores, crenças e expectativas.	• Principais páginas visitadas no site – subsequente jornada através do site; • Visualizações, comentários e compartilhamentos de artigos e conteúdos; • Tempo no site, tempo com artigos específicos, taxa de abandono.

Etapa da jornada do cliente	KPIs: Qual é o papel de nosso conteúdo ou histórias?	Métricas
Avaliação	Para fazer uma venda, as marcas precisam CONVENCER as pessoas de seu valor.	• Tráfego constante e recorrente em páginas-chave no site/no *hub* de conteúdo; • Downloads da *landing page*; • Inscrições em *webinars/lives* e eventos (off-line e on-line).
Compra	As marcas precisam GARANTIR às pessoas que elas tomaram a decisão certa superando as expectativas por meio de ações.	• Vendas on-line; • Conversões de vendas rastreadas (por meio do CRM); • MQLs (*leads* qualificados pelo marketing) transferidos às equipes de vendas.
Pós-compra	As marcas precisam NUTRIR esse novo relacionamento usando empatia.	• Conteúdo oferecido a visitantes que retornam; • Avaliações e comentários da comunidade; • Atividade constante de engajamento em redes sociais, como curtidas, comentários, compartilhamentos; • Ações, comentários, compartilhamento contínuo de artigos/conteúdo.

Ferramentas de automação de marketing e mensuração podem poupar tempo e esforço. Muitas vezes, ferramentas de postagem e monitoramento (como o Buffer ou o Hootsuite) incluem painéis de análise de dados que permitem mensurar todas essas métricas e outras; sites de redes sociais também fornecem todos os dados que você precisa. Se você não tiver assinatura dessas ferramentas, elabore planilhas para rastrear e analisar seus números.

ESTUDO DE CASO

RED HAT

A Red Hat, empresa de softwares avaliada em US$ 3 bilhões, é líder no campo de marketing de conteúdo; ao longo dos últimos anos, a diretora de conteúdo global da empresa, Laura Hamlyn, impulsionou o crescimento de um time amplo criando recursos de conteúdo para o time sênior de gestão, o de vendas e o site. Um trecho de nossa conversa:

> Nossa abordagem depende do propósito da história e da mensurabilidade do tipo de conteúdo. Se é gerar consciência, podemos medir a afinidade da marca antes e depois de as pessoas se engajarem com nosso conteúdo. Com vídeos, também podemos medir a conclusão da visualização e a quantidade de inscritos nos canais. Com nosso *podcast*, medimos o tempo gasto nas escutas (completas), os downloads e assinaturas. Também podemos medir o compartilhamento e o sentimento social. O que mais gosto de fazer nas redes sociais é compartilhar conteúdo relevante, e é uma ótima sensação ver fãs compartilhando nosso conteúdo. Eles realmente o recomendam.
>
> Acreditamos que conteúdo duradouro e de campanha podem funcionar bem em conjunto. Por exemplo, o tráfego orgânico em nosso site se converte com o tempo e gera alguns de nossos *leads* mais valiosos. Aumentamos o valor dos visitantes orgânicos do site em 105% ano após ano, desde 2018-2019.
>
> Nossos times se alinharam ao *messaging* por meio do que chamamos de "conversas de vendas". São temas identificados através de pesquisas que nossos clientes e *prospects* identificaram como desafios/oportunidades para os próprios negócios.
>
> Nós nos alinhamos com esses temas em todas as nossas equipes de marketing, de modo que as vendas, o marketing, nossos clientes e *prospects* se exponham aos mesmos termos

e conceitos. Conteúdo duradouro constrói confiança, educa e se torna fonte confiável de informação dia após dia, ou mês após mês. O conteúdo de campanha é mais dinâmico e fluido, e pode servir para criar consciência de marca por meio de mídia paga ou funcionar como um *call-to-action*, dizendo ao potencial cliente qual ação executar em seguida. À medida que nossos dados e MarTech ficam mais avançados, podemos personalizar dinamicamente qualquer um desse conteúdo, a fim de refletir os objetivos de nossos clientes e *prospects*, e os perfis dos usuários.

◢ Uma estrutura mais ampla de mensuração

Algumas pessoas vão querer adotar uma abordagem mais ampla para mensurar o sucesso, sobretudo se aspiram a construir consciência de marca em um prazo mais longo. Em seu livro *Content: The atomic particle of marketing* ("Conteúdo: A partícula atômica do marketing", em tradução livre), Rebecca Lieb destaca um *compass approach* para mensuração que integra uma série de potenciais resultados de negócios mais amplos que meros resultados de marketing ou comunicação, ou métricas de funil/jornadas.

Em termos gerais, essa abordagem mensura o impacto de negócio mais amplo do conteúdo, incluindo:

- **Saúde da marca:** mensuração de atitudes, conversas e comportamentos direcionados à marca dentro de comunidades de clientes ou potenciais clientes.

- **Otimização de marketing:** expressão genérica para designar atividades que apoiam campanhas de marketing ou alcance mais amplos.

- **Geração de receita:** em jornadas complexas de venda, muitas vezes fica difícil rastrear com exatidão onde um *lead* foi convertido – no último item de conteúdo ou nos quatro engajamentos anteriores de conteúdo que você mediu? Estatísticas diretas podem ser coletadas mais adiante na jornada de vendas, de atividades mensuráveis como downloads colaterais, engajamento de conteúdo fechado e inscrições em *webinars/lives*.

> **FIGURA 11.1** O valor de negócios da estratégia de conteúdo

Reproduzido com permissão de Rebecca Lieb.[9]

> **Eficiência operacional:** simplificar a produção para proporcionar eficiência operacional em certas áreas do marketing.

> **Experiência do cliente:** conteúdos podem demonstrar valor no setor de atendimento e serviço ao cliente, um centro de custos significativos na maioria das organizações.

> **Inovação:** o conteúdo pode ser usado para solicitar ideias e engajamento, e, portanto, contribuir com objetivos organizacionais mais amplos.[10]

ESTUDO DE CASO

TATA CONSULTANCY SERVICES, DIGITAL EMPOWERS

Abhinav Kumar, diretor de marketing e comunicação da Tata Consultancy Services, percebeu o amplo benefício do conteúdo orientado por um propósito que a TCS desenvolveu no seu *hub* de conteúdo, o *Digital Empowers*.[11] Como ele explicou nesta entrevista, não se trata de simples métricas:

> A questão é engajar a comunidade, analistas, investidores e outros – e, em última instância, o benefício é revelado quando fazemos sondagens em nossas auditorias de marca. Há muitas coisas que você pode medir, mas esse campo é uma ciência e uma arte. Há a parte da ciência – em que a mensuração é a chave –, e os dados facilitaram isso, mas também deve haver espaço para níveis de intuição. Criamos vídeos sociais de formato curto para muitas de nossas histórias no *Digital Empowers*, e nossos times de vendas na linha de frente têm acesso a elas. Muitas usam esses vídeos em eventos, ou, se estão conversando com clientes, são usados como parte da apresentação.
>
> Falei com muita gente sobre isso ao longo dos anos. O que dizem é que, quando se tem uma conversa comercial com um cliente e ela começa com essas histórias, cria-se um engajamento e uma conexão muito diferentes com esse cliente. Isso desperta emoções e também ajuda a nos posicionar como uma empresa responsável, que está fazendo o bem para a sociedade, e isso é uma questão importante para todas as empresas.

AUMENTANDO O VALOR

Conteúdos originais são um investimento de tempo e dinheiro, portanto, é importante garantir que seu material funcione o melhor possível dentro da organização. *Thought leadership* no topo de funil ou conteúdo de jornalismo de marca podem ser reelaborados como materiais de vendas e geração de *leads*. Por exemplo, agregação de conteúdo de blog em documentos técnicos, relatórios ou artigos de insight para distribuição por e-mail ou impressos para eventos presenciais.

◢ Relacionamento com a mídia e alcance

Frequentemente, o conteúdo de jornalismo de marca no topo de funil será consumido por várias audiências (e promoções pagas, obviamente, podem focar públicos-chave se você quiser chamar a atenção deles). Faça as seguintes perguntas conforme cria seu jornalismo de marca:

FIGURA 11.2 Conteúdo de apoio para comunicação e alcance de vendas mais amplos

> Você mantém contato com seu time de RP para mapear seu conteúdo tendo como parâmetro aspirações de comunicação e campanhas mais amplas?

> Você gerou *leads*, pedidos ou qualquer cobertura de seu jornalismo de marca?

> Você orientou seus jornalistas de marca a procurarem por ótimas linhas de notícias que podem ser transmitidas à equipe de RP, para criar o interesse da mídia ou uma campanha de relacionamento?

Idealmente, você trabalhará em estreita colaboração com o time de RP para combinar as atividades deles com as publicações e obter tração máxima a partir daí. O procedimento pode ser tão simples como agendar a publicação da história do jornalismo de marca no instante em que ocorre um evento mundial importante (por exemplo, um acontecimento político global sobre sustentabilidade ou os Objetivos de Desenvolvimento Sustentável da ONU).

◢ Material para geração de *leads*

Times de vendas em busca de *leads* específicos podem ter, como referência frequente, o jornalismo de marca e histórias publicadas. O sucesso dos artigos principais pode orientar decisões sobre os interesses da audiência e como ela pode reagir.

◢ Pesquisas para marketing baseado em contas (ABM) e colateral

Atividades direcionadas e qualificadas de ABM são respaldadas por pesquisas aprofundadas e conteúdo de alta qualidade. Você pode usar suas histórias de jornalismo de marca para apoiar suas campanhas ABM como pontapé inicial para materiais extras, ou ressignificar conteúdo com um cliente-alvo específico em mente. *Hubs* de conteúdo podem ser usados para hospedar seu material ABM, com conteúdo-alvo pago ou orgânico de redes sociais amplificando seu *storytelling* direcionado.

◢ Relacionamento colateral com investidores e analistas

Seu conteúdo de alta qualidade pode ser agregado ou retrabalhado com mínimo esforço em materiais de formato mais longo de investidor ou analista, que pode ser digitalmente oferecido aos alvos principais, impressos para distribuir em reuniões de vendas ou em eventos ao vivo frequentados por influenciadores, parceiros ou analistas importantes.

Não existe solução simples para mensurar seus recursos de jornalismo de marca – há múltiplas ferramentas e abordagens, e a situação provavelmente só fique mais complicada. No entanto, há exemplos suficientes do mercado que demonstram que os líderes da área estão desenvolvendo e lançando métodos híbridos que mensuram com sucesso as atividades e são bem-sucedidos em demonstrar o ROI internamente. O ideal será revisar e testar sua abordagem com frequência, já que as circunstâncias, ferramentas e alvos mudam, a fim de possibilitar que suas histórias de jornalismo de marca cumpram o prometido no curto e no longo prazo também.

NOTAS

[1] Rose, R. (2019) Your 2020 mission: a unified strategy for content in your marketing, *Content Marketing Institute*, 28 de janeiro. Disponível em: https://contentmarketinginstitute.com/2019/01/unified-content-marketing/ (arquivado em https://perma.cc/N2YG-46LD).

[2] Lieb, R. e Szymanski, J. (2017) *Content: The Atomic Particle of Marketing: The definitive guide to content marketing strategy*, Kogan Page Publishers, p. 165.

[3] Spectra (nd). Disponível em: https://spectra.mhi.com/ (arquivado em https://perma.cc/6HDN-7PZK).

[4] Dzamic, L. e Kirby, J. (2018) *The Definitive Guide to Strategic Content Marketing: Perspectives, issues, challenges and solutions*, Kogan Page Publishers, p. 193.

[5] IBM (2018) 2019 Marketing Trends. IBM, dezembro. Disponível em: https://www.ibm.com/downloads/cas/RKXVLYBO (arquivado em https://perma.cc/HMM2-9BJM).

[6] Silvers, J. (2007) Return on Objectives (ROO), *juliasilvers.com*, 27 de outubro. Disponível em: http://www.juliasilvers.com/embok/return_on_objectives.htm (arquivado em https://perma.cc/7EYH-TFDG).

[7] Entrevista por e-mail diretamente com o autor, 24 de junho de 2019.

[8] Baer, J. (nd) A field guide to the 4 types of content marketing metrics, *Convince & Convert*. Disponível em: https://www.convinceandconvert.com/content-marketing/a-field-guide-to-the-4-types-of-content-marketing-metrics/ (arquivado em https://perma.cc/F4N5-4AHS).

[9] Lieb, R. e Szymanski, J. (2017) *Content: The Atomic Particle of Marketing: The definitive guide to content marketing strategy*, Kogan Page Publishers, p. 166.

[10] *Ibid.*, p. 181.

[11] Digital Empowers (nd). Disponível em: https://digitalempowers.com/ (arquivado em https://perma.cc/XC4S-FXC3).

CAPÍTULO 12

Dando vida
à sua **redação**

Agora você terá uma noção do papel que o jornalismo de marca pode ter no seu marketing de conteúdo, quais histórias sua empresa pode contar e como continuar publicando e criando seu conteúdo, bem como desafios de distribuição e processos para alcançar sucesso de audiência. Você tem a estratégia, o plano e, assim esperamos, os recursos – agora, só precisa fazer acontecer.

O jornalismo de marca não é uma abordagem imediata para o sucesso do marketing; ele é parte de um conjunto de ferramentas cada vez mais interessante e acessível que o profissional de marketing moderno pode aproveitar para construir consciência de marca e fazer uma empresa ser notada. Se o seu orçamento pode ser amplamente gasto com equipes internas, esse é um ótimo lugar para começar; se não, há outras abordagens para fazer seu conteúdo acontecer.

> Hoje em dia há muitos empregos para jornalistas, só que não na área do jornalismo.
>
> *Mark Jones, líder de conteúdo digital do Fórum Econômico Mundial.*

ENCONTRANDO OS INTELIGENTES

Como lemos no Capítulo 4, sobre desenvolver sua narrativa, há várias maneiras que as empresas estão escolhendo para criar conteúdo, seja terceirizando-o, desenvolvendo-o *in-house* ou misturando as duas abordagens. Seja qual for a maneira que você escolher para criar seu método de jornalismo de marca, as pessoas, como sempre, são cruciais.

Se você quer criar uma redação, faz sentido trazer jornalistas para apoiá-lo nesse objetivo. Pessoas que trabalharam na linha de frente produzindo notícias minuto a minuto – sejam elas de texto, on-line, por vídeo ou rádio – têm uma compreensão abrangente do que é necessário para se contar uma história com eficiência e eficácia, muitas vezes com recursos limitados. Se sua produção não banca um time exclusivo de jornalistas, pense em usar *freelancers* ou recrutar pessoas com atributos jornalísticos – procure redatores curiosos, inteligentes e promissores que você possa apoiar e fazer crescer como seus próprios "jornalistas" internos. Você também pode "cultivar" sua própria equipe de redatores talentosos e curiosos com seus funcionários internos; cada vez mais trata-se de encontrar membros de equipes que gostam de assumir habilidades técnicas e mineração de dados, ao lado de capacidades mais tradicionais de elaboração de artigos e histórias.

TERCEIRIZAÇÃO DE CONTEÚDO

Algumas organizações, sobretudo empresas maiores e globais com equipes diferenciadas e uma gama de produtos, usam agências externas para criar conteúdo para elas. Muitas das pessoas que entrevistei para este livro utilizam equipes de *freelancers*, ou têm relacionamentos duradouros com uma ou duas agências.

Se você optar por usar uma agência externa para criar seu jornalismo de marca, veja minhas opiniões sobre o que é preciso organizar para que esse relacionamento seja bem-sucedido:

➤ **Defina o tom:** os primeiros materiais de conteúdo que a agência cria para você podem não acertar na mosca em termos de tom de voz. Aprender a falar a língua de uma marca – em todas as suas camadas, e com todas as suas nuanças – vai levar tempo.

➤ **Iteração:** teste e aprenda conforme prossegue, e flexibilize sua abordagem. Peça para testar diferentes redatores ou produtores se os atuais não estiverem funcionando para você ou seu conteúdo.

- **Vincule comunicação e conteúdo:** o marketing de conteúdo e o jornalismo de marca só têm a ganhar se estiverem mapeados de perto por suas campanhas de RP e relacionamento com a mídia; ambos terão vantagem por estarem vinculados.

- **Construa um processo:** configure um processo regular de delegação e entrega com sua agência; consistência e rotina proporcionarão eficiência, sobretudo se você estiver criando volumes grandes de conteúdo em múltiplas plataformas.

- **Mapeie os sinais de alerta:** defina com clareza desde o início onde pode haver problemas com certas narrativas, comentários ou pontos de vista.

- **Compromisso de longo prazo:** conforme a agência e seu time se aprofundam no conteúdo, no *messaging* e passam a conhecer mais intimamente a personalidade e as pessoas de seus clientes, o conteúdo sempre vai melhorar.

- **Continue inovando:** é importante fazer experiências com novas abordagens, especialmente em um ambiente tão mutável como o do marketing digital.

- **Insista em um time consistente:** idealmente, sua agência comprometerá uma quantidade de redatores nomeados para sua conta, bem como o time do cliente, garantindo, assim, que você mantenha a consistência de fluxo e a abordagem.

O TIME PERFEITO

Quer você contrate uma agência que desenvolva um time para você ou sua marca, ou contrate e gerencie um time internamente, é preciso recrutar o conjunto certo de habilidades. Os membros do time que você precisa serão determinados por sua estratégia e abordagem de criação de conteúdo – por exemplo, se você lida mais com curadoria do que com criação, suas necessidades serão diferentes das de uma empresa que elabora e posta 100% de material original.

Um método de estruturação de time envolve funções segmentadas trabalhando conforme a visão de um editor-chefe. As habilidades podem ser combinadas em menos membros de equipe ou complementada com *freelancers* se a quantidade de seus funcionários é limitada.

REFLETINDO A ESTRUTURA DA REDAÇÃO

Nem todos temos orçamento ilimitado para contratar várias pessoas que conduzam e gerenciem conteúdo. O principal membro do time que você precisa é sua versão do editor-chefe, para gerenciar e conduzir todo o seu conteúdo e cobertura.

QUADRO 12.1 Estrutura geral da redação

Editor/Editor-chefe		
Conselho editorial: time flexível; pode incluir pessoas de comunicação, vendas, RP e marketing		
Redação	**Vídeo e Imagens**	**Redes sociais**
Redatores - generalistas, de nicho ou indústria, ou foco vertical *Freelancers* comissionados Times de legendas e revisão	Criação de vídeo: filmagens, ferramentas de gerenciamento e/ou edição Pós-produção incluindo gráficos (*flat*, animados, em 3D), animações etc.	Pós-criação em redes sociais Gráficos e pós-produção Análise e revisão de dados
Desenvolvimento de estratégia, controle de qualidade e análise de dados entre times		
Gestão financeira/editor-chefe/times e recrutamento		

Ao redor dessa função-chave, há outras tarefas que precisam ser feitas que podem ser delegadas a *freelancers*, membros de times internos ou pessoal de agências. Todas as redações são diferentes entre si, mas aqui estão algumas das funções que você pode encontrar nesse esquema:

➤ **Editor/Editor-chefe:** em uma redação tradicional, esses jornalistas seniores decidem como priorizar a produção de notícias (o que se deseja publicar), quais são as histórias principais e quais narrativas vale a pena buscar com base no que a audiência quer e aprecia. Eles coordenam os recursos para decidir em que focar, quais histórias devem ser abordadas, e por quais times.

➤ **Repórteres/redatores:** são os jornalistas propriamente ditos na linha de frente, coletando informações para histórias e reunindo artigos, materiais de formato longo, infográficos e vídeo, ou roteiros para gráficos.

➤ **Revisores:** revisores vão analisar o conteúdo de seus redatores e repórteres, garantindo que ele corresponda às orientações, esteja bem escrito e reflita o tom e a abordagem da marca. Este é também o controle de qualidade de sua produção. Você pode optar por ter uma equipe – às vezes denominada "último olhar" – para revisar todo o material antes de sua publicação.

➤ **Produtores:** produtores podem se encarregar de muitos materiais editoriais na redação. Eles podem criar e postar conteúdos de redes sociais elaborados com base nas histórias de seu jornalismo de marca ou podem editar filmagens, fornecer informações, pesquisar imagens ou um infográfico.

➤ **Times de dados:** com a grande variedade de plataformas, abordagens, formatos e métricas disponíveis hoje em dia, um analista de dados e um especialista em redes sociais (seja *in-house* ou terceirizado) são partes cruciais de seu time.

A necessidade de nutrir seus talentos internos para que eles sejam *storytellers* quando possível, com respaldo jornalístico adicional, é um tópico comum entre os jornalistas de marca com quem conversei.

Melanie Deziel fundou a StoryFuel, uma agência que trabalha com organizações para contar as próprias histórias com mais eficácia; entrevistada para este livro, ela explica como orienta seus clientes a estruturarem seus times:

É importante as marcas se lembrarem de que o *storytelling* é uma habilidade que muitas vezes exige talentos especializados, o que não é muito diferente dos técnicos e tecnólogos que provavelmente desenvolveram os próprios produtos internamente. Com frequência, o primeiro passo é recrutar os melhores talentos do universo do jornalismo, comunicação e outras áreas criativas, trazendo as habilidades certas *in-house*.

Feito isto, sempre incentivo as marcas a buscarem internamente seus próprios talentos e especialistas, para ver como podemos ajudá-los a compartilhar suas histórias. Todo mundo tem o que eu chamo de "primeira linguagem de conteúdo", ou o formato em que preferem se comunicar, seja falando, escrevendo ou usando outro meio. Se pegarmos um especialista interno e o colocarmos para trabalhar com um *storyteller* talentoso, podemos fazer esse especialista compartilhar sua experiência de uma forma natural e levar o *storyteller* a reformulá-la no formato mais útil para a audiência pretendida.

◢ Contrate os jornalistas certos

Montar um time de jornalismo de marca não é tão fácil quanto contratar alguns jornalistas; é importante empregar membros que compreendam quais habilidades eles precisam alavancar no mundo do conteúdo de negócios e quais hábitos é melhor deixar para trás na redação.

A maioria dos jornalistas que passaram um bom tempo trabalhando com prazos estão habituados com sistemas de produção; eles se tornam adeptos do trabalho com sistemas em que o processo e o foco nos detalhes são necessários para gerar histórias e coberturas consistentes. Essa habilidade de produzir volumes grandes e regulares de conteúdo sob pressão é um atributo que causa dificuldades para não jornalistas.

No entanto, nem todos os jornalistas se ajustam com naturalidade ao mundo corporativo. Alguns não se sentirão à vontade com novas funções que os tirem da independência editorial, em uma situação na qual eles são pagos por uma marca que terá um produto ou um serviço para vender.

Mark Jones é ex-jornalista, e hoje é líder de conteúdo digital do Fórum Econômico Mundial, que conta com um time de jornalistas experientes no cerne de sua operação de publicações, e contrata agências e *freelancers* adicionais para apoiar o time central:

> Conseguir fazer a audiência ler o que você escreveu, ouvir o que você disse, assistir ao que você produziu é algo que quase todas as organizações agora estão tendo que aprender a fazer, e nenhuma organização fora do universo midiático executa com naturalidade esse tipo de atividade. Você precisa de pessoas com mentes ágeis.
>
> Todos estamos ocupados, há um sem-número de distrações pelo mundo – qual é o segredo desse conteúdo que vai fazê-lo se espalhar? Alguns jornalistas estão acima de tudo isso, e não acham que valha a pena. Outros ficam intrigados com o desafio.

◢ Habilidades de gestão de dados e projetos

Em times atuais de criação de conteúdo, você precisará de acesso a analistas ou especialistas que possam trabalhar com todos os seus dados (em redes sociais e desenvolvimento e compartilhamento de conteúdo) para compreender e otimizar o desempenho de campanhas ou o compartilhamento de histórias. Você também vai querer recrutar membros de equipes que sejam flexíveis e abertos a aprender sobre plataformas e ferramentas novas, como as muitas que vemos ir e vir no mundo do marketing de conteúdo. Eles precisam analisar quais vão funcionar e quais são apropriadas em determinado momento.

De acordo com uma pesquisa da Altimeter,[1] a maioria dos criadores de conteúdo usa a análise de dados do site como fonte primária de informações a fim de definir a estratégia de conteúdo. As fontes de dados mais comumente usadas por criadores de conteúdo e encarregados são:

Dando vida à sua redação

- Análise de dados do site;

- Pesquisas e relatórios de clientes;

- Métricas de redes sociais;

- Atendimento ao cliente e registros de *call center*;

- Bases de dados de terceiros;

- Sistemas CRM.

Na gigante dos softwares Red Hat, a diretora de conteúdo global Laura Hamlyn construiu um time editorial que coordena atividades mais amplas de marketing de conteúdo. Esse time de comunicação de marketing age como um *hub* para todas as atividades de conteúdo de marketing. Ela diz:

> Disponibilizamos recursos centrais que equipes globais podem usar e que servem como uma extensão de nosso time. Nosso time interno conhece bastante o negócio, e firmamos relacionamentos com nossos profissionais do marketing, times de vendas e especialistas no assunto. Isso nos dá uma vantagem real para obter rapidamente ideias relevantes que as agências talvez levem um pouco mais de tempo para elaborar. Meu time gosta desse modelo, pois, se eles conhecem bem o assunto, ideias criativas surgem o tempo todo. Também contrato jornalistas, pensadores sistêmicos, pesquisadores, doutores e acadêmicos, atletas, pessoas bilíngues, especialistas em dados. Adoro descobrir pessoas que têm paciência para pensar a fundo sobre um tópico e pesquisá-lo. Times de redatores precisam ser ecléticos, sobretudo se tivermos em mente conectar estratégias de conteúdo *back-end* e *front-end*, elaboração de histórias, transcriação e análise de dados. Tudo isso acontece em nosso time. Esse alinhamento proporciona uma voz de marca consistente que é crucial para nosso negócio como marca tecnológica inovadora e confiável.

Portanto, não se trata apenas de recrutar a pessoa certa com as habilidades certas – como sempre acontece em relação aos membros de seu time, é uma questão, sobretudo, de atitude. De acordo com Dietmar Schantin, do Institute for Media Strategies,[2] a redação moderna precisa de:

> Pessoas dispostas a aprender e mudar.

> Pessoas que sejam *storytellers* "flexíveis": "Mídias digitais e novos formatos oferecem um repertório infinito de ferramentas para contar histórias de um modo atraente". Schantin acrescenta: "O objetivo é desenvolver um departamento editorial com uma mentalidade de *storyteller* com novas ferramentas".

> Funcionários com mentalidade analítica e foco no público.

Apoio da tecnologia

Como jornalista de marca, você vai precisar utilizar – e continuar analisando – ferramentas de tecnologia de marketing em todos os trabalhos que faz. Não faz sentido criar conteúdo sem levá-lo às audiências certas nem gerar os resultados de que você precisa. O *"MarTech stack"* (conjunto de ferramentas tecnológicas de marketing) de seu jornalismo de marca será crucial em todas as etapas: estratégia, criação, oferta, compartilhamento e monitoramento de conteúdo. Talvez você tenha a sorte de possuir um volume bem grande de conteúdo e um porte de operações que lhe permita criar seu próprio mecanismo de insights editoriais ou ferramenta para definir o sucesso do conteúdo, mas a maioria das pessoas precisará adquirir uma ferramenta ou, então, usar uma gratuita em cada etapa do processo.

Existe uma variedade impressionante de ferramentas de tecnologia de marketing no mercado, e os detalhes dessa variedade vão além do escopo deste livro. Há uma gama de opções gratuitas disponíveis em cada uma dessas categorias, e não é necessário pagar por um kit de ferramentas de nível empresarial até que você esteja lidando com grandes volumes de material ou conteúdo.

QUADRO 12.2 Ferramentas de tecnologia de jornalismo de marca

Análise de conteúdo e estratégia	Análise de desempenho de conteúdo Ferramentas de análise de audiência (web e redes sociais)
Análise de audiência	Personalização da web e ferramentas de teste Ferramentas de desempenho de conteúdo
Criação de conteúdo	Ferramentas automáticas de criação de vídeo Ferramentas de gráficos para criação de imagens, GIFs e vídeos Calendários de conteúdo e ferramentas de agendamento
Criação de *hubs*	Desenvolvimento de *hubs* interativos
Gestão de redes sociais	Gestão e desempenho de redes sociais Ferramentas de escuta social
Gestão de conteúdo	Sistemas de gestão de recursos digitais Plataformas de marketing de conteúdo

Pode ser muito fácil se deixar levar somente pela análise baseada em TI, mas também é importante analisar e engajar com o lado e os resultados mais brandos de seu jornalismo de marca e *storytelling*, e como essas histórias vão se identificar com as pessoas reais com quem você está tentando se conectar. Esta é a opinião de Mark Schaefer em nossa entrevista sobre o poder dos dados no marketing – o que devemos e o que não devemos observar:

> Acredito que o principal problema das empresas neste exato momento é que elas estão obcecadas por tecnologia. A tecnologia se tornou inimiga do marketing de excelência, não por ela ser má ou nociva, mas por ser muito boa. É tão fácil, barata e viciante. Assim, continuamos inserindo coisas no *MarTech stack*, continuamos investindo embora pesquisas mostrem que 80% dos diretores de marketing sequer entendem a tecnologia que já possuem.
>
> Ficamos pensando em *dashboards* (painel de controle), tentamos achar o botão "marketing fácil", mas isso não existe mais. Precisamos parar de pensar nos *dashboards*, sair da

tecnologia e consultar nossos clientes para desenvolver relacionamentos humanos de verdade, sair e conversar com os clientes, dar ouvidos a eles. Estamos extremamente intoxicados por tecnologia, e a chave para construir confiança é criar um marketing centrado em seres humanos, e isso começa quando nos conectamos com as necessidades dos clientes e construímos emoções com eles.[3]

A única certeza no mercado digital hoje em dia é a mudança, e o leque de tecnologias disponíveis para profissionais do marketing em jornadas de jornalismo de marca só vai ficar mais amplo. Seja qual for sua escolha para apoiar seu planejamento, *storytelling* e distribuição, certifique-se de que seja um processo iterativo, tendo como cerne uma abordagem de teste e aprendizado.

NOTAS

[1] Altimeter (nd) The 2018 State of Digital Content, *Prophet*. Disponível em: https://insights.prophet.com/2018-state-of-digital-content (arquivado em https://perma.cc/329P-MLEV).

[2] Schantin, D. (2018) 4 characteristics of newsroom employees ready for digital transformation, *INMA*, 18 de julho. Disponível em: https://www.inma.org/blogs/media-leaders/post.cfm/4-characteristics-of-newsroom-employees-ready-for-digital-transformation (arquivado em https://perma.cc/N6XL-M5GW).

[3] Schaefer, M. (2019) Entrevista com Gay Flashman, maio de 2019.

Índice remissivo

A

abordagem 52-72, 144, 273-283
abordagem "como?" 155
abordagem da pirâmide invertida 151
abordagem do arquétipo de conteúdo 81
abordagem "e se?" 154
abordagem resolução/drama 153
Adobe (Adobe Summit) 91, 203, 232, 233
agências 31, *97*, 127, 190, *205*, 274, 276, 279, 280
    ver também StoryFuel; VaynerMedia
Agenda 64, 70-71, 92, 93, 108, 126, 156, 157, 192, 206, 246
agilidade 63, 65
Agilitylogistics.com 202
AIDA 39
Alfa 69
alinhamento de marca 91
Altimeter 84, 279
American Express 82, 99
amplificação 54, *92*, 95, 96, 118, *140*, 145, 168, 177, 217, *218*, 221, 225, 229, 230
    ver também hubs de conteúdo; redes sociais
análise 138-140, 225, 276, *282*
análise de conteúdo *282*
analogias *102*, 151
animações *181*, 192, *228*, *276*

AnswerThePublic 65, 72, 248
Aon 86, 193, *204*, 205, 213, 220
apresentador 184, 195
arco narrativo 161, 178, 190

artigos 90
artigos *buzz 144*, *148*, 158, 159
artigos de insight *80*, *148*, 268
"As questões empresariais mais urgentes do mundo" (Aon) 86
Aspen Institute 128
atenção 30, 37, *58*, 102, 103, 106, 151
    ver também autenticidade; consciência de marca; fazer parar a rolagem; imagens (imagética); vídeos
"atomize" para conteúdos *225*
atribuição (referências) *102*, 165, 167, 168, 191, 222, 226
audiência 68-69, 83-95, 107, 144-145, 157-158, 178, 195, 208, 209, 248
    análise de 225, *276*
    ampla *76*, *88*, 110, 116
    mapeamento de 83-86, 209
    ver também Geração Z; millenials
auditoria, concorrência 137-140, 206, 222
auditorias de conteúdo 138-139, 221
autenticidade 167-169, 179, *180*, 247
Autodesk 110, 112, 114, 119, 119, 220, 221, 229, 164-65, 172
autoridade 112, 159
Axios 158, 171

B

barra de navegação 201, 213
BCG (Boston Consulting Group) *204*, 211-212,
Benioff, Marc 43, 110
biografia 196
blogs (blogueiros) 30, 103, 112, 133, 135, *139-140*, 145, 147, 162, *181*, 195, 231, 233
Bloomberg 111, 119
Boden, Anne 43
BrandVoice 230
Branson, Richard 244
B2C 29, 30, 45, *97*, 177, 180, *228*, 230, 231
Buffer 263
Business Trends and Insights 82
buzz blogs 140
BuzzFeed 35, 158
BuzzSumo 136, 145, 171, 224, 248

C

"3 Coisas" 183
CAG 98
calendário 211
calls-to-action 140, 197
campanhas 89-90, 95-96, 227-228, 257-261, 265
  ver também Digital Empowers
canais nacionais de notícias de TV 35
Capgemini 191, 198
"Capital & Economics" (Aon) 86
centralização *124*
Centrica 78, 116, 153, 163, 192, *204*, 206, 207
Chatham House 128
Cisco 189
citações *140*, 163, 166, 196
claro espaço em branco 137
clickbait 157
cliques (taxas de *click-through*) 219, 228, *259, 262*
colaboração 46, 158, 222, 269
colaboração entre times 46-47
coletes amarelos (*gilet jaunes, les*) 36

comentários 84, 249, 261
Command Line Heroes 194, 199
compartilhamentos (compartilhamento de conteúdo) *140*, 157, 168, 222, *225*,261, *262, 263*
compartilhamento sem atrito 55, *87*, 89, 217
complexidade 29, 40, 181, 255
compradores e pesquisa 32-33
comprometimento 65
comunicação digital 207
comunicação interna 131, 197, 222
comunidade 82
conceito "jornada para a venda" 39
concretude *102*
conexão 38, 152, 194, 208, 231, 251
confiança 33-37, 39, 59-60, 69, 70, 82-83, 234
consciência de marca 40, 85,112, 117, 145, *148*, 177, 194, 201, 250, 256, 257, 265, 273
conselho editorial 98, 136, 137, *276*
consistência 65, 67, 191, 194, 211, 275
construindo relacionamentos com influenciadores 234-235
consultoria de gestão *132*
  ver também BCG (Boston Consulting Group); McKinsey; Roland Berger
Content (Rebecca Lieb) 265-266
conteúdo
  amplo 106
  contextual *107*
  de áudio 176, 194
    ver também podcasts
  de formato longo *148-149-150*, 277
    ver também Stories (Centrica)
  de primeira linha 108
  de solução de problemas 116
  duradouro 66, 95, 96, 224, 264, 265
  no meio e na base do funil *150*
  raincatcher 15, 106, 107
  textual *144*, 169, 178
  visual 89, 174-197, *276*

conversas de vendas 96, *262*, 264

COPE 224

cor 191

cores da marca 191

cortisol 152

Cox, Jim 25, 55, 128

credibilidade 31, 38, 54, 70, 82, *103*, 195, 210, 233, 246

criação de conteúdo 46, 54, 72, *97*, 106, 123, 143, 146, 223, *225*, 232, 248, 251, 256, 275, 279, *282*

ver também ideação

cronogramas de publicação *94*

"cultura de histórias" 130

curtidas 227, 256, 261, *262*, *263*

e influenciadores 234

e vídeos 180, *181*, 183

métricas *262-263*

Custom Studios 230

D

dados 29, 32, 60, 98, 190, 279, 282

definição de metas 76-77, 255-256

demografia 83, 146

ver também audiências mais jovens; Geração Z

desafios de negócios de alto nível 209-210

Delayed Gratification 161

Dell 115, 196, *202*, 287

Deloitte 34, 128

desafios *113*, 208-209

destaques em negrito 166

Deziel, Melanie 25, 54, 259, 277

Digital Empowers 204, 207, 267

D!gitalist 105, 115, 209, 210

diretor de marketing 267

diretores 209

dispositivos *mobile* 146, 175, 219

ver também smartphones

distribuição *140*, 216-236, 252

orgânica 218-222

dopamina 152

drama 64, 71, 151, 153

drumbeat content (fluxo de conteúdo) 89

Duke Energy 212, 215

Dun & Bradstreet 82

E

economia da atenção 44

economia da emoção 44

edição de vídeos 182

editor-chefe 89, 130, 136, 205, 276

educação 41, 113

eficiência operacional 266

e-mail 32, *80-81*, 154, 212, 219-220

emoção 44, 45, 167, 179, 247

Eniday (Eni) 201, 204, 220

Eniday Newsletter 220

engajamento do cliente 45

ver também Future of Customer Engagement and Commerce (FCEC)

enterprise.nxt (*hub* Enterprise Community) 202, 212

entidades setoriais 126

entrevistas 25, 68, 129, 130, 132, 133, *144*, 155, 165, *176*, 179, 181, 182-185, 188-189, 194, 231, 249, *251-252*

com várias pessoas 160

"um mais um"/"m mais dois" 184

única com frase de efeito 184

Ernest 161, 172

escuta 138, 194, 264, 282

especialistas 62, 82, 88, 113, 127, 135-137, 161-162, 165, 188, 204, 213, 231, 232, 234, 239, 242, 243, 248, 278, 279, 280

estatísticas 126, 156, 162, 175, 266

estilo 86, 89, *139-140*

estratégia de conteúdo (estratégia de *storytelling*) 76, *77*, 81, 145, 220, 224, 250, 259, *266*, 279

estratégia de *storytelling* (estratégia de conteúdo) 67-99, 102-103, 208-212

estrutura em *close-up* 185

estrutura em "meio *close-up*" 185

estrutura moral 246

estudo de caso 39, 63, 78, 110,

111, 112, 116, 152-158, 162,
163, 183, 187, 189, 191, 192,
193, 196, 205, 212, 229,
231-232, 264, 267
etapa de avaliação, jornada do cliente *262*
etapa de compra, jornada do cliente *76,
263*
etapa de consideração, jornada do cliente
80, 262
etapa de interesse, jornada do cliente *80,
262*
etapa de pós-compra, jornada do cliente
81, 263
etapa de pré-consciência, jornada do cliente
80
evangelistas 57, 98, 108, 127,
132, 139, 221, 231, 242
eventos
corporativos (internos) 187, 188
do setor 63, 109, 113, 187, 223
patrocinados 187
vida 244
Exchanges 250
exemplos 160
ver também histórias humanas
experiência do cliente 266
experimentação 177
ver também inovação; testes
explicações 116, 128, 177, *180*

F

fábricas de *trolls* 31
Facebook 35, *92*, 106, 138, 162,
176, 180, 183, 186, 188, 189,
222, 226, 227
Facebook Live 186, 188
Facebook Workplace 222
facilitação *133*
fake news 31, 35
falando para "a mira" 185
fazer *brainstorming 124*, 222
fazer parar de rolar (a página)56, 70,
102-103
ferramentas de escuta social 138
filmagem "*off camera*" 185

Financial Times 230
Fink, Larry 44
fluxo de distribuição de conteúdo, redes
sociais *225*
fonte 182, 191
fontes de notícias 30, 44
Forbes 56, 230, 252, 257
Forecast 117, 130, 220
formato 89, *139-140*, 142-172, 249
formato de revista 137, *149*, 149-151
ver também CMO; D!*gitalist*; *Eniday*
(Eni); *enterprise.nxt* (Enterprise
Community *Hub*); *Forbes*; GE (*GE
Reports*); *One Brief, The*; *Redshift*;
Spectra; *Think:Act*
Forrester 32, 33, 34, 210, 239
Fórum Econômico Mundial 41, 59,
64, 66, 70, 71, 82, 92,
93, 108, 109, 126, 154, 156,
157-159, 183, 188, 192, 206,
207, 222, 246, 260, 279
ver também Agenda
fotos 175-176
frases de efeito 143, 161, 164, 182,
186
frases na voz ativa 165
frases na voz passiva 165
Fujitsu 86, 111, 203
funcionários 9, 77, 165-66, 182-83
funil de vendas 29, 39, 79, 81,
92, 105, 118, 145, *179*, 204,
239, 257
*Future of Customer Engagement and
Commerce* (FCEC) 60, 66, 86,
88, 118, 211

G

5G 138, 191, 196, 224
gamificação 222
gancho 226, 248
Gartner 187
GE (*GE Reports*) 88, 89, 157, 203,
205
geração de *leads* 46, 75, 78, 118,
257, *268*, 269

geração de receita 265, *266*
Geração Z 34
gestão de conteúdo 255, *282*
gestão de projetos 279-280
ghostwriter 247, 251
Give me an H 197
Global Innovation Index 158
Goldman Sachs 183, 250
Goodall, Sarah 243
Google 45, 65, 223, 224
governança 97-98
governança de sistemas 97-98
gráficos 162, 163, 182, 191-192, 226
gráficos de rolagem 163, 192
gráficos interativos *144*
gramática *139*, 165
Grammarly 165
grupos de consultoria de conteúdo 97-99
grupos de histórias 107
Guardian 161, 230

H

#hashtags 226
Hamlyn, Laura 25, 95, 169, 193, 264
hard sell 21
Harvard Business Review 210, *228*
Hatch, Amy 60, 88, 106, 211
heróis e vilões 151, 153
Hewlett Packard 105, 212
Hiscox 157
histórias
   de pessoas (histórias pessoais) 71, *108*, 112-113, *125*, 243-245
    ver também histórias humanas
   de processos *108*, 113, *125*
   de produtos *108*, 115-117, *125*
   de sucesso *113*, 131, 167, 260
   do ambiente de trabalho 134
   do planeta *108*, 107, 109, *125*
   globais 125-126, 244
    ver também histórias do planeta
   humanas 38, 71, 128, 151, 167
    ver também histórias de pessoas (histórias pessoais)

Home Depot 197
honestidade 37, 58, 168, 197, 231
Honeywell 154
Hootsuite 263
hubs de conteúdo 85, 129, 138, 202, 203, *204*, 209, 225, 230, 269,
hubs de conteúdo de marca no site *204*, 211
Hubspot 56, 145
Huffington Post 252

I

IA (inteligência artificial) 115, 125, 181, 192
i-cio 111, 203
IBM 44, 45, 202, 249, 258
ideação *124*
   ver também criação de conteúdo
I-Global Intelligence for the CIO
   ver também i-cio
Illumination 212
imagens (imagética) 70, *139-140*, 175, *176*, 189
   hubs de conteúdo 204
   redes sociais 227, *228*
   texto *144*, 147, 166, 168-169
   vídeos 182-188
   ver também atenção
imprevisibilidade *102*
infográfico 92, *140*, *144*, *176*, 189, 190, 191, 277
informações agregadas 91, 127, 155, *204*, 270
   ver também listagens, VMware Influencer Network
informações técnicas *87*
influenciadores 86, 112, *139*, 145, 183, 186, 194, 209, *218*, 221, 226, 230-235, 260, 270
inovação 39, 86, 88, *113*, 114, 127, 155, 157, 162, 205, 213, *241*, 266
inscrições 32, *228*, 257, *262-263*, 266
inscritos 211, 213, 264

Índice remissivo

289

Inside Trader Joe's 197
Insights (Agilitylogistics.com) 202
Insights (Bloomberg) 111
Instagram 84, 175, 176, *180*, 182,
    183, 188, 189, 226, *228*
Intel 66, 130
internet 31, 39, 70, 115, 136,
    157, 175, 180, 193, 209
Internet das Coisas (IoT) 115, 192-193,
    209
iQ 130

J

janela, conteúdo como 82
jargões 164, 166
Jones, Mark 59, 273, 279
jornada do cliente (jornada de decisão
    do cliente) 38, 40, 75, 78, *80-*
    81, 105, 210, 241, 256, 258, 261,
    262-263
jornalismo de marca, definição 53-59, 61,
    65-67
jornalistas (mentalidade de jornalista)
    56-58, 60-63, 65-67, 133-134, 136,
    273-283
Juniper Networks 188

K

Kaplan, Ken 117, 130
Karr, Douglas 196
Kellner, Tomas 89, 205
kits de ferramentas 87, 131, *132*,
    222, 281
Knowledge Centre 202, *204*
KPIs 77, 131, 194, 259, *262*
KPMG 128

L

lançamentos de produtos 84, 95
Leadpages.net (*Lead Generation, The*) 197
legendas 182, 184, *276*
legibilidade 89, *140*, 147, 165,
    166, 191
legislação 32
Lei Geral de Proteção de Dados (GDPR) 32

Lenovo 39
linguagem 67, *87*, 115, 164, 165,
    167, 181, 249, 278
    ver também jargão
LinkedIn 69, *92*, 102, 138, 168,
    176, 177, *180*, 186, 187, 188,
    189, 222, 226, *228*, 239, 242,
    246
LinkedIn Elevate 222
LinkedIn Live 176, 186, 187, 188,
    189
links curtos 226
"link curto personalizado" 226
listagens *148*, 156, 157
lista de distribuição 212
lista de e-mails 219
lista de leitura 213
Livestream da Vimeo 188
localização 68, *88*, *139, 255*
Lochmann, Dan 257
longevidade 123, 124
Luminaries 196
Lyons, Dan 56

M

MailChimp *87*
mapeamento, audiência 83-86, 209
marca, consciência de 40, 81, 85,
    96, 112, 117, 145, *148*, 177,
    191, 194, 201, 250, 256, 257,
    265, 273
marcadores 163, 166
marketing de mecanismo de busca 235
MarTech stack 281, 282
material de curadoria 91
McKinsey 40, 79, *82*, 210, 220
Medium 252
Meltwater 138
menção à marca (referenciando) *140*
mensuração (métricas) 98, *140*, 254-271
    ver também comentários;
        compartilhamentos; curtidas; KPIs
mesas-redondas 161, 232
"mesas-redonda virtual" 161
metadescrições 224

métodos de transmissão 188-189
métricas de vaidade 256
Microsoft 43, 244, 249
mídia (relações nas mídias) 35-6, 268-269, 273
mídias pagas 36, *162*, 169-77, 195, 196
Milken Institute 128
millenials 34, 39, 145, 177
miopia corporativa 101-102
missão 104, 204, 206, 229, 246
Mitsubishi Heavy Industries (*MHI.com*) 114, 156, 180, 230, 257
   ver também Spectra
modelo *compass approach* 265-266
modelo de mensagem 103-105
modelo *hub and spoke* 97, *132*, 137
modelo pilar 93
modelos 87, *124*, 137, 138, 222
moeda 82
Monck, Adrian 41, 93, 109
música 179, 182

N

Nadella, Satya 43, 244
National Public Radio 224
New York Times 84, 230
newsjacking 63, 64, 223
newsletters 62, *80*, 129, 201, 219, 220, 222, 257
Newsroom 211
nomes de marcas independentes 203-208
NowThis 35
Nutanix 117, 130, 220

O

objetivo da marca *77*
objetivo do conteúdo *77*
ocitocina 152
Onalytica 138, 208
One Brief, The 86, 193, 204, 205, 210, 213, 220
Open Forum 82
opinião 59, 71, 78, 112, 165, 229, 246, 247, 282
Organização Mundial da Saúde 246

organizações de notícias locais 35
ortografia 139, 165
otimização de marketing 265, *266*
otimização de mecanismo de pesquisa (SEO) 30, 65, *150*, 163, 164, 166, 168, 186, 197, 217, *218*, 223, 224, 246, 255, 256
ver também pesquisa *long-tail*
Outbrain 235

P

página de abertura 197
página de *podcast* 197
paixões 240, 246, 248
palavras-chave 65, 84, *87*, 164, 224
palavras "não" *87*
palavras "sim" *87*
Parse.ly 163, 224
Passion Projects 249
"People & Organizations" (Aon) 86
perfis 69, 96, 117, 146, 220, 242, 265
   ver também funcionários
perguntas 105, 115, 127, *132*, 135, *149*, 151, 159, 195, 224, 241, 244, 250, *251*
abertas 160, 250
personas 46, 68, 83, 97, 225, 229
Perspectives (BCG) 212
Perspectives (Dell) *115*, 202, *204*
Perspectives (Dun & Bradstreet) 82
pesquisa 68, 70, 126-128, 135-137, *148*, *150*, 190, 223, 245-247, *251*
acadêmica 126, 280
de marketing baseada em conta (atividade ABM) *150*, *268*, 269
   ver também informações agregadas
long tail 31, 118, 223, 224
original 246
por compradores 32-33
qualitativa (análise) 69, 138
quantitativa 69
secundária 136, 246
planejamento *124*, 239, 257

de recursos 99

planilhas 84, 263

podcasts 67, *80-81*, 89, 91, *130*, 138, *144*, 145, 168, *176*, 186, 193-197, *255*, 232, 247, 249, 250, *251*, *262*, 264

   ver também Forecast

políticos 31, 34, 36, 109

Politico 158

ponto ideal do conteúdo *43*

pontos de contato do cliente 39, 45

pontos de dores do cliente 84, 95, 105

ponto de partida 41, 68, 98, 105, 113, 114, 115, 155, 158, 245-246, 256

pontos de prova *77*, *80-81*, 104, 105, 124

"pouca" ou "nenhuma" referência à marca 117

prazos 61, 133, 278

precisão 87, 165, 175, 176

preparação *149*, 160

presença 81, 234, 244

primeira linguagem de conteúdo 278

privacidade 32, 39, 207

produção de conteúdo *in-house 97*

  ver também equipes de comunicação

produção parcial de conteúdo *in-house 97*

produtores 274, 277

promoção 59, 91, 118, 181, 203, *218*

propósito da marca 36, 42, 44

"prova social" 234

ProWritingAid 165

"psicologia do compartilhamento social" 84

publicidade 35, 36, 45, *218*, 225, 229, 230, 236, 257

  de *banner* 235

  de parceiros 235

  nativa *218*, 229, 230, 257

Pulsar 138, 208, 224

Purpose and Profit 44

Puttnam, Lord 35

PwC 128, *228*

Q

qualidade *versus* quantidade 65-66, 92, 138, 196

  ver também ritmo de publicação (frequência)

Quora 136, 223

Q&As *144*, 149, 159, 160, *176*, 179, *183*, 188, 232, 242

R

Radarly 208

rascunho 190

reconhecimento 131

Red Hat 95, 169, 193, 194, 195, 264, 280

redatores 57, 62, 127, *139*, 167, 213, 274, 275, *276*, 277, 280

Reddit 112, 136, 233

redes 56-57, 124, 127

redes sociais 30-31, 35, 44, 57-58, 62, 69, 70, *77*, *80-81*, 83, 90, *92*, 114, 130, *138*, *140*, 143, 145, 155-159, 162, 177, 179, *180-181*, 184, 186, 188, 189, 191, 201, 212, 217, *218*, 221, 222, 224, 225, 227, *228*, 233, 234, 235, 242, 247, 252, 260, 261, *262-263*, 264, 269, *276*, 277, 279, 280, *282*

  ver também Facebook; Facebook Live; Facebook Stories; Facebook Workplace; Instagram; LinkedIn; LinkedIn Elevate; LinkedIn Live

Redshift 110, 112, 114, 220, 221, 229

referência (atribuição) *103*, 167, 168, 191, 221, 226

refletores 241

rejeição da audiência 158

relacionamento colateral com analistas 270

relacionamento colateral com investidores 270, 267, *268*

relevância 123, 159

Research Blogs 249
responsabilidade social (questões) 32, 110
resumo 166
"reuniões de redação" 129
revise e republique 220-221
"Risk & Innovation" (Aon) 86
ritmo de publicações (frequência) 66,
    95, *139*
    ver também qualidade *versus* quantidade
robôs 155
ROI 98, 256, 261, 270
Roland Berger 117, 162
roteiros, vídeo 181-182
RP 53-54, 58, 95, 98, 123, 127, 133, 136,
    211, 244, 245, *251*, 269, 275, *276*
Ruhe, Krista 210

S

SaaS (*Software as a Service*) 222
Salesforce 14, 71
SAP 164, 166
    ver também D!*gitalist; Future of Customer
    Engagement and Commerce* (FCEC)
saúde da marca 265, *266*
Schaefer, Mark 69, 196, 233-234
Selling with Purpose 43
Semrush 136
sensibilidade 54, 64
séries de *podcasts* 137-138, 168
Siemens *228*, 230
Siewert, Jake 250
simplicidade *102*, 165
sinais de alerta 275
sistemas de recompensa 131
sites 188, 204
sites corporativos 201, *204*, 257
Slack 158
SlideShare 168
Smart Brevity 158
Smarter with Gartner 187
smartphones 39, 134, 146, 154, 179,
    187
Spectra 155, 156, 180, *204*, 257
Sprout Social 145
St. Elmo Lewis, Elias 39

stakeholders 29, 34, 42, 44, 55,
    58, 75, 76, 79, 98, 128,
    135, 187
Starling Bank 43
Stories (Centrica) 78, 116, 163, 192, *204*
stories do Facebook 176, *227*
stories (Instagram) 176,188, *228*
story mining 123-140
StoryFuel 54, 259, 277
storytellers "flexíveis" 281
storytelling da pirâmide invertida 60, 151
subtítulos *140*, *148*, 166
suporte, conteúdo como 83
sustentabilidade 42, 124, 197, 269

T

T Brand Studio 230
Taboola 235
tamanho dos posts 226, *227-228*
Tata Consultancy Services (TCS) 19,
    152, 207, 267
taxa de engajamento *262*, 267
técnicos 241-242
tecnologia 281-283
    ver também comunicação digital; IA
        (inteligência artificial); internet;
        Internet das Coisas (IoT); sites
temas de conteúdo 85-88, 92-94, *104*, *139*
tempo de permanência *150*, 163, 192,
    201, 261, *262*
tendências 113
terceirização 251, 274
    ver também agências
termos-chave 224
testagem de produtos 232
testes 175, 226, 227, 232, 249, *282*, 283
Theofilou, Bill 42
Think:Act 117, 162
thought leadership 36, 38, 41,
    57, 62, *80*, 82, 86, *92*,
    112, 116, 124, 126, *139*, *144*,
    149, *176*, *183*, 184, 187, 201, 211,
    219, *228*, 230, 231, 239, 240,
    241, 242, 243, 247, 249, 250,
    251-252, 257, 258, 267

Índice remissivo

293

times 46, 98, 127-128, 131-133, 247, 251, 275-281
  de comunicação 46, 127, 131, 248, 251, 275-281
  de dados 277
  de marketing 46, 98, 127, 243, 248
  de vendas 46, 98, 127
  editoriais *124*, 127, 209, 260, 280
títulos 157, 158, 159, 166, 191, 204, 223, 226
"títulos de capítulos" 185
tom 67, 75, 86, *87*, 88, 129
Trader Joe's 195, 197
tradução *88*
transcrição 186, 196, 197
transparência 34, 42, 43, 82
treinamento 60, 222
"trocas de valores" 250
Twitter 35, 69, 84, *92*, 136, 138, 162, 180, 182, 189, 226, *228*, 242
Txchnologist 202

U

"último olhar" 277
Unilever 43, 49
UPS 202, 204
Urban Air Mobility 154
uso de frase 164-165

V

valor 38, 45, 70, 82, 84-85, 91, 105-106, 139, 211, 267-270
varredura retrospectiva 221
Vaynerchuk, Gary 92, 225
VaynerMedia 225
vídeos *114*, 147, *176*, 261, 267
  ao vivo *80-81*, 135, 143, *144*, 159, 161, *176*, 179, *180*, 184, 186, 187, 188, 189, *228*, 270
  com entrevistas *176*, 184-189
  de formato curto 180-184, 267
vilão 151-153
visão 206-207, 239-241
visionários 112, 241

VMware Influencer Network 231
vocabulário 70
volume 30-31, 90, *138*, 220
volume de informações 30-31
  ver também informações técnicas

W

Wall Street Journal 89, 230, 257
Walmart Today 202
Washington Post 57, 214, 230
Weiner, Jeff 246
WeWork 228
WhatsApp 112, 176
Wikipédia 165
Wired 205
WP BrandStudio 230

Y

Yitbarek, Saron 142
YouTube *130*, 134, 137

Z

Zak, Paul 152

Leia também

A BÍBLIA DA CONSULTORIA
Alan Weiss, PhD
TRADUÇÃO Afonso Celso da Cunha Serra

A BÍBLIA DO VAREJO
Constant Berkhout
TRADUÇÃO Afonso Celso da Cunha Serra

ABM ACCOUNT-BASED MARKETING
Bev Burgess, Dave Munn
TRADUÇÃO Afonso Celso da Cunha Serra

BOX RECEITA PREVISÍVEL (LIVRO 2ª EDIÇÃO + WORKBOOK)
Aaron Ross, Marylou Tyler, Marcelo Amaral de Moraes
TRADUÇÃO Marcelo Amaral de Moraes

CONFLITO DE GERAÇÕES
Valerie M. Grubb
TRADUÇÃO Afonso Celso da Cunha Serra

CUSTOMER SUCCESS
Dan Steinman, Lincoln Murphy, Nick Mehta
TRADUÇÃO Afonso Celso da Cunha Serra

DIGITAL BRANDING
Daniel Rowles
TRADUÇÃO Afonso Celso da Cunha Serra

DOMINANDO AS TECNOLOGIAS DISRUPTIVAS
Paul Armstrong
TRADUÇÃO Afonso Celso da Cunha Serra

ECONOMIA CIRCULAR
Catherine Weetman
TRADUÇÃO Afonso Celso da Cunha Serra

ESTRATÉGIA DE PLATAFORMA
Tero Ojanperä, Timo O. Vuori
TRADUÇÃO Luis Reyes Gil

INGRESOS PREDECIBLES
Aaron Ross & Marylou Tyler
TRADUÇÃO Julieta Sueldo Boedo

INTELIGÊNCIA EMOCIONAL EM VENDAS
Jeb Blount
TRADUÇÃO Afonso Celso da Cunha Serra

IOT – INTERNET DAS COISAS
Bruce Sinclair
TRADUÇÃO Afonso Celso da Cunha Serra

KAM – KEY ACCOUNT MANAGEMENT
Malcolm McDonald, Beth Rogers
TRADUÇÃO Afonso Celso da Cunha Serra

MARKETING EXPERIENCIAL
Shirra Smilansky
TRADUÇÃO Maíra Meyer Bregalda

TRANSFORMAÇÃO DIGITAL COM METODOLOGIAS ÁGEIS
Neil Perkin
TRADUÇÃO Luis Reyes Gil

MITOS DA GESTÃO
Stefan Stern, Cary Cooper
TRADUÇÃO Afonso Celso da Cunha Serra

MITOS DA LIDERANÇA
Jo Owen
TRADUÇÃO Afonso Celso da Cunha Serra

MITOS DO AMBIENTE DE TRABALHO
Adrian Furnham, Ian MacRae
TRADUÇÃO Afonso Celso da Cunha Serra

NEGOCIAÇÃO NA PRÁTICA
Melissa Davies
TRADUÇÃO Maíra Meyer Bregalda

NEUROMARKETING
Darren Bridger
TRADUÇÃO Afonso Celso da Cunha Serra

NÔMADE DIGITAL
Matheus de Souza

POR QUE OS HOMENS SE DÃO MELHOR QUE AS MULHERES NO MERCADO DE TRABALHO
Gill Whitty-Collins
TRADUÇÃO Maíra Meyer Bregalda

RECEITA PREVISÍVEL 2ª EDIÇÃO
Aaron Ross & Marylou Tyler
TRADUÇÃO Marcelo Amaral de Moraes

VENDAS DISRUPTIVAS
Patrick Maes
TRADUÇÃO Maíra Meyer Bregalda

VIDEO MARKETING
Jon Mowat
TRADUÇÃO Afonso Celso da Cunha Serra

TRANSFORMAÇÃO DIGITAL
David L. Rogers
TRADUÇÃO Afonso Celso da Cunha Serra

WORKBOOK RECEITA PREVISÍVEL
Aaron Ross, Marcelo Amaral de Moraes

INOVAÇÃO
Cris Beswick, Derek Bishop, Jo Geraghty
TRADUÇÃO Luis Reyes Gil

CUSTOMER EXPERIENCE
Martin Newman, Malcolm McDonald
TRADUÇÃO Marcelo Amaral de Moraes, Maíra Meyer Bregalda

CUSTOMER EXPERIENCE
Nick Hague, Paul Hague
TRADUÇÃO Maíra Meyer Bregalda

CANAIS DE VENDAS E MARKETING
Julian Dent, Michael K. White
TRADUÇÃO Afonso Celso da Cunha Serra

MARKETING CONVERSACIONAL
Dave Gerhardt, David Cancel
TRADUÇÃO Maíra Meyer Bregalda

AGILE MARKETING
Neil Perkin
TRADUÇÃO Luis Reyes Gil

ONBOARDING ORQUESTRADO
Donna Weber
TRADUÇÃO Marcelo Amaral de Moraes, Maíra Meyer Bregalda

BUYER PERSONAS
Adele Revella
TRADUÇÃO Luis Reyes Gil

TRANSFORMAÇÃO DIGITAL 2
David L. Rogers
TRADUÇÃO Luis Reyes Gil

Este livro foi composto com tipografia Adobe Garamond Pro e impresso em papel Off-White 80 g/m² na Formato Artes Gráficas.